新行政处罚法通论

张　弘·主编
赵英伟　李敬先·副主编

On the New Administrative Punishment Law

法律出版社
LAW PRESS·CHINA
北京

图书在版编目(CIP)数据

新行政处罚法通论 / 张弘主编 ；赵英伟，李敬先副主编. -- 北京 ：法律出版社，2021(2022.7 重印)
ISBN 978 -7 -5197 -5904 -9

Ⅰ. ①新… Ⅱ. ①张… ②赵… ③李… Ⅲ. ①行政处罚法－研究－中国 Ⅳ. ①D922.112.4

中国版本图书馆 CIP 数据核字(2021)第 180438 号

新行政处罚法通论
XIN XINGZHENG CHUFAFA TONGLUN

张 弘 主 编
赵英伟 李敬先 副主编

策划编辑 蒋 橙
责任编辑 蒋 橙
装帧设计 李 瞻

出版发行 法律出版社
编辑统筹 法律应用出版分社
责任校对 朱海波
责任印制 刘晓伟
经　　销 新华书店

开本 710 毫米×1000 毫米 1/16
印张 18.75　**字数** 286 千
版本 2021 年 12 月第 1 版
印次 2022 年 7 月第 2 次印刷
印刷 北京建宏印刷有限公司

地址:北京市丰台区莲花池西里 7 号(100073)
网址:www.lawpress.com.cn
投稿邮箱:info@lawpress.com.cn
举报盗版邮箱:jbwq@lawpress.com.cn
销售电话:010－83938349
客服电话:010－83938350
咨询电话:010－63939796

书号:ISBN 978－7－5197－5904－9　**定价**:69.00 元
凡购买本社图书,如有印装错误,我社负责退换。电话:010－83938349

前　言

于 1996 年颁布实施的《行政处罚法》是一部具有宪制意义的重要法律。它为由行政机关限制或剥夺公民的人身权或财产权戴上了枷锁。它运用平衡理论,解决了行政机关的行政权与公民权的平衡。它确立了处罚法定、错罚相当、程序正当三大原则,规范了政府与公民、政府与市场主体的关系。它规定了法律、法规、规章设定行政处罚的权限,明确了"立法之外无处罚"的原则,塑造了我国立法权的分配模式,并为后来的许多单行立法所效仿,也为《立法法》所肯定。它为后来的《行政许可法》《行政强制法》开创了立法模式。

二十多年的行政执法实践证明,《行政处罚法》对于规范行政处罚、推进依法行政、保护公民合法权益贡献巨大、意义深远。但它在实践中也暴露了不少尚待解决的问题。例如,行政处罚的概念和要件不明、一些惩戒措施在实践中频频使用,却没有纳入该法的适用范围、地方立法权限过于狭窄、处罚程序制度也有待完善。这些问题,需要在全面依法治国、实现法治政府的背景下,予以修订完善。2020 年 6 月,全国人大常委会对修订草案进行了初次审议,并于 2021 年 1 月 22 日通过修订草案,予以公布。

修订《行政处罚法》是要把党的十八大以来全面依法治国、深化行政执法领域改革的重要成果落实在法律中。此次修订的最大亮点就是贯彻党中央重大决策部署,推动行政处罚制度进步。此次修订的《行政处罚法》在以下方面有明显的改变与进步,具体体现在以下十个方面:

一、明确"行政处罚"的概念

该法第2条规定:"行政处罚是指行政机关依法对违反行政管理秩序的公民、法人或者其他组织,以减损权益或者增加义务的方式予以惩戒的行为。"

随着行政执法新的领域和新的违法情形的不断变化,固定某几种处罚种类并不能穷尽将来可能发生的违法情形,因此明确行政处罚的概念,为以后在行政执法、行政诉讼等诸多案件中正确厘清行政处罚与其他行政行为的关系提供了法理支持,只要该行政行为具有减损行政相对人权益或者增加行政相对人义务性质的,即可认定该行政行为为行政处罚行为,并无必要拘泥于行政行为的名称。

二、新增行政处罚种类

1. 通报批评,该处罚种类与"警告"并列。警告多为"点对点"对行政相对人的违法行为予以警告,提醒其下不为例;而通报批评多为"点对面"的,有一定的公开性。

2. 降低资质等级。比如驾驶证扣分"降照";施工一级资质降为二级,虽然为资格罚,实际上限制了行政相对人的某种行为。

3. 限制开展生产经营活动、限制从业。该处罚种类就是在一定区域和时间内限制或禁止行政相对人从事某种活动。比如"终身禁驾",建设领域的"失信黑名单"等。

三、赋予"乡、镇、街道办事处"一定程度的行政处罚权

该法第24条第1款规定:"省、自治区、直辖市根据当地实际情况,可以决定将基层管理迫切需要的县级人民政府部门的行政处罚权交由能够有效承接的乡镇人民政府、街道办事处行使,并定期组织评估。决定应当公布。"

乡、镇、街道办事处是最基层的政府机关,往往是最早发现违法行为的机关,但原《行政处罚法》将行政处罚的权力确定为"县级以上人民政府具有行政处罚权的行政机关",如今新法修订解决了乡、镇、街道办事处"看得见、管不着"的现状,为最基层政府机关行政执法提供了法律依据,推动执法重心下移。

四、特殊案件延长了行政执法时效

该法第36条第1款规定:“违法行为在二年内未被发现的,不再给予行政处罚;涉及公民生命健康安全、金融安全且有危害后果的,上述期限延长至五年。法律另有规定的除外。”一般情况下,行政处罚的执法时效为2年,但涉及公民生命健康安全、金融安全且有危害后果的为5年。但法律另有规定除外,比如《治安管理处罚法》规定的执法时效为6个月。

五、增加“听证范围”,重新规定听证程序的时间

1. 该法第63条新增听证范围为:没收较大数额违法所得、没收较大价值非法财物;降低资质等级。因为新增的两种行政处罚种类对行政相对人的权利义务有重大影响,因此有必要纳入听证范围,从而增加新的权利救济途径。

2. 申请听证的时间从“三天内”改为“五天内”,同时明确5天为工作日而非日历天。

六、明确法制审核范围

该法第58条规定了有下列情形之一作出处罚决定之前的法制审核程序,否则不得作出处罚决定。(1)涉及重大公共利益的;(2)直接关系当事人或者第三人重大权益,经过听证程序的;(3)案件情况疑难复杂、涉及多个法律关系的;(4)法律、法规规定应当进行法制审核的其他情形。

该条首先明确了法制审核范围,不是所有的行政处罚都需要法制审核;其次“无审核不处罚”,法制审核成为前置必须程序;最后行政机关负责法制审核的人员必须是通过国家统一法律职业资格考试取得法律职业资格的人员。

七、增加当场处罚(简易程序)和当场收缴罚款数额

当场处罚个人从50元增加到200元;单位从1000元增加到3000元;当场收缴从20元增加到100元。

八、明确行政处罚案件的办案期限

该法第60条规定:“行政机关应当自行政处罚案件立案之日起九十日内作

出行政处罚决定。法律、法规、规章另有规定的，从其规定。”一改“60日”惯例，新增30天，为行政机关调查取证、听证、法制审核提供了必要的时间。

九、明确电子送达文书、电子支付缴纳罚款等

该法第61条明确了电子邮件等网络形式送达处罚决定，方便法律文书送达；该法第67条第3款明确了可以通过电子支付系统缴纳罚款。

十、确定重大行政处罚公示制度；疫情期间从重、快速处理制度；电子技术监控设备法制、技术审核制度

该法第48条规定，具有一定社会影响的行政处罚决定应当依法公开。

该法第49条规定，发生重大传染病疫情等突发事件，为了控制、减轻和消除突发事件引起的社会危害，行政机关对违反突发事件应对措施的行为，依法快速、从重处罚。

该法第41条对电子技术管控设备法制、技术审核制度进行了规定。

应当说，于2021年7月15日生效并实施的新《行政处罚法》必将对中国的政治、经济、文化、社会生活等诸多方面产生巨大而深远的影响。

张弘

2021年2月12日

目录

Contents

第一章 总 则

行政处罚法是一部有关行政处罚的种类、设定、实施主体以及实施程序的基本法律。我国《行政处罚法》在总则一章中，规定了行政处罚法的制定目的、立法依据、适用范围及行政处罚的基本原则和公民、法人或其他组织对行政处罚决定不服时享有的权利。

本章总则内容是对《行政处罚法》中最基础内容的概述。正确把握《行政处罚法》总则的规定，对行政处罚的概念、性质等基本内容进行分析、论述，能够为全面、准确地学习行政处罚法，奠定良好的基础和前提。

第一节 行政处罚的概念与特征

一、行政处罚的概念

在《行政处罚法》的起草制定过程中，立法者曾多次试图给行政处罚下一个定义，这不仅是许多理论工作者的要求，也是对一部冠以行政处罚之名的法，在形式逻辑上的必然要求。但这个定义最终仍未明确出现在该法中，原因就是下这个定义很困难。从《行政处罚法》的总则及其他部分的规定中，我们可以推断出它所说的行政处罚是针对违法行为的，即未构成犯罪的违法行为。但《行政处罚法》却未就此规定，本法所规定的行政处罚是行政机关对公民、法人或其他组织违法但未构成犯罪的行为所给予的处罚，原因就在于行政处罚法不仅要规范行政处罚的实施行为，而且要规范行政处罚的设定行为。但是，有设定内容也不应该影响概念的产生。概念是“思维的基本形式之一，反映客观事物的一般的、本质性的特征。人类在认识过程中，把所感觉到的事物的共同特点抽出来，加以概括，就成为概念。比如从白雪、白马、白纸等事物里抽出它们的共同特点，就得出‘白’的概念”。[1] 行政处罚概念是一个必要的概念，是行政处罚法的基本结构之一，给行政处罚下个定义一直是一个普遍的需求。

因此，2021 年修订的《行政处罚法》满足了大家的这个需求。该法第 2 条规定，行政处罚是指行政机关依法对违反行政管理秩序的公民、法人或者其他组织，以依法减损权益或者增加义务的方式予以惩戒的行为。不难看出，这里的行政处罚被定义为一种行为且是具体行政行为；它发生在行政管理过程中；处罚的对象是违反行政管理秩序的公民、法人或其他组织即相对人，违反行政秩序是处罚的前提；处罚的方式是减损权益或增加义务而非给予好处或利益；处罚的目的在于对违法者予以惩戒或制裁。当然这里还隐含着，行政处罚是行政机关依法对违反行政法规范尚未构成犯罪的行政管理相对人的制裁。

行政处罚与行政制裁、行政处罚与行政处分、行政处罚与行政处理等，也有概念区分的问题。行政制裁，就行政机关对违法者施罚而言，应包括行政处罚和行政处分。所以行政制裁与行政处罚，在概念上是种属关系，前者包括后者，大于后者。

行政处罚与行政处分有相同的地方，所以它们同属行政制裁，但行政处罚与行政处分在性质上又有根本的不同，至少在我国目前是这样。行政处罚针对的是行政管理相对人，是一种外部处分行为，而行政处分针对的是行政工作人员，是一种内部行政行为。这种内外部行为的区分，在《行政诉讼法》实施前，意义不大。但在《行政诉讼法》实施后，由于人民法院受理的具体行政行为是一种外部行为，所以两者的区分便有了法律意义。行政处罚一般指特定的行政机关或者法定的其他组织依法对违反行政法律规范的公民或者组织实施的一种行政制裁措施。行政处分，是指行政机关基于行政隶属关系或者监察机关基于职权对犯有轻微违法失职尚未构成犯罪的行政机关工作人员采取的一种行政制裁措施。

行政处理是一个含义非常广泛的概念。在我国，行政处理是指行政主体经

---

[1] 中国社会科学院语言研究所词典编辑室编:《现代汉语词典》，商务印书馆 1997 年版，第 404 页。

过一定的法律程序依法对相对人的权利或义务进行单方处分的一种具体行政行为。行政处理包括“形成”处理，即为相对人设定权利义务的处理；“废除”处理，即废除或撤销现有权利义务关系的处理；“变更”处理，即变更原有法律关系某些内容的处理；“确认”处理，即对现存的法律事实、权利义务关系和有法律意义的文书等予以审查、确定、认可、证明和处理。行政处罚有的是设定义务，如罚款，构成“形成”处理的一部分；有的是废除或撤销现有权利义务关系，如吊销营业执照，构成“废除”处理的一部分；有的是变更原有法律关系的某些内容，如责令在一定期限内停产停业等，构成“变更”处理的一部分。可见行政处理的范围大大超过行政处罚的范围。除以上区别外，行政处罚与其他性质的制裁也有明显的区别。行政处罚制裁仅仅是国家法律制裁中的一种，具有行政性。

二、行政处罚的特征

行政处罚的特征是行政处罚区别于其他法律制度或法律措施、手段的具体表现，对行政处罚的特征有几种概括，有的将其归纳为“行政惩戒性”和“处罚对象的一般性”，有的将其归纳为“惩罚性”“救济性”，还有的强调“行政处罚是行政机关权力和义务的统一体”，但大多数论著、教科书都从行政处罚的主体、对象、外部性等方面入手刻画行政处罚的特征。行政处罚的特征是行政处罚本质的外在表现，所以，惩戒是行政处罚的首要特征，其次，行政处罚的特征体现在处罚主体、处罚对象等方面。

行政处罚具有以下特征。

（一）行政处罚的主体是行政机关或其他行政主体

行政处罚权是行政权的一部分，除非法律另有规定，行政权应由行政机关行使，其他国家机关或企事业单位不是行政处罚的主体，因此，人民法院定罪量刑、排除妨碍诉讼的行为的措施，没收、强制收购等是刑事处罚和民事处罚；其他机关，企事业单位，除经法律授权和行政机关委托外，社会组织设置和实施的罚款[1]等，不是行政处罚。所谓“三乱”之一的乱罚款，一部分是有处罚主体资

---

〔1〕 这类罚款可以看成是一种违约的后果，本质上属于违约金。参见张弘：《作为私权担保性质的行政法——兼及对行政法理论基础的反思与重构》，载《北方法学》2015 年第 1 期。

格的行政机关滥罚款造成的,另一部分则是没有处罚主体资格的机关,企事业单位造成的。

行政机关拥有行政处罚权是从总体上讲的,具体来说至少有两点值得注意:

第一,某一特定行政机关是否拥有处罚权,以及拥有何种、多大范围的处罚权,要视法律、法规的规定而定。就某一项处罚权而言,并非所有行政机关都当然享有。如行政拘留权,我们可以笼统地讲这是行政机关的权力,但这并不意味着所有行政机关都可以行使拘留权。相反,依照法律规定,行政拘留权只能由公安机关行使,而且公安机关中哪级可以行使亦有限定。

第二,虽然行政处罚权是属于行政机关的,但如果经由法律授权,或行政机关委托,行政处罚的实施权亦可由被授权、被委托的组织行使。对此《行政处罚法》作了规定。

(二)行政处罚的对象是一般行政管理相对人

这点与行政处分是截然不同的。《行政处罚法》在规定处罚对象时用的是"违反行政管理秩序的公民、法人或者其他组织",这与行政诉讼法的规定基本一致,是法治统一的具体表现。其实行政管理相对人与"公民、法人或者其他组织"在含义上并没有区别,同样是表示行政机关管理的对象,但却更加具体。另外,行政处罚的对象是一般行政管理相对人,并没有特别的限制。这既体现行政处罚的一视同仁,也体现行政处罚的随机性,是行政管理过程中的一般情形。

(三)行政处罚针对的是行政管理相对人违反行政管理秩序的行为

行政处罚的对象是行为人,但行政处罚所针对的却是违反行政管理秩序的违法行为。行政处罚并不是针对所有违法行为,它所针对的是违反行政管理秩序的行为。行政相对人的违法行为有许多种类,如果与行政管理秩序无关,则不属于行政处罚的违法行为。所以,行政处罚也可以称为行政秩序罚。例如,合同的不履行或拖延履行,也是一种违法行为,但它"违"的是"民事法律规范",公安机关不应该据此行使行政处罚权。近年来,各地发生多起关于公安机关滥用行政处罚权的纠纷,原因之一在于没搞清行政权或行政处罚权仅限于执行实施或保障落实行政秩序法律规范这一范围,范围明显扩大了。

（四）行政处罚的方式是依法减损权利或增加义务

通说认为，权利义务是法律的基本结构，也是法学的基本范畴。规定或确定权利义务是法律的基本功能。行政处罚的具体方式一定与权利义务有关，而非与其他有关。这样一来，作为一般行政行为可能涉及对权利的增加或减少；对义务的科以或免除。与行政处罚的性质或惩戒目的相对应，行政处罚的方式是依法减损权利或增加义务，不可能是增加权利或减少义务，那应该是行政许可行为或行政给付行为等。如果说权利义务是与利益相关或与好处相关，行政处罚中减损权利或增加义务必然是对利益或好处的不利影响。

（五）行政处罚以惩戒违法为目的

制裁和惩戒"这也是行政处罚最突出和最核心的特征"。[1] 任何行政行为都有目的，或都有应该实现的立法目的。没有无目的的行政行为。行政处罚行为同样如此。行政处罚以惩戒违法为目的，其惩戒性或制裁性，体现在对违法的行政管理相对人权益的限制、剥夺上，或体现在对其权益的减损上，或体现在对其科以新的义务上。该法第2条规定："行政处罚是指行政机关依法对违反行政管理秩序的公民、法人或者其他组织，以减损权益或者增加义务的方式予以惩戒的行为。"强调惩戒性，是因为行政处罚不是在个人或组织不履行法定义务时，促使义务人承担其义务的措施，而是对个人或组织不履行法定义务（包括不正当行使自己的权利）的一种制裁，促使其下次履行，不再重犯。例如，交通警察对超速司机的处罚，目的不是使司机按正常速度在原来超速的路段上再行驶一遍，而是警示并促使该司机以后不要超速。但对某些可以纠正的违法行为予以行政处罚时亦应令其纠正，尤其是对持续状态的违法行为，如对超载汽车，只罚款不令其纠正超载行为，罚款后就放行，罚款则成了"许可"，是有悖法律本意的。

此外，行政处罚还在适用法律、具体程序、制裁强度、责任性质等方面，与其他制裁措施有所区别，而且，行政处罚的形式具有确定性，执法者不得任意采取。

---

[1] 马怀德：《〈行政处罚法〉修改中的几个争议问题》，载《华东政法大学学报》2020年第4期。

第二节　行政处罚的性质与意义

一、行政处罚的性质

行政处罚是我国行政法中最重要、影响面最广的制度之一。改革开放以来,我国的法治建设迅速发展,这期间我国的行政处罚制度也经历了一个从小到大、从弱到强、从小面积到大面积覆盖这样迅速发展的过程。可以这样说,今天我国的行政处罚几乎涉及行政管理的所有领域,时时刻刻可能对行政管理相对方——公民、法人或其他组织的权益产生直接影响,成为我国法律制度中、社会生活中不可忽视的力量、制度。我国的行政处罚制度之所以在这短短的时间内获得如此长足的进步和发展,是有其深刻的社会历史根源和社会意识根源的。了解行政处罚的性质,是解决行政处罚自身的存在价值以及作为制度不断完善等问题的关键,也是了解和正确把握《行政处罚法》的基础。

近现代,在英美法系国家,处罚、制裁几乎与"行政"无关,处罚是法院的事。所以,许多在我国受行政处罚的行为,在英美法系国家,是由法院施罚的。

大陆法系国家的法国、德国、日本等则有行政处罚制度,尽管它们的行政处罚制度远不如中国的行政处罚制度涉及面广、影响力大。但不论是英美法系还是大陆法系,制度上的差异虽说是明确的,但是其制度发展过程中的某些现象却是值得寻味的。因为现象的出现并非都是偶然的,它可能反映出发展的某种倾向。例如美国,它沿袭了英国的传统,理论上不承认行政机关拥有处罚权,但实际上如果某一法律授予行政机关罚款的权力,在司法实践中大多为法官所接受,承认这种授权是有效的,即使是对人身权作出限制的行政处罚。美国最高法院的判例也已证明有关规定行政机关在驱逐外国人时可以行使逮捕权的法律是有效的。它的有效性几乎从建国开始就得到了承认,英国也有类似情况,普通法原先并不允许行政机关拥有的权力,由于社会经济的发展也通过制定法授予了行政机关,如公路交通法授权警察无须逮捕证就可逮捕由于喝酒、吸毒而不适合驾驶的人;又如根据英国的移民法之规定,内政大臣有权决定是否将非法入境者遣送回国。

德国行政处罚制度的产生得益于犯罪与违法行为的区分,德意志帝国建立之初,就有人主张区分犯罪行为与违法行为。1804 年德国制定刑法典时发生了争论,大多数人主张把违法不轨行为作为专章纳入刑法典中,由法院按犯罪处理,但到了 20 世纪 20 年代,立法机关开始赋予行政机关有限的制裁权,处理违反法律情节轻微的案件,允许警察科处 75 马克的罚款。1949 年联邦德国成立后,对犯罪行为与违反秩序行为作了某些较为严格细致的界定和区分,但警察处罚某些违法行为仍要通过法院确认,造成法院负担太重,积案太多,难以及时、准确地作出认定。基于这种客观现实,联邦议会于 1952 年制定了《违反秩序法》(此法几经修改,最后一次修改是在 1992 年 7 月),区分了犯罪行为与违法行为,犯罪行为,由法院定罪量刑;违法行为,由行政机关处罚。这样就将 90% 的案件从法院分离出去,大大缓解了法院的压力,也提高了行政效率。

从上述例子可以看出,不论信奉怎样的原则,遵从怎样的传统,在社会发展、人与人的交往关系日益错综复杂的情况下,法律必然设定比以前更多的行为规则。违反这些规则达到一定程度,就应受到制裁,否则法律所试图建立和维护的社会关系、社会秩序就会受到危胁和破坏。在这一前提下,一旦法院不堪重负,立法机关作为反映统治阶级意志的专门机关,必将制裁权中的部分授予行政机关。当然,授予处罚权的大小,又与各个国家自身的制度状况、法律传统有关,不可能完全一样。

西方国家另一个有趣的现象是非犯罪化或非刑罚化刑事政策思想的出现。非犯罪化或非刑罚化建议在 20 世纪中期被提出。非犯罪化思想主张对某些道德方面和公共福利方面的犯罪,如流浪、赌博、堕胎、通奸、吸毒、无照卖酒、公共场所醉酒、轻微违反交通法规以及一般违反秩序行为等,不作为犯罪,而不予以刑事制裁,必要时可适用行政制裁或民事制裁。非刑罚化思想在主张上则略有不同,即认为某些行为仍属犯罪行为,但适用刑罚以外的方法如以社区劳动、赔偿被害人、限制自由(而不是剥夺自由)去处理。但两者在刑事政策思想上是一致的,即在预防和控制犯罪斗争中尽可能动员社会力量而限制刑法适用的范围。西方国家之所以出现上述学说,是因为自 19 世纪末以来,政府的社会管理职能越来越宽泛,而每一项规定新的管理活动的立法,几乎都伴随着新的刑事内容,如对机动车辆的管理、食品药品的管理以及其他各种经济活动的管理等法规均有刑罚条款。刑法规范的数量日益增长，这实际上也意味着犯罪行为的增加，意味着预防、控制犯罪行为力量投入的相应增长。就社会控制而言，在其他社会控制，如家庭、村落、邻里、职业、宗教等力量相对薄弱的时候，法律就相对强大，但法律控制社会的方式有若干种，刑法只是其中之一，在历史的某一点，法律控制的总量是一定的，但其中的方式是可变的。换句话说，控制社会的、反映统治阶级意志的法的本质并没有变，但技术方法可能有所变换，而这种方式上的转变又取决于社会的发展和需要。

行政处罚是国家制裁体系的一个组成部分，是国家进行社会控制的强制性保障手段之一。但这仍然是一种初步的分析。研究行政处罚的本质是什么，我们不妨借鉴一点刑罚学说。因为刑法与行政法都是公法，而且刑罚与行政处罚都是国家制裁体系的组成部分，具有较强的可比性。关于刑罚的存在有三种基本的学说。一为报应主义，也即刑罚是一种报复，是社会对危害社会的人给予成比例的制裁；二为功利主义，认为国家适用刑罚为的是使受刑人以后不想再犯罪，以及使可能犯罪者不敢以身试法，以此来保护大多数人的最大利益；三为折中主义，即以功利主义说明刑罚的基本理由，从报应角度考虑刑罚的轻重。我国关于行政处罚的论述，多类似于第一、第三种学说。就本质而言，行政处罚是一种制裁，是社会对某种反社会行为的报复，没有这一本质，行政处罚的其他功能就不可能存在，功利主义的说法只是从制裁的客观效果上论述了制裁存在的必要性，或者是制裁所追求的目标。这里，我们强调行政处罚的本质与功用不同，本质与其追求的目标、效果不同，并不意味着我们将行政处罚仅视为惩治手段，就不再坚持教育与惩罚相结合的原则，也不追求制止违法的客观效果了。恰恰相反，我们反对以教育者自居随意处罚老百姓的行为，处罚的本质是制裁，是报复反社会的行为。而任何反社会的行为都是由反映统治阶级意志的法所规定的。所以，处罚的本质要求“法治”。如果“报复”是个人性质的，要么它是“血亲复仇”，要么它是“施虐”，那么，行政处罚的惩罚性质如何体现？行政处罚的直接目的并不是促使行政法上义务的实现，而是要造成违法者精神、自由和经济利益受到限制或损害的后果，惩罚违法者的违法行为。如果只是使违法者纠正了违法行为，达到与守法者守法相同的状态，是不能称为“处罚”的，它仅是使违法者承担违法的一种行政法律责任，行政处罚也是一种行政法律责任，但那是另一种行政法律责任。行政处罚既不能涵盖所有的行政法律责任,也不能替代其他行政法律责任。

把处罚与其他行政法律责任分开,是十分有益的。在设定行政责任时,立法者首先应考虑使违法行为得到纠正,纠正后不必处罚的,就不必规定处罚,不罚不行的可规定处罚。这样做,一是可避免"不教而诛"、唯"罚"是举之嫌,使违法者、守法者皆心服口服;二是避免了当前实践中存在的处罚变许可的弊端。所谓处罚变许可,就是指罚了违法者而对违法行为未予纠正,那么这种处罚就成了通行证、许可了。例如,只对超标排污单位进行罚款处理,而不责令其限期治理,这种罚款不就成了"许可"?车辆超载,只对其罚款,不让其卸下超载部分,这种罚款不就成了"通行证"?广而言之,将行政处罚与其他行政法律责任区分开,也有利于我国的法治建设。

二、行政处罚的意义

(一)行政处罚是使行政法律规范得以遵守的保障之一

美国著名法学家伯尔曼说:"法律必须被信仰,否则形同虚设。"[1]信仰包括法律被遵守。因此,国家为了维护社会秩序,规定了浩繁而庞杂的行政法规范体系。这些行政法规范必须得到遵守与执行,否则不但法是一纸空文,而且对违反行政法律规范行为的放纵就是对守法的人的戕害,更会产生有法可违的恶效应。并且违反行政法规范,应承担广义的行政法律责任[2]——许多情况下要受到行政处罚。行政处罚作为不遵守行政法律规范的法律后果,是实施行政法律规范的现实保障。

(二)行政处罚是维护社会秩序、市场经济秩序的必要手段

良好的社会秩序既是国家发展进步的前提,也是人们安居乐业的前提。秩序既可以内生又可以外生。政府的存在是形成社会秩序的"另一只手"。历史经验告诉我们,在无政府的社会很难形成秩序。行政处罚是政府维护良好秩序的必要手段。我国目前处于市场经济高速发展的阶段,由于新旧体制交替而产

---

〔1〕[美]伯尔曼:《法律与宗教》,梁治平译,中国政法大学出版社2003年版,第3页。

〔2〕狭义的行政法律责任仅指行政机关工作人员违法所应承担的不利后果,就像《行政处罚法》第七章规定的法律责任一样。

生的漏洞和新形势下迅速膨胀的个人主义、金钱至上的交互作用,偷税漏税、不正当竞争、假冒伪劣、暴利以及其他种种欺诈行为等大量出现,不打击、不制裁,就不足以遏制违法行为不断出现的态势,就谈不上良好的社会秩序的建立。

(三)行政处罚在法律制裁体系中,具有便宜、经济、有效的优势

在中国,几千年来,"官"者,老百姓的"衣食父母"也,政府的干预一直较强,政府的职能相对而言也较多。在行政管理的过程中配以行政处罚的手段,较之将一切处罚都交予法院,要便宜、经济、有效。因而行政处罚在中国的适用就是自然的了。

第三节 行政处罚法的立法宗旨

行政处罚法的立法宗旨或目的,主要体现在《行政处罚法》第 1 条中,该条规定:"为了规范行政处罚的设定和实施,保障和监督行政机关有效实施行政管理,维护公共利益和社会秩序,保护公民、法人或者其他组织的合法权益,根据宪法,制定本法。"

行政处罚在某种程度上是一把"双刃剑",一方面它是国家维护社会秩序、有效行政管理的手段,另一方面,行政处罚毕竟是一种行政权力,一旦越权或被滥用,就可能对公民的合法权益造成极大的危害。所以制定《行政处罚法》就是让行政处罚有法可依、依法处罚,保障和监督行政机关有效实施行政管理,维护公共利益和社会秩序,保护公民、法人和其他组织的合法权益。

归纳起来,《行政处罚法》主要具有保障行政处罚权的实施和维护公民的合法权益这两大功能;简言之,就是保权与维权,恰与罗豪才先生倡导的行政法"平衡论"[1]相契合。甚至可以说,《行政处罚法》就是具体体现行政法平衡论

〔1〕 行政法"平衡论"也称为行政法平衡理论,是由罗豪才先生提出并付诸实践。1993 年年初,罗豪才、袁曙宏、李文栋在《中国法学》上发表《现代行政法的理论基础:论行政机关与相对一方的权利义务平衡》。文章提出,现代行政法不应是管理法或者控权法,而应当是平衡法;平衡论应当作为行政法的理论基础。该文在行政法学界引发了广泛、深入的讨论和争鸣。此后,在罗豪才教授等学者的持续努力下,逐步构建了比较系统的行政法基础理论"平衡论"。由于其关注的问题和研究方法的基本一致,"平衡论"初步形成了一个以北大为中心的行政法学流派。

的最佳表现和生动实践。行政处罚法的立法宗旨概括地说主要包括两个方面，一方面是保障和监督行政机关有效实施行政处罚即保行政权，另一方面保护公民、法人和其他组织的合法权益即保护公民权，两者并重。也就是说，既要保障行政机关有效实施行政管理，又要监督行政机关正确实施行政处罚，保护公民、法人和其他组织的合法权益，二者不可偏废。从保障行政机关有效依法行政与保护公民、法人和其他组织合法权益这两个角度说，只强调一面而忽视另一面，都是片面的。

关于立法宗旨，有过关于"何者为第一"的不同意见。所谓"何者为第一"，就是说行政处罚法的立法宗旨是应当首先保护公民和组织的合法权益，还是应当首先保障行政机关有效进行行政管理。有人认为，行政处罚法应当首先立足于保护公民和组织的合法权益，其次才应当是保障行政机关有效进行行政管理。从立法语言的逻辑顺序上看，原《行政诉讼法》就是把保护公民、法人和其他组织的合法权益放在监督维护行政机关依法行使行政职权前面的。也有人认为，行政处罚法应当首先保障行政机关进行行政管理。因为行政处罚是国家强制力的表现形式之一，是以国家强制力为后盾，贯彻国家意志，是行政机关实施行政管理的手段之一，行政处罚法是将这一手段规范化、法律化，使行政机关能够依法有效实施行政管理。我们认为，行政处罚法立法宗旨的两个方面不可以简单地排列何为第一。保障行政机关有效依法行政与保护公民、组织的合法权益是行政处罚法完整统一的思想，是贯穿于行政处罚法整体的基本方面，二者是不可分割的。行政处罚法与行政诉讼法之所以先后顺序不同，是因为两个法律调整的对象不同，不能因此说哪个更重要，哪个不重要。我国宪法规定"中华人民共和国是工人阶级领导的、以工农联盟为基础的人民民主专政的社会主义国家"与"中华人民共和国的一切权力属于人民"。保护公民、法人和其他组织的合法权益是我国法律制度的基本点，是指导我国立法工作的原则之一，这是贯穿于所有法律中的一个基本原则。尤其是在行政法律的制定中，在调整行政机关与公民、组织的关系中，加强对行政权的监督和对公民权益的保护始终是立法者着重考虑的。行政处罚法也是如此。行政处罚法着重强调要规范行政处罚的设定和实施，保障和监督行政机关有效实施行政管理，打击违法行为，其根本目的是维护公共利益和社会秩序，保护全体公民和组织的合法权益。从行政处罚法的内容上可以看出,行政处罚法更多地是规范行政处罚这一强制手段,对行政机关设定行政处罚、实施行政处罚给予规范和监督,以保护公民和组织的合法权益。首先,在整个法律中,涉及行政机关的权力与公民、法人或者其他组织的权益之间的关系,更多考虑的是保护公民、法人和其他组织的合法权益;其次,规定行政机关必须有效地进行行政管理,处罚违法行为,也是为了整个社会的有序,以保障全体人民的工作、生活秩序,保障全体人民的合法权益。[1]

在行政法的发展历史上,先后有两种理论体系,一种是强调管理,即认为行政法就是管理法,行政机关是权力主体;另一种是强调控制,即认为行政法是控权法,保护公民的权利。我们认为,行政处罚法一方面应当从法律上对行政处罚的设定和实施予以规范,对行政机关行使行政处罚权从权限上、程序上进行必要的控制,以保护公民、法人和其他组织的合法权益;另一方面也要对必要的、合理的行政处罚予以确认,保障行政机关有效进行行政管理,二者不可偏废。这也是一种"平衡论"。

第四节 行政处罚法的调整内容

任何法律的制定都有其独特的规范或调整内容,使其成为自己,行政处罚法也同样如此。《行政处罚法》第 3 条明确规定了其规范或调整的内容包括两个方面,即"行政处罚的设定与实施,适用本法"。应当注意的是,行政处罚法的调整内容不同于行政处罚法的适用范围,行政处罚法的适用范围是指行政处罚法在什么时间、在什么空间、对什么人产生效力。

一、行政处罚的设定

设定行政处罚是指法律规定的有权力作出行为规范的国家机关首次独立

---

〔1〕 参见全国人大法制工作委员会国家法、行政法室编著:《中华人民共和国行政处罚法讲话》,法律出版社 1996 年版,第 9 页。

自主地规定何种行为是违法行为，并规定给予何种行政处罚；在此之前，正在实施的有效的法律规范均未认为该种行为是违法并规定给予任何行政处罚。

设定行政处罚是行政处罚的第一个环节，是行政处罚的基础。无法可依，就不可能做到依法实施行政处罚，就必将导致行政专横。

行政处罚的设定问题，实质上是行政处罚设定权限的分配问题，就是哪一级国家机关、哪一类性质的国家机关有设定何种行政处罚的权力。具体地说，也就是法律、行政法规、地方性法规具有设定哪一种行政处罚的权力。根据现代法治理论，这一问题并不难以解决。现代法治理论认为，凡赋予公民权利，或设定公民的义务，或对公民某种权利作出限制以至剥夺，均需由立法机关制定法律，或者由立法机关作出明确具体的授权，由行政机关制定法规加以规定。但是，由于我国经济发展的不平衡性，各地经济、文化发展差异较大，加之法律尚在完善过程之中，不可能将涉及公民权利义务的所有规范都由最高权力机关制定，因此要由地方的权力机关和行政机关根据法律规定和实际，制定一些对公民的权利影响不是很大的、比较轻微的行政处罚。理论上是如此，但是在具体划分上，究竟哪些符合“对违反行政管理秩序的行为，可以设定警告、通报批评或者一定数额的罚款”的规定，却没有那么简单，既需要理论也需要经验；而且罚款的数额在量上如何确定，也是一个难以解决的问题，甚至是行政处罚中的最大的问题，各方面的看法很不一致。

二、行政处罚的实施

行政处罚的实施也就是广义的行政处罚的适用，是将行政处罚法律规范运用到相对人的过程。行政处罚的实施是指依法实施行政处罚法律、法规的行政机关或者组织，依照法定依据和法定程序给予违法人的行政处罚，包括谁有权处罚以及给予怎样的处罚两个方面。实施行政处罚是行政处罚中的第二个环节。这是行政处罚程序的中心环节。实践证明，行政处罚的实施是一个更为艰巨的系统工程。行政处罚的设定毕竟是经过对事物进行深入的研究，把握其规律之后，以法律形式规范下来就可以完成的工作。而行政处罚的实施则是将法律上的权利和义务予以实现，它是调整各种社会利益、团体利益乃至个人利益的具体体现，涉及数十亿公民、几百万组织的切身利益，这就决定了行政处罚实施的艰巨性与复杂性。

行政处罚的实施,说到底就是“对号入座”,但显然不会是那么简单。行政处罚法要求实施需把握两个方面:一是要保障行政机关依法行使行政处罚权,有效地进行行政管理,以维护公共利益和社会秩序。如在行政处罚的程序设置上,行政处罚法规定了简易程序和普通程序,对大量比较轻微、处罚不是很重的违法行为,在证据确凿并有法定依据的情况下,执法人员可以当场作出处罚决定,这基本上解决了行政机关大量的执法工作。二是在保证行政机关有效实施行政管理的前提下,保护公民和组织的合法权益,防止行政专横,行政处罚权的滥用。如在程序上规定了行政机关不论是在简易程序中,还是在普通程序中,实施行政处罚,都必须告知当事人作出行政处罚决定的事实、理由及依据,并告知当事人依法享有的权利。实现个案正义是行政处罚实施的目标之一。

第五节 行政处罚的原则

法理学通常认为,“法的构成要素分为概念、原则和规则”,[1]其中法律规则是主体。美国学者德沃金对法律原则的论述最充分,包括广义和狭义两个方面,将法律原则从法律规则中分离出来。[2] 我国学者张文显在使用法律原则一词时,大体上采用的是德沃金之广义的法律原则含义。他指出,“在法学中,法律原则是指可以作为规则的基础或本源的综合性、稳定性原理和准则”。[3]法律原则通常是法律规则之外的具有统摄和指导价值的内容,是一种标准,有时是更高的标准,有时是规则缺失的补充,即没有规则时找原则。行政处罚原则是行政法律为行政处罚行为规定的原则,是法律原则中的一种,通常是指设定和实施行政处罚时应遵循的基本准则或要求。依据行政处罚法的规定,行政处罚应遵循以下原则。

---

〔1〕 谢晖、陈金钊主编:《法理学》,高等教育出版社2005年版,第25页。

〔2〕 参见[美]罗纳德·德沃金:《认真对待权利》,信春鹰、吴玉章译,中国大百科全书出版社1998年版,第89页。

〔3〕 张文显主编:《法理学》(第2版),高等教育出版社2003年版,第90页。

一、处罚法定原则

《行政处罚法》第4条规定："公民、法人或者其他组织违反行政管理秩序的行为，应当给予行政处罚的，依照本法由法律、法规或者规章规定，并由行政机关依照本法规定的程序实施。"这就是行政处罚法定原则的法条依据。

行政处罚涉及公民的权利，应当采取法定原则。行政处罚法定原则，也是依法行政固有的内容，主要包括四个方面。[1]

（一）行政处罚由有权设定行政处罚的国家机关在本法规定的职权范围内设定，并以法定的程序制定、公布；无权设定行政处罚的国家机关不得设定处罚，也不得越权设定

即处罚设定法定。有权设定行政处罚的有全国人民代表大会及其常务委员会制定的法律，以及在本法第二章规定的权限内作出行政处罚规定的行政法规、地方性法规和部门规章、地方规章，如果超越了本法第二章所规定的权限设定行政处罚，这样的行政法规、地方性法规和规章均是无效的，即所谓"越权无效。"越权无效"是行政法的核心思想，也是行政处罚法中法定原则的内容之一。对公民、法人或者其他组织的违法行为要由法律、法规、规章明确设定，要有法律、法规、规章明确规定的处罚行为和处罚种类，法无明文规定不得给予行政处罚，这均是"越权无效"的具体体现。我国行政处罚权的设定是采取主体与方式、措施一一对应的形式，比如拘留只能由全国人大以法律的形式设定。

（二）实施行政处罚应当由有行政处罚权的行政机关在法定职权范围内实施，其他机关和组织无权实施

即处罚主体法定。在我国，行政处罚权主要由行政机关依法行使，但是法律、行政法规或者地方性法规授权的具有管理公共事务职能的组织也可以行使某些行政处罚权。另外，即使性质上属于行政机关，也并不是所有的行政机关都有行政处罚权，而是要依法行使，法律或者法规规定具有行政处罚权的行政

〔1〕 参见全国人大法制工作委员会国家法、行政法室编著：《中华人民共和国行政处罚法讲话》，法律出版社1996年版，第12～14页。

机关,在其职责范围内依照法律或者法规确定的违法行为和规定给予的行政处罚的,才能实施行政处罚。行政机关是否拥有行政处罚权、拥有多大的行政处罚权,具有管理公共事务职能的组织是否能够实施行政处罚,都需要根据法律、法规、规章的规定确定。《行政处罚法》以专章第三章“行政处罚的实施机关”对处罚主体作了明确的规定。处罚主体的法定要义有二:一是某一行政机关或者组织是否享有行政处罚权必须具有明确的法律规定,不能仅凭单位的内部文件就享有所谓的行政处罚权;二是依法成立的管理公共事务的事业组织符合一定条件可以接受委托实施行政处罚。委托单位是行政机关,被委托单位是依法成立的管理公共事务的组织。

(三)对公民、法人或者其他组织实施行政处罚必须有法定依据,法无明文规定不处罚

即处罚依据法定。公民、法人或者其他组织的行为,只有在法律、行政法规或者地方性法规以及在本法权限内制定的规章明确规定应予处罚、给予何种处罚时,才受法律、法规、规章规定的处罚;没有规定的,不受处罚。我国刑法对刑事责任采取法定原则,法无明文规定不为罪。行政处罚也同样如此。之所以采取这个原则,是因为行政处罚虽然与刑罚不同,但也涉及公民的人身、财产等权利,依照法治原则,必须依法进行。目前乱处罚的情况在一些地方依然存在,有的还相当严重,为了解决乱处罚的问题,需要采取处罚法定原则,这是客观实际的需要。第六届全国人大常委会在 1986 年制定《治安管理处罚条例》时,就已经采取了法定原则,把原条例中类推的规定删去了,其意义就在于对违法行为的认定,必须有法律明确的规定。后来的《治安管理处罚法》沿用至今。同时,还应当提出,法律规定追究刑事责任的也不能给予行政处罚,这同样是处罚法定的应有之义。

(四)行政机关实施行政处罚,必须严格依法进行,遵守有关程序的规定

即处罚程序法定。实施行政处罚必须遵守法律规定的程序,既包括行政处罚法规定的程序,也包括其他行政法律中关于程序的规定。程序合法乃至正当,是现代法治的一项基本原则。现代法治理论认为,“依法治国”的基本内容有三:一是政府的权力要受到限制,即个人享有某些不容侵犯的基本权利;二是政府权力的行使要遵守法定的程序;三是设置和加强司法机关,使前二者的原

理付诸实现。处罚程序法定的要义在于,遵守法定程序可以减少人为的恣意,更可以避免随意执法的借口。《行政处罚法》既是一部实体法,前述的职权法定就是实体内容;同时又是一部程序法,是对行政机关如何实施行政处罚进行规范。程序是人治与法治的"分水岭",有其自身独立的价值,有时这种独立的价值并不完全依赖于实体本身,这就是"分蛋糕理论"的体现。它一方面保障行政机关有效实施行政管理,另一方面也要在程序上进行规范,防止滥施处罚,保护公民、组织的合法权益。当然,需要说明的是,处罚程序法定的更高级要求是处罚程序正当,尤其是在法律对程序规定缺失或笼统的情形下,如何遵守程序正当性就是更高的要求。

《行政诉讼法》规定,行政机关的行政行为,如果适用法律、法规错误或者违反法定程序等,人民法院可以判决撤销。这说明程序违法是判决撤销的重要理由。当然,重大程序违法的,将导致行政行为无效。

需要说明的是,原《行政处罚法》在第 3 条第 2 款中还规定,"没有法定依据或者不遵守法定程序的,行政处罚无效"。这次修订,将这一款取消。应当说就广义而言,行政处罚因程序违法一旦被撤销,一定是不产生法律效力的。但是,由于 2015 年修订实施的《行政诉讼法》对行政行为无效有其狭义的界定,并承认理论上关于"行政行为严重违法、一般违法、轻微违法的效力对应——无效行为、撤销行为、补正行为",[1] 使得程序违法在狭义上不属于严重违法与无效,因此,将该条予以取消。

二、公正、公开原则

《行政处罚法》第 5 条规定:"行政处罚遵循公正、公开的原则。设定和实施行政处罚必须以事实为依据,与违法行为的事实、性质、情节以及社会危害程度相当。对违法行为给予行政处罚的规定必须公布;未经公布的,不得作为行政处罚的依据。"这就是行政处罚公正、公开原则的法条依据。

行政处罚必须遵循公正的原则。也就是说,给予行政处罚,必须以事实为

---

[1] 张弘、郭胜鳌:《行政瑕疵行为的辨析与补救》,载《辽宁大学学报(哲学社会科学版)》2007 年第 2 期。

依据,以法律为准绳。要查明违法事实,以事实为根据,没有违法事实,不得给予处罚。给什么处罚,要以法律为准绳,与违法行为的事实、性质、情节以及社会危害程度相当,不得滥罚。公正被认为是执法者所应具有的品质,意味着平等地对待当事人各方,不偏袒任何人,平等和公正地适用法律。公正原则已经普及世界各国,并适用于行政法。其基本特征:一是防止偏听偏信,二是举行公平的听证会。公正原则的含义:第一,被控告的人必须获悉对他的控告的性质;第二,被控的人必须有陈述案情的机会;第三,裁判机关必须公正。公正的标准是什么,至今还没有统一的认识,但是有两条即使不是公理,也是为人们所公认的,第一,凡是与本人有关的案件,不能由本人自断,即任何人不能做自己的法官,这是公正的第一标准;第二,必须听取双方当事人的意见,这是法律的正当程序,世界各国的法学家、法律工作者都认为这是避免错案、假案、冤案的条件,是法律工作的准则。公正是具有普遍性的要求,是所有当事人的共同要求,是丝毫也不能违背的,否则公平的形象树立不起来,行政机关的威信也树立不起来。

行政处罚遵循公开原则是社会主义民主的原则体现形式之一。公开是指作出行政处罚的规定要公开,要让全体人民周知,就是说法律、行政法规、地方性法规以及依法制定的规章,凡是要公民遵守的,就要事先公布,让人民了解,这是一条原则。如果不公布,放在机关的抽屉里,老百姓不知道,怎么要求他遵守?更不能据此对其处罚,不然岂不是不教而诛了吗?其次是行政机关依法进行管理,对违法当事人给予什么行政处罚,行政处罚的事实、理由及依据是什么要公开,重大的行政处罚要由行政机关负责人集体作出决定;依法举行听证会,除法律有特别规定的外,应当公开举行,要对群众公开、对社会公开,允许群众旁听,允许记者采访报道,这样便于人民群众进行监督,也有利于对广大人民群众进行教育。

三、过罚相当原则

《行政处罚法》第5条第2款规定:“设定和实施行政处罚必须以事实为依据,与违法行为的事实、性质、情节以及社会危害程度相当。”这就是行政处罚过罚相当原则的法条依据。应当说,过罚相当也是公正原则的具体化,违反过罚相当的行政处罚自然不具有公正性。

这里规定的"与违法行为的事实、性质、情节以及社会危害程度相当",就是过罚相当原则在我国法律中的具体表述。过罚相当原则是刑法理论在行政处罚中的应用。孟德斯鸠说过:"按罪行大小,定惩罚轻重。"[1]这是刑法中的一项原则,行政处罚也是一样,应当根据违法行为的性质、情节以及社会危害程度进行处罚。不能对轻微的违法行为给予很重的行政处罚;同样,也不能对社会危害相当大的违法行为只警告了事,或者只罚款了事。我国的行政法学者多从行政处罚的实施上讨论过罚相当原则,但是行政处罚法明确规定了设定行政处罚也要过罚相当,应当说,行政处罚中的过罚相当主要适用于行政处罚的实施方面,因为一是我国的法律在规定行政处罚的幅度中就有一定的范围,二是行政机关在实施行政处罚时也有一定的自由裁量权,所以过罚相当应当主要适用于行政处罚的实施。但是,行政处罚法又明确规定了设定行政处罚时也要过罚相当。这主要是因为我国行政处罚的设定权是分层次的,全国人大及其常务委员会制定的法律可以设定任何行政处罚,国务院制定的行政法规,地方人大及其常务委员会制定的地方性法规,国务院部、委员会制定的规章,地方政府制定的规章均权力不等地具有一定的行政处罚的设定权,为了保证行政处罚从一开始制定时就能够体现行政处罚这一目的,所以行政处罚法规定了设定行政处罚也必须遵守过罚相当的原则。这就要求凡是有权设定行政处罚的机关,在最初设定时就应当全面、客观地根据违法行为的性质、社会危害程度规定行政处罚。另外,过罚相当原则与比例原则很接近,甚至就是比例原则的翻版。比例原则又叫最小损害原则,更加强调结果的正当。"通说认为比例原则包含适当性原则、必要性原则和狭义比例原则三个子原则。"[2]而狭义的比例原则与过罚相当原则基本一致。

在行政处罚的制定过程中,有些部门在罚款的设定权的额度上要求权力大些,提出不重罚就解决不了违法行为。必须指出,行政处罚不是一副包治百病的药方,它只是对轻微的违法行为起到一种惩戒和教育作用,认为重罚就可以解决一切问题的想法是不切实际的,如果重罚可以解决一切问题,那么,死刑并

---

〔1〕[法]孟德斯鸠:《波斯人信札》,梁守锵、孙鹏译,漓江出版社1995年版,第140页。

〔2〕高景芳等:《行政法之比例原则初论》,载《河北科技大学学报(社会科学版)》2003年第2期。

没有解决一切犯罪就是一个证明。也有的说“罚他个倾家荡产”,如果说一个人的违法行为已经到了要罚到使他失去生存条件的话,那么,他的违法行为一定是对社会产生了非常严重的危害,那么,也就是犯罪了,行政处罚的手段对其已经不适用了,行政机关也没有权力剥夺一个人的基本生存条件。基于这点,强调设定行政处罚要与社会危害程度相适应,就更有其现实意义。

四、坚持处罚与教育相结合的原则

《行政处罚法》第6条规定:“实施行政处罚,纠正违法行为,应当坚持处罚与教育相结合,教育公民、法人或者其他组织自觉守法。”这就是行政处罚与教育相结合原则的法条依据。

法律制定后,要依法办事,要严格执行,要保障法律的贯彻实施。行政机关保障法律贯彻实施的手段之一就是对违法行为实施行政处罚,但必须明确,为什么给予行政处罚?行政处罚的目的是什么?这是一个重大原则问题,必须正确认识。给予行政处罚,绝不单纯是为惩罚,对罪犯判处刑罚,还要强调对罪犯的教育改造,使罪犯改造成为自食其力的守法公民。对一般的违法者给予行政处罚,更应强调教育,行政处罚的直接目的是纠正违法行为,对违法者和广大人民进行教育,提高法制观念,使广大人民自觉地遵守法律、维护法律。必须指出,保障法律的贯彻实施,最基本、最重要的是要靠宣传教育,古人也一直强调要“教化”,其实是一样的道理。我国的法律是反映和保护广大人民利益的,因此,人民是拥护的,会自觉遵守和执行的,这是我们考虑问题的基本出发点,我们制定的法律是建立在广大人民自觉遵守的基础之上的,否则,法律也不能真正地贯彻实施。法律制定之后,要进行广泛的宣传教育,使广大人民群众了解,法律才能有群众基础。

在实施行政处罚上必须克服两方面的片面性,一是片面强调处罚,“不教而诛”。在传统经济体制下,行政管理渗透到社会生活的各个方面,行政机关的管理手段单一而有效,一个人由生到死,一个组织从设立、活动到撤销均由行政机关控制,行政机关掌握着“人、财、物”的大权,由此控制着社会秩序,在这种制度下,行政机关不用或者很少使用行政处罚手段。改革开放以来,传统经济体制下的社会控制手段已经不能有效地控制社会秩序,行政机关管理社会需要依法进行管理,行政处罚作为比较简便、有效的手段能够保障行政机关依法管理社会,维护经济和社会秩序,罚款这种行政处罚手段更是如此。必须承认,行政机关运用行政处罚手段,有效地维护了社会秩序和公共利益,使我国的经济建设和改革开放取得了巨大的成就,但是,目前也存在行政处罚混乱,乱罚款的问题。"花钱买合法",违法行为依然我行我素,侵害国家和人民的利益,干扰着社会秩序。少数行政机关工作人员以罚谋私,损害了我们国家的形象,损害了党群关系、干群关系,影响了法治建设事业,对这种违法行政必须加以严惩。所以行政处罚法将"处罚与教育相结合"作为实施行政处罚的原则之一确立下来,明确行政处罚的目的是"纠正违法行为,教育公民、法人或者其他组织自觉守法"。同时第 28 条第 1 款还规定:"行政机关实施行政处罚时,应当责令当事人改正或者限期改正违法行为。"只要达到了这一目的,对轻微的违法行为也并不一定均实施行政处罚,如第 33 条规定:"违法行为轻微并及时改正,没有造成危害后果的,不予行政处罚。初次违法且危害后果轻微并及时改正的,可以不予行政处罚。当事人有证据足以证明没有主观过错的,不予行政处罚。法律、行政法规另有规定的,从其规定。对当事人的违法行为依法不予行政处罚的,行政机关应当对当事人进行教育。"就是体现了这一原则。行政处罚中存在的另一个问题是放纵违法行为,怕惹麻烦。《行政诉讼法》颁布后,对行政机关依法行政,保护公民、法人及其他组织的合法权益发挥了巨大的作用,使我国的行政执法水平提高到一个新的阶段,行政机关依法行政的意识进步,公仆意识、守法意识成为行政机关的共识。但是也有一些人,从消极的方面片面理解行政诉讼法,认为是捆住了行政机关的手脚,不愿意当被告,怕承担败诉责任,由此该管的也不管,有利的争着管,无利的都不管,造成社会生活某些方面的秩序混乱,影响了人民群众的利益。这都是我国法治建设中的消极因素,必须予以克服。

第六节　行政处罚法的制定

一、国外行政处罚立法的情况

目前国外行政处罚的立法模式大致分为两种,一种是分散式的,即行政处罚的规定散见于各种单行法律中;另一种是法典式的,即拥有一部行政处罚基本法,对行政处罚中具有普遍意义的问题加以规定。

"法典式",从时间顺序上当首推奥地利。1925 年奥地利颁布《行政罚法》开行政处罚法法典之先河。该法共 68 条,内容包含实体和程序。"总则"是实体性规定,对行政处罚的一般条件、责任能力、责任、教唆及帮助、未遂犯、特别责任,以及各罚则行政罚的裁量、行政罚的特别减轻、行政罚的竟合等作出了规定。第二部分是行政罚程序性规定,包括程序的一般原则、时效、被告、侦查、逮捕、保证金、证据、扣押、正式审理程序、处罚决定、诉愿、执行、处罚的注销、私诉、私权请求之裁决、关于审理少年犯之特别规定、行政程序费用负担等。该法规定得虽然比较全面,但仍属通则性的规定,具体适用时,还要引用单行的法律、法规。

德国 1952 年颁布的《违反秩序法》,采用了法典式行政处罚法的模式。该法共 135 条,体例上分为四编,共二十三章。第一编总则,内容包括适用范围、处罚依据、罚款、数个违法行为同时发生、没收、充公,对法人和人合团体的罚款、时效。第二编罚款程序,内容、章节最多,十一章的内容包括追究与处罚违反程序行为的管辖权,一般程序规定、前期程序、行政罚款决定、异议和法院程序、罚款与刑事程序、法律效力与重审、颁布附加措施命令的程序、罚款裁判的执行、费用、对追究措施的赔偿。第三编"具体的违反秩序行为",包括五章:违反国家规章的行为、违反公共秩序的行为、滥用国家标志和受国家保护的标志、违背经营场所和企业的义务。第四编"最后规定"。从上述内容看,德国的《违反秩序法》规定的内容是很详尽的。

苏联于 1980 年 10 月 23 日和 1985 年 1 月 1 日,曾先后实施过《苏联和各加盟共和国行政违法立法纲要》和《苏俄行政违法行为法典》。前者是通则性规定,分四章。第一章总则,规定了立法任务、苏联与各加盟共和国在行政违法行为立法方面的权限分工、行政违法行为的预防、行政处罚的原则、法规的效力等。第二章行政违法行为和行政责任,规定了行政违法行为的概念,应对违法行为承担行政法律责任的主体,处罚种类、减免或加重处罚的情节,给予处罚的期限等。第三章是适用行政处罚的机关及其分工。第四章行政处罚程序,规定了行政违法案件的诉讼任务,行政违法行为的记录、强制措施、被追究行政法律责任者的权利、审理和裁决、上诉和抗诉、对上诉和抗诉案件的审理、执行等。《苏俄行政违法行为法典》比“纲要”详细、具体,章节条款也多。该法典分五大部分,31 章,共 307 条。第一部分总则,规定立法目的、任务、依据和行政处罚的基本原则。第二部分行政违法行为和行政责任,规定了行政违法行为的概念和行政违法的构成条件,行政处罚的目的和种类及裁决,并详细规定了具体的行政违法行为及其行政法律责任。第三部分有权处理行政违法案件的机关,较为详细地规定了各行政机关对行政违法行为的管辖。第四部分行政处罚程序。第五部分行政处罚裁决的执行。

法典式行政处罚法的立法模式,优势是明显的,第一,其内容包括行政处罚实体、程序方面几乎所有带有普遍性问题的规定,具有普遍指导和规范的意义;第二,由于它是法典,是一种统一的规定,避免了分散立法存在的标准各异、重复、烦琐等弊端,比较简便易行。但这种立法方式,也有其自身缺陷,一是它只能就行政处罚中带有普遍性的问题加以规定,因而行政处罚中具有特殊性的问题,既难以全部预料也难以都在法典中作详尽规定;二是行政管理活动包罗万象,管理事项和管理对象又需要经常调整,而法典要保持相对的稳定性,因而难以保证满足行政处罚的全部需要。

分散式行政处罚立法方式,是指行政处罚的规定分散于各单行法中的行政处罚立法方式。这种立法方式不仅是英美法系国家的现状,大陆法系国家也不乏如此做法,如法国没有一个概括的条文规定全部行政处罚,违反哪些义务应受行政制裁,以及科处何种行政制裁,散见于有关的法律条文中。最常应用行政处罚作为制裁手段的领域有财经、环保、交通、卫生、职业活动等,行政处罚的种类随法律的规定而不同。分散式立法方式的好处是就某一项行政处罚来说,处罚的条件、罚则、程序、施罚主体及其权限都规定得明确、具体,且又都是直接规定在制裁所保障实施的法律中,显然有具体明确简便易行的功效。这对于行政处罚适用领域有限、行政违法行为发生频率相对不高的国家,不失为一种好办法。

至于英美法系国家,不对行政处罚作统一规定,还有更深刻的社会历史原因和法制传统上的原因。“处罚”在英美人眼里是法院的事,而不应是行政机关的事。但随着社会的发展,由于全部由法院施罚的困难,英美国家又不可避免地将一部分处罚权授予行政机关。正因为这种处罚权是授予行政机关的，它不是附属于行政管理的当然权力，所以哪个行政机关、享有哪方面、何种事项上、多大权限范围内的行政处罚权，均视具体法律授权规定而定。

二、我国行政处罚立法的状况

自党的十一届三中全会以来，我国的法制建设快速发展，法律、法规、规章的数量猛增，其中大多数都规定了相应的行政处罚手段，作为保障法律、法规、规章执行的措施之一。但很快地就暴露出有些领域里乱处罚的问题。针对这种状况，1986 年以来，全国人大常委会、国务院分门别类，在几个行政管理领域制定了专门性的行政处罚法律、法规。在治安管理方面有《治安管理处罚条例》；在财政管理方面有《违反财政法规处罚暂行规定》及其实施细则；在市场管理方面有《投机倒把行政处罚暂行条例》；在海关管理方面有《海关法行政处罚实施细则》；在外汇管理方面有《违反外汇管理处罚实施细则》；在金融管理方面有中国人民银行和监察部联合发布的《金融稽核检查处罚规定》，等等，初步统一了处罚条件、方式、种类及程序。但是，之后由于各部门、各地区竞相效仿，虽然有些出于执法便利的动机，但以法争权、管辖混乱、滥施处罚等现象时有发生，后来虽然有一批分类起草的行政处罚法规，但没能出台。

截至 1996 年《行政处罚法》出台前，据统计我国 17 年来问世的 280 余部法律中有 202 部法律，在法律责任中规定了行政处罚，另外还有 800 多个行政法规、4000 多个地方性法规的规定涉及行政处罚。还有资料显示，我国法律内容的 80% 要靠行政部门执行。上述情况表明，行政处罚确实已成为我国社会生活中与公民关系密切，渗透各个领域的一个制度。

我国是一个人口众多、地域广阔的大国，行政权力又是社会生活中的传统支柱，它会自我扩张，而人民群众出于习惯又可能会在一定程度上容忍它的扩张。因此，在行政处罚领域出现了许多由于缺乏约束而产生的混乱现象，而这种混乱，一部分是“执法”造成的，另一部分就是行政处罚领域里多头“立法”，单行法林立等造成的。简单概括行政处罚立法中存在的问题如下。

(1)行政处罚设定权限不清，造成“立法”主体多元化，是滥罚的源头。目前，何种机关享有行政处罚的立法(设定)权？有权机关是否享有一切罚则的规定权？各主体划分处罚设定权的界限在何处？这些都是有待明确的问题。如果没有明确的限定和适当的制约，各种执法主体就会竞相“出台”形形色色的行政处罚措施，自己设定行政处罚，自己实施行政处罚，加之利益驱动，又怎么能避免“乱”？

(2)法律、法规、规章以及其他规范性文件，在规定行政处罚时，赋予行政机关太大的自由裁量权。法律、法规在规定违反“本法”的责任时，或者几种处罚形式交由实施行政机关自由裁量；或者干脆规定“可以处罚”或“可以罚款”，使得实施处罚的机关在罚与不罚之间，怎样罚、罚多少的问题上享有过大的裁量权。

(3)各种处罚规定相互矛盾冲突。本来宪法、组织法规定了“依照”和“不相抵触”，作为确保在各种层次的规范文件中维护“法治统一”的原则，也设有相应的监督机制。但由于种种主客观的原因，这种监督机制难以启动，形同虚设。主体的多元化和立法缺乏科学化所引起的各种处罚规定彼此冲突、矛盾的问题，事后又得不到解决。于是下一阶位的规范性文件突破上一阶位规范性文件关于处罚适用条件、罚则、裁量幅度或者自行设罚的现象也时有所见。这种问题积累到一定程度，势必会破坏我国的“法制统一”。

(4)处罚立法不规范。表现在对行政处罚的性质认识不清，将许多非处罚性行政责任甚至民事责任列入处罚责任范围，如责令恢复植被、责令赔偿损失等；处罚条件规定得不具体，“根据情况”“区别情节”予以处罚，而情况、情节如何又全凭行政机关自己掌握；处罚罚则五花八门，不统一、不规范，等等。

(5)轻视行政处罚程序或行政处罚程序不完备。这与重权力、轻权利，重实体、轻程序的传统观念有关。行政机关对相对人实施处罚，对相对人而言占有很大优势，如果剥夺、限制相对人的权利，或科以新的义务，却不经“正当法律程序”，显然有失公正。在规定行政处罚程序方面，只有个别法律如《治安管理处罚条例》，规定得较完整。大多数的法律、法规、规章，对处罚程序的规定都是粗疏的。

行政处罚立法的现状及存在的问题表明，中国需要制定一部统一的行政处罚法，来规范行政机关设定和实施行政处罚的行为，在治“乱”的同时，达到保护相对人合法权益、完善强化行政机关行政管理职能的目的。

三、《行政处罚法》的制定

已如前述,行政处罚领域里大量存在的问题,使越来越多的有识之士感到制定一部行政处罚法的紧迫性、必要性。但制定一个什么样的行政处罚法,却是众说纷纭。借鉴国外的立法模式,总结我国十几年来行政处罚立法的经验教训,有关部门和专家、学者,对此提出了许多宝贵建议。对这些建议进行概括,大致可归纳出三种意见。

第一,搞一部行政处罚法典,分总则、分则。总则部分规定行政处罚的立法宗旨、任务、依据、原则、构成条件等,分则部分具体规定何者为违法行为,如何处罚(责任)。

第二,制定通则式的行政处罚法。对具体的违法行为和相应的行政处罚责任,由单行法律、法规作出规定,可谓"双轨并行式"。

第三,认为目前难以制定一部统一的行政处罚法典,因此有人主张由国务院制定一个行政处罚条例。这种方案又被称作"折中式"。

当然有人反对上述三种意见,认为对行政处罚的若干重大问题还存在分歧,立法和执法还缺乏经验,可以在维持现状的基础上,即在维持现在的分散式行政处罚立法模式的基础上,改善提高立法质量。在另一种意义上说,这也构成第四种意见或曰"维持现状"说,但这种反对并不占据上风。

上述三种方案,赞同者最多的是"双轨并行式"立法方式。其主要是立足于"从实际出发",认为目前行政处罚问题很多,不去积极地解决问题,反而主张维持现状或搞个"折中",是不适当的。他们赞成"双轨并行式",认为"双轨并行式"有利于在重大、原则性问题上为行政处罚的设定和实施提供统一标准。而且由于不用像法典那样对各个行政管理领域内的违法及处罚责任一一作出详尽规定,因而更能适应我国各地政治、经济、文化发展不平衡的国情。另外,"双轨并行式"还有利于搞好法律制裁体系的协调统一。因为"双轨并行式"是统一规定与单行法律、法规中处罚条款的结合,行政处罚法只是基本规范,法无明文规定不得为罚,至于具体违法行为的确认和相应的行政处罚责任问题,还需要各种单行法律、法规的明文规定。因此,在立法体例上,在把重点放在行政处罚法制定的同时,又不能忽视对现行法律或法规中有关行政处罚条款的完善。这样,以行政处罚法的制定为解决当前处罚问题的突破点和重点,以其他法律、法规的行政处罚规定的完善为辅,就可以达到法律制裁体系的协调统一和“法制统一”的目的。

从后来制定的《行政处罚法》来看,立法也确实是循着“双轨并行式”的思路进行的。值得指出的是,上述“法典式”立法模式的观点,实际上是受刑法典的影响而提出的。刑法分论对各种罪、刑一一规定,但行政处罚如何搞分论?至少目前是不可行的。所以这种“法典式”的观点,在行政处罚法的制定上是一种比较极端的说法,是不可行的。至于有些专家学者对制定行政处罚法法典的主张,则是另一种意思,也就是说,行政处罚法应当是行政处罚的基本法,它应对处罚的目的、适用范围、原则,处罚的设定规则、管辖,处罚的基本适用方法,处罚程序以及行政机关违法处罚的法律责任等,作出原则性的统一规定。这种“法典说”与“双轨并行式”大同小异,不过更强调行政处罚共同性的东西,在制定行政处罚法时都应予以规定而已。应当说,这代表了广大人民群众、多数专家、学者希望全面规范行政处罚的愿望。

1996 年 3 月参加第八届全国人民代表大会的代表对草案进行了认真的研究,提出了修改意见,法律委员会又根据代表的意见对草案进行修改,在 3 月 17 日下午 3 时 31 分,2682 名代表以 2411 票赞成,106 票弃权,125 票反对,40 票放弃表决权,通过了《行政处罚法》,以第六十三号主席令颁布实施。

四、《行政处罚法》颁布实施的意义

《行政处罚法》的颁布,是我国行政法制建设中的一件大事,是推进我国社会主义民主政治建设、实施依法治国基本方略的一个重要步骤。《行政处罚法》成为我国第一部保障和监督行政机关依法行使行政职权,统一规范行政行为的法律。《行政处罚法》颁布实施的意义重大[1],具体有以下几个意义:

一是保障宪法的有效贯彻实施。宪法是我国的根本大法,在法治体系中具有至高无上的地位和最高权威,是制定法律的依据。我国宪法规定了国家的根

---

〔1〕 参见应松年、张晓莹:《〈行政处罚法〉二十四年:回顾与前瞻》,载《国家检察官学院学报》2020 年第 5 期。

本制度、公民基本权利和义务、国家机构的组成和运行的基本原则等。《行政处罚法》作为规范行政权行使、保护公民合法权益的法律,承载着实现个人权利、贯彻宪法理念的重要作用,是对宪法所规定的县级以上地方各级人民政府依照法律规定的权限管理本行政区域内的行政工作,国家依法禁止任何组织和个人扰乱社会经济秩序,公民必须遵守宪法和法律、保守国家秘密、爱护公共财产、遵守劳动纪律、遵守公共秩序,公民合法的私有财产、人身自由不受侵犯等规定的具体化,对于推动宪法实施、加强宪法实施,完善以宪法为核心的中国特色社会主义法律体系,具有重要意义。

二是推进我国法治建设进程。《行政处罚法》首次对一项行政行为作出了从实体到程序的全面规范,确立了处罚法定、公正公开、过罚相当、处罚和教育相结合等重要原则,明确划分了法律、行政法规、地方性法规和规章设定行政处罚的不同权限。不仅实现了对违法者违法行为的惩戒和教育,也体现了对执法者处罚行为的监督和约束,同时还注重对立法者设定处罚行为的限制和规范。在这种三位一体的法律框架下,实现了保障行政相对人合法权益,维护社会公共利益,规范行政处罚设定和实施,维护国家法制统一,促进行政机关依法行政,建设社会主义法治国家的历史重任。可以说,《行政处罚法》是继《行政诉讼法》之后,我国行政法治进程中又一部具有里程碑意义的重要法律,标志着我国法治建设进入了新的历史阶段。

三是健全我国法律责任制度体系。《行政处罚法》的出台和实施,健全、完善了我国法律责任制度。在《行政处罚法》制定之前,我国刑事责任方面已经有了刑法和刑事诉讼法,民事责任方面有了民法通则和一系列单行的民事法律以及民事诉讼法,基本确立了较为完备的刑事责任和民事责任法律制度。而在行政责任方面,虽然不同单行法中有具体规定,但是还缺少一部总括性的、统一的规定。《行政处罚法》出台后,填补了我国法律责任制度的一个重要缺口,刑事、民事、行政三大法律责任制度正式确立。

四是奠定我国行政程序法律基础。作为规范三大基本行政行为的"行政三法"的排头兵,《行政处罚法》开创了行政程序法制化的先河,树立了行政机关实施行政处罚必须遵守法定程序、违反法定程序是违法行为甚至无效行为的理念。《行政处罚法》确立的听取陈述申辩、告知、回避、听证、送达、裁执分离、收支两条线等重要程序，成为我国行政程序的制度基础，《行政许可法》《行政强制法》中很多程序规定都源于行政处罚程序，《行政处罚法》也被称为“小行政程序法”。这些程序完善了中国行政程序法律制度，确立了正当程序的原则和依法行政的理念，对于推动行政机关形成程序观念具有深远影响。

五、《行政处罚法》的修订

《行政处罚法》在实施的过程中，从形式到内容都发现了许多不合时宜的方面，但一开始只是基于配套其他法律的修改而进行了对应式修正。直到2020年才进行大修。

2020年《中华人民共和国行政处罚法（修订草案）》

一、修改的必要性和起草过程

行政处罚是行政机关有效实施行政管理，保障法律、法规贯彻施行的重要手段。现行行政处罚法于1996年由第八届全国人大第四次会议通过，2009年和2017年先后两次作了个别条文修改，对行政处罚的种类、设定和实施作了基本规定。该法自颁布施行以来，对增强行政机关及其工作人员依法行政理念，依法惩处各类行政违法行为，推动解决乱处罚问题，保护公民、法人和其他组织合法权益发挥了重要作用，积累了宝贵经验，同时，执法实践中也提出了一些新问题。党的十八大以来，以习近平同志为核心的党中央推进全面依法治国，深化行政执法体制改革，建立权责统一、权威高效的行政执法体制；完善行政执法程序，坚持严格规范公正文明执法。为贯彻落实党中央重大改革决策部署，推进国家治理体系和治理能力现代化，加强法治政府建设，完善行政处罚制度，解决执法实践中遇到的突出问题，有必要修改行政处罚法。

党的十八大以来，先后有近两百名全国人大代表、政协委员提出修改行政处罚法的议案、建议和提案，有关方面也陆续提出修改行政处罚法的意见和建议。行政处罚法修改列入十三届全国人大常委会立法规划。法制工作委员会于2018年启动行政处罚法的修改工作，先后到北京、江西、广东、内蒙古、天津、河南等地进行调研，多次召开国务院部门、地方人大、政府法制机构、专家学者、律师和企业座谈会，听取各方面的意见和建议。通过上海虹桥街道基层立法联系点走访基层执法部门了解实际情况，委托部分国务院部门、地方人大、基层立法联系点收集法律实施过程中存在的突出问题。通过课题委托、专题研究等方式，认真研究相关问题。在广泛征求意见和深入研究的基础上，2019年10月形成修改草案征求意见稿，书面征求国务院部门、31个省(区、市)和部分设区的市人大常委会法制工作机构，以及基层立法联系点、部分高等院校、科研单位的意见。召开座谈会，专门听取部分省、直辖市人大常委会法制工作机构主要负责同志意见。2020年1月，分别召开中央政法委、中央改革办、中央依法治国办、中央编办以及部分国务院部门、法院系统同志参加的座谈会，再次征求意见。根据各方面意见，对征求意见稿进一步修改完善，形成了行政处罚法修订草案。

二、修改的指导思想和主要考虑

修改工作坚持以习近平新时代中国特色社会主义思想为指导，深入贯彻党的十九大和十九届二中、三中、四中全会精神，全面贯彻习近平总书记全面依法治国新理念新思想新战略，适应推进全面依法治国的需要，落实完善行政执法体制、严格规范公正文明执法的改革要求，推进国家治理体系和治理能力现代化。

根据各方面意见，修改工作把握以下几点：一是贯彻落实党中央重大决策部署，立法主动适应改革需要，体现和巩固行政执法领域中取得的重大改革成果。二是坚持问题导向，适应实践需要，扩大地方的行政处罚设定权限，加大重点领域行政处罚力度。三是坚持权由法定的法治原则，增加综合行政执法制度，赋予乡镇街道行政处罚权，完善行政处罚程序，严格行政执法责任，更好地保障严格规范公正文明执法。四是把握通用性，从行政处罚法是行政处罚领域的通用规范出发，认真总结实践经验，发展和完善行政处罚的实体和程序规则，为单行法律、法规设定行政处罚和行政机关实施行政处罚提供基本遵循。

三、修改的主要内容

(一)关于行政处罚的定义和种类

现行行政处罚法第八条列举了七项行政处罚种类。一些意见反映，行政处罚法未对行政处罚进行界定，所列举的处罚种类较少，不利于行政执法实践和法律的实施。据此，作以下修改：一是增加行政处罚的定义，明确行政处罚是指行政机关在行政管理过程中，对违反行政管理秩序的公民、法人或者其他组织，以依法减损权利或者增加义务的方式予以惩戒的行为。二是将现行单行法律、法规中已经明确规定，行政执法实践中常用的行政处罚种类纳入本法，增加规定通报批评、降低资质等级、不得申请行政许可、限制开展生产经营活动、限制从业、责令停止行为、责令作出行为等行政处罚种类。（修订草案第二条、第九条）

（二）关于地方性法规设定行政处罚的权限

原行政处罚法第十一条规定："地方性法规可以设定除限制人身自由、吊销企业营业执照以外的行政处罚。""法律、行政法规对违法行为已经作出行政处罚规定，地方性法规需要作出具体规定的，必须在法律、行政法规规定的给予行政处罚的行为、种类和幅度的范围内规定。"多年来，一些地方人大同志反映，原行政处罚法中有关地方性法规设定行政处罚的规定限制过严，地方保障法律法规实施的手段受限，建议扩大地方性法规的行政处罚设定权限。为充分发挥地方性法规在地方治理中的作用，增加规定：地方性法规为实施法律、行政法规，对法律、行政法规未规定的违法行为可以补充设定行政处罚。地方性法规拟补充设定行政处罚的，应当通过听证会、论证会等形式听取意见，并向制定机关作出说明。（修订草案第十二条第三款）

（三）关于行政处罚实施主体

根据党和国家机构改革和行政执法体制改革要求，明确综合行政执法的法律地位，增加规定：国家在城市管理、市场监管、生态环境、文化市场、交通运输、农业等领域实行综合行政执法，相对集中行政处罚权，由一个行政机关统一实施相关领域的行政处罚。同时，根据基层整合审批服务执法力量改革要求，推进行政执法权限和力量向基层延伸和下沉，增加规定：省、自治区、直辖市根据当地实际情况，可以决定符合条件的乡镇人民政府、街道办事处对其管辖区域内的违法行为行使有关县级人民政府部门的部分行政处罚权。（修订草案第十七条第一款、第二十二条第二款）

（四）关于行政处罚的适用

经过多年的执法实践，行政处罚的适用规则不断发展完善，在总结实践经验基础上，作以下补充完善：一是明确行政机关实施行政处罚时，有违法所得的,应当予以没收。二是规范行政处罚自由裁量权行使,完善从轻、减轻的法定情形,增加规定当事人有证据证明没有主观过错的,不予行政处罚,法律、行政法规有特别规定的,依照其规定;行政机关可以依法制定行政处罚裁量基准。三是加大重点领域执法力度,涉及公民生命健康安全的违法行为的追责期限由两年延长至五年。四是增加“从旧兼从轻”适用规则,行政处罚的依据适用违法行为发生时的法律、法规和规章的规定,但是新的法律、法规和规章的规定更有利于当事人的,适用新的法律、法规和规章的规定。五是完善行政处罚决定无效制度,行政处罚没有法定依据或者实施主体不具有行政主体资格的,行政处罚无效;不遵守法定程序构成重大且明显违法的,行政处罚无效。六是明确行政处罚证据种类和适用规则,规定证据必须经查证属实,方可作为认定案件事实的根据;以非法手段取得的证据,不得作为认定案件事实的根据。七是进一步明确适用范围,外国人、无国籍人、外国组织在中华人民共和国领域内有违法行为,应当给予行政处罚的,适用本法,法律另有规定的除外。(修订草案第二十六条、第三十条、第三十一条、第三十三条第一款、第三十四条、第三十五条、第四十三条、第七十九条)

(五)关于行政处罚的程序

为推进严格规范公正文明执法,巩固行政执法公示制度、行政执法全过程记录制度、重大执法决定法制审核制度“三项制度”改革成果,进一步完善行政处罚程序,作以下修改:一是明确公示要求,增加规定行政处罚的实施机关、立案依据、实施程序和救济渠道等信息应当公示;行政处罚决定应当依法公开。二是体现全程记录,增加规定行政机关应当依法以文字、音像等形式,对行政处罚的启动、调查取证、审核、决定、送达、执行等进行全过程记录,归档保存。三是细化法制审核程序,列明适用情形,明确未经法制审核或者审核未通过的不得作出行政处罚决定。四是规范非现场执法,增加规定行政机关依照法律、行政法规规定利用电子技术监控设备收集、固定违法事实的,应当经过法制和技术审核,确保设置合理、标准合格、标志明显,设置地点应当向社会公布,并对记录内容和方便当事人查询作出相应规定。五是进一步完善回避制度,细化回避情形,明确对回避申请应当依法审查,但不停止调查或者实施行政处罚。六是增加规定发生重大传染病疫情等突发事件,为了控制、减轻和消除突发事件引起的社会危害，行政机关对违反突发事件应对措施的行为，依法从重处罚，并可以简化程序。七是适应行政执法实际需要，将适用简易程序的罚款数额由五十元以下和一千元以下，分别提高至二百元以下和三千元以下。八是增加立案程序，除当场作出的行政处罚外，行政机关认为符合立案标准的，应当立案。九是完善听证程序，扩大适用范围，适当延长申请期限，明确行政机关应当结合听证笔录作出决定。（修订草案第三十六条、第三十八条、第四十条、第四十四条、第四十五条第一款、第四十六条、第四十七条、第五十条第二款、第五十四条第三款、第五十八条、第五十九条、第六十条）

（六）关于行政处罚的执行

为保障行政处罚决定的依法履行，补充完善执行制度，作以下修改：一是适应行政执法实际需要，将行政机关当场收缴的罚款数额由二十元以下提高至一百元以下。二是与行政强制法相衔接，完善行政处罚的强制执行程序，规定当事人逾期不履行行政处罚决定的，行政机关可以根据法律规定实施行政强制执行。三是明确行政机关批准延期、分期缴纳罚款的，申请人民法院强制执行的期限，自暂缓或者分期缴纳罚款期限结束之日起计算。四是明确当事人申请行政复议或者提起行政诉讼的，加处罚款的数额在行政复议或者行政诉讼期间不予计算。（修订草案第六十三条、第六十七条、第六十八条第二款）

（七）关于执法监督

为贯彻落实行政执法责任制和责任追究制度，强化对行政处罚行为的监督，作以下修改：一是增加规定罚款、没收违法所得或者没收非法财物拍卖的款项，不得同作出行政处罚决定的行政机关及其工作人员的考核、考评直接或者变相挂钩。二是增加规定县级以上人民政府应当定期组织开展行政执法评议、考核，加强对行政处罚的监督检查，规范和保障行政处罚的实施。（修订草案第六十九条第三款、第七十条第一款）

此外，修订草案对管辖、行政执法协助、行政执法资格等规定也作了补充完善。

第二章　行政处罚的种类和设定

“现行行政处罚种类不全导致查处违法行为存在疏漏，处罚种类设计粗糙导致可操作性较弱，处罚强度过低导致威慑力不足和预防效果差，处罚种类衔接不足难以形成有机整体。”[1]此次对《行政处罚法》的修改，在行政处罚的种类和设立上变化较为明显。主要表现在：一方面，将现行单行法律、法规中已经明确规定，行政执法实践中常用的行政处罚种类纳入本法，增加规定通报批评、暂扣许可证件、降低资质等级、限制开展生产经营活动、责令停产停业、责令关闭、限制从业等新的行政处罚种类。另一方面，由于现行行政处罚法中有关地方性法规设定行政处罚的规定限制过严，未充分发挥地方性法规在地方治理中的作用，增加规定地方性法规为实施法律、行政法规，可以补充设定行政处罚。拟补充设定行政处罚的，应当通过听证会、论证会等形式广泛听取意见，并向制定机关作出书面说明。地方性法规报送备案时，应当说明补充设定行政处罚的情况。

行政处罚的种类，是指行政处罚由哪几种形式构成。由于长期以来，我国没有一部统一的行政处罚规范，各部门、各地方自行创设行政处罚的方式，随意性很大，造成行政处罚的名称很多，很不规范。理论上，一般将行政处罚分为四大类：一是涉及人身自由的人身罚；二是吊销许可证和执照的行为能力罚；三是财产罚；四是申诫罚。行政处罚法关于行政处罚种类的规定，明确了我国行政处罚形式的构成，有效规范了行政处罚行为。

行政处罚的设定是关于哪些国家机关有权设定应受行政处罚的行为的一

---

〔1〕 张淑芳：《〈行政处罚法〉修订应拓展处罚种类》，载《法学》2020 年第 11 期。

种法律制度。谁有权设定行政处罚属于立法权限的划分问题,各国一般都在宪法中加以规定,但由于我国宪法对立法权限只作了原则划分,不很具体,因此,对谁有行政处罚设定权,有多大的行政处罚设定权,不很清楚。结果,乱设处罚、滥设处罚的现象十分严重,因此,行政处罚法明确规定了享有行政处罚设定权的主体、范围,结束了混乱局面。

第一节　行政处罚的种类

以行政处罚概念为标准,通过检索中国人大网“中国法律法规信息系统”和上海市、浙江省“权力清单数据库”,查询到现行法律、法规、规章中行政处罚的种类有 23 种。具体为:有关名誉罚的行政处罚种类主要有警告、通报批评、公开谴责、列入黑名单 4 种;财产方面有罚款、没收违法所得、没收违法期间的工资性收入、没收非法财物 4 种;资格罚方面有暂停许可类执业活动、暂扣许可证、降低资质等级、吊销许可证、吊销营业执照、吊销登记证书、不得申请行政许可、取消资格 8 种;行为罚方面有责令停产停业、责令关闭、不得继续开展生产经营活动、从业限制、责令停止行为、责令作出行为 6 种;人身自由罚方面有行政拘留 1 种。另外,行政处罚方式的具体表述有 150 余种,警告、罚款、行政拘留等行政处罚种类的具体表述较为单一,其他行政处罚种类的具体表述比较多样化,尤其是责令停止行为、责令作出行为的具体表述。[1]

原《行政处罚法》第 8 条列举了 7 项共 10 种行政处罚种类,包括警告、罚款、没收违法所得、没收非法财产、责令停产停业、暂扣或吊销许可证、暂扣或者吊销执照的行政处罚(其中第 7 项“法律、行政法规规定的其他行政处罚”不能作为一种行政处罚)。新修订的《行政处罚法》第 9 条规定,“行政处罚的种类:(一)警告、通报批评;(二)罚款、没收违法所得、没收非法财物;(三)暂扣许可证件、降低资质等级、吊销许可证件;(四)限制开展生产经营活动、责令停产停业、责令关闭、限制从业;(五)行政拘留;(六)法律、行政法规规定的其他行政

〔1〕 参见黄海华:《行政处罚的重新定义与分类配置》,载《华东政法大学学报》2020 年第 4 期。

处罚”。修订后的《行政处罚法》不仅将现行法律法规已经明确规定的处罚种类纳入到行政处罚种类中，同时将行政执法实践中常用的行政处罚种类也纳入本法中，增加了通报批评、降低资质等级、限制开展生产经营活动、责令关闭、限制从业等行政处罚种类。以下对其进行具体介绍：

一、警告、通报批评

（一）警告

警告是指行政机关或者法律、法规授权组织对违法行为人的谴责和告诫。其目的是通过对违法行为人精神上的惩戒，以申明其有违法行为，并使其不再违法。警告适用于情节轻微或者未造成实际危害后果的违法行为。既可适用于公民个人，也可适用于法人或者其他组织。警告是行政处罚的一种形式，既可单处，也可以并处。警告处罚具有以下特点：

1. 警告是以影响违法行为人声誉为内容的处罚。一方面，它与罚款和拘留等处罚形式不同，警告不涉及违法行为人的人身自由和财产权利，是一种软性约束措施；另一方面，它与普通的批评教育有所不同，警告通常是以书面形式作出的，需指明违法者的违法之处，令其纠正违法行为，具有行政法上的拘束力。受到警告处罚的人虽然在人身自由、财产权利、行为能力方面未受到损失，但是其声誉受到一定程度的负面影响。

2. 警告处罚具有告诫违法者，令其纠正违法，避免再犯的作用。警告处罚的主要目的不是单纯的制裁，而是训诫违法者，防止其继续或重新实行违法行为，以及警示其他人不要实行同类或类似的违法行为。

3. 警告处罚一般适用于情节轻微或未造成实际危害后果的违法行为。在为数众多的处罚种类中，警告是最轻微的处罚形式，所针对的违法行为也相应较轻。例如，《道路交通安全法》第 89 条规定：“行人、乘车人、非机动车驾驶人违反道路交通安全法律、法规关于道路通行规定的，处警告或者五元以上五十元以下罚款；非机动车驾驶人拒绝接受罚款处罚的，可以扣留其非机动车。”

4. 警告处罚一般应以书面形式作出，同时必须向本人宣布并送达至违法行为人。除交通管理中，交警可以对轻微违法行为进行口头警告外，绝大多数警告都以书面形式作出，也就是制作处罚决定书。如《药品监督处罚程序规定》中就有相关的内容。

由于警告处罚适用于轻微违法行为或未造成实际危害后果的违法行为，因而这种处罚是最轻微的制裁，缺乏实质性制裁效果，对被处罚人的制裁作用也有一定的限度。有些情况下，即使受处罚人受到多次警告也不会受到实体上不利后果的影响。为此，在具体实施这类处罚时，建议采用警告处罚登记制度，将相对人每次受到的处罚都记录在案，累积到一定数量后可以向更为严厉的处罚形式转换，从而给被处罚人造成实质性的精神压力，增强警告处罚的制裁效果。例如，随着"大数据"时代的来临和互联网的普及和应用，个人信息被纳入行政机关的监管范围。各个地方和管理领域都纷纷设立了"黑名单"制度，即当个人在社会生活中出现有失诚信、违反社会管理秩序的行为时，行政机关将其个人身份信息纳入一个有"不良记录"的名单中，这对于其个人而言，也具有相当程度的警示、告诫的作用。如若被列入"黑名单"的当事人知错不改，甚至继续从事不良的违法行为，将对其个人的社会信用等级进行消极的处理，这就不仅仅是影响到其个人名誉了，还会影响到其个人在社会生活中的方方面面。比如，当有个人信用降低的情况时，其在申请银行贷款、高铁出行等方面都会受到一定的限制。

（二）通报批评

通报批评是本次修法新增加的处罚种类。通报批评是指以一种公开的，对违法行为人进行消极、负面评价的处罚方式。通报批评实际上是由"通报"与"批评"两个概念复合而成的。"通报"是指上级机关将有关情况以书面形式告知下级机关或本机关的内部职工；"批评"是指对缺点和错误所提出的意见，目的是希望对方吸取教训，引以为戒。由此来看，广义的通报批评是指某一主体将行为人的有关缺点和错误在一定范围内予以公布，希望行为人或其他人吸取教训、引以为戒的一种措施。从广义上讲，通报批评的实施主体是不确定的，既可以是公司企业，也可以是行政机关，还可以是某一组织，如党组织对党内违纪问题的通报批评。通报批评处罚具有以下特点：

1. 通报批评是以公布违法行为人违法事实的方式对其声誉造成损害，进而达到制裁和教育违法者，警诫其他人目的的一种措施。虽然通报批评不是向违法当事人本人提出，而是在一定范围内甚至向全社会公开，但其达到的法律效果都是一样的，即与《行政处罚法》所追求的纠正违法行为，教育公民、法人或者其他组织自觉守法的立法价值相吻合。

2. 通报批评是由行政主体针对具体的当事人作出，是其行政职权运行的体现，具备行政性；且通报批评是行政主体对行政相对人权利的一种处分，是通过公布行政相对人的违法行为而损害其声誉，具有处分性；最重要的是通报批评以行政相对人违反行政管理秩序行为的存在为前提，是对违法当事人的一种惩戒，具有行政制裁性。通报批评更多地适用于违法法人或者其他组织。当然，个别情况下也可以适用于公民个人。例如，原《商标印制管理暂行办法》规定，对于违反本法私自印制商标的个人或者组织，县级工商行政管理部门予以通报批评。

3. 通报批评的适用范围比较广泛。它的影响范围广，制裁后果更为严厉。特别对于从事生产经营活动的法人或者其他组织，通报批评有时比财产罚更为严厉。因为从事生产经营活动的法人或者其他组织的信誉、荣誉往往决定其经济效益，一旦受到通报批评处罚，其财产利益必然受到很大影响。因此，行政机关对法人或其他组织给予通报批评的处罚应当慎重，不得随意施加，否则易造成难以挽回的损失。

二、罚款、没收违法所得、没收非法财物

（一）罚款

罚款是指行政处罚机关强迫违法行为人在一定期限内向国家缴纳一定数量金钱的处罚形式。罚款是限制和剥夺公民、法人或者其他组织财产权利的一种处罚方式，具有剥夺个人财产的意义。其适用范围十分广泛，几乎为所有行政机关采用。对于侵犯集体和他人财产权利、谋取非法利益的违法者，罚款处罚尤为奏效。罚款处罚具有以下特点：

1. 罚款是行政机关实施的行政制裁手段，与法院对刑事犯罪行为科处的罚金有本质上的区别。首先，适用主体不同。罚款只能由行政机关和法律、法规授权的组织及受行政机关委托的组织适用，而罚金只能由法院适用。其次，性质不同。罚款是独立的行政处罚形式之一，而罚金是刑罚中的附加刑。再次，适用范围不同。罚款适用于尚未构成犯罪的行政违法行为，而罚金适用于犯罪

行为。最后,适用依据不同。罚款是独立的行政处罚,适用行政法律规范,如公安机关适用治安管理处罚法予以罚款,卫生检疫机关适用食品安全法予以罚款。罚金是刑罚的一种,只能适用刑事法律规范,如刑法等。此外,作为行政处罚的罚款,与作为排除妨害诉讼行为的司法罚款也不同。前者是行政行为,后者是司法行为,前者由行政机关实施,而后者只能由人民法院实施。

2. 罚款是以金钱缴付为内容的制裁手段,而不是执行手段。罚款不同于执行罚,二者虽然都以金钱缴付为内容,但目的不一样。罚款的目的是令违法者遭受金钱损失,达到制裁的目的;而执行罚,是行政机关为了达到迫使义务人履行行政义务的目的而采用的罚款手段。作为处罚形式的罚款,并不因违法行为人停止违法而中止或免除,但作为执行罚的罚款,一旦义务人开始履行义务,罚款即终止。

3. 罚款是纠正和制止违法行为的处罚措施,而不是行政机关和其他单位敛财集资的手段。罚款作为行政处罚形式,只能由行政机关或法律、法规授权的组织依法实施,其他任何组织和个人均不得实施。现实生活中,有些企事业单位和组织自行设定罚款并执行罚款的行为属于违法行为,其实质是利用乱罚款谋取个人或小集体利益,中饱私囊。还有些行政机关虽然享有罚款权力,但这些机关越权处罚,滥用罚款权,截留、私分罚款,不仅侵犯了公民、法人和其他组织的财产权利,也损害了国家利益和权威。罚款是行政处罚手段,其目的是纠正违法行为,制止违法现象,制裁违法者,维护社会秩序和公共利益。那些为了罚款而罚款;只管罚款,不管纠正和制止违法行为;截留、私分罚款、拒不上缴国库的行为均是违法行为,违背了行政处罚的初衷和精神,也不符合行政处罚法和其他法律、法规的规定。

(二)没收违法所得

没收违法所得是指行政机关依法将违法行为人的非法收入和所得收归国有的处罚形式。违法所得一般是违反法律法规等义务规范产生的全部利益,这种利益应当扣除已经缴纳的税费,但不能扣除所谓的成本。对于税费而言,在执法确定相对人的违法所得时,有一部分所得已经成为税费缴纳给有关机关,进入国库。此时如果将这部分税费认定为违法所得,实质上等于在已经确定的违法所得之外,又要求当事人额外缴纳一部分本身属于合法获取的财物,这显然超出了当事人应当对其行为所负担的责任范围。因此,在确定违法所得时,扣除当事人已经缴纳的税费是合理的。[1]

违法所得是指违法者通过非法手段获取的财产,如通过赌博获取的财产,通过销售伪劣商品获取的收入,通过走私获取的财产等。违法所得不同于非法财产。前者是指违法行为人因实施违法行为获取的不应归于他的财产;而后者是指违法行为人所占有的违法工具、物品及违禁品。前者是违法行为人获取的额外利益,通常指实施违法行为的利润;而后者是本属于违法行为人的物品财产等,因违法行为而转化为非法财产。例如,《海关法行政处罚实施细则》第5条规定,“走私国家禁止进出境物品的,没收走私物品和违法所得”,这里所谓的走私物品就是非法财产,而因走私所获取的非法利润等财产即是违法所得。没收违法所得处罚具有以下特点:

1. 没收违法所得是一种涉及公民、法人财产权利的处罚形式。有人提出,违法所得本身并不是被处罚人合法占有的财产,而是他非法占有的他人或国家的利益,没收这部分财产并不能体现对违法者的制裁惩戒意义,更不能触及违法者真正的经济利益和财产权利,所以没收违法所得并不是处罚形式。按照行政处罚法的规定,没收违法所得是一种处罚形式。虽然违法所得并非违法者原来占有的合法收入或财产,但在没收之前此项财产暂时还由违法者个人控制,因此,将这项违法获取的利益收归国有,同样影响到违法者自身的利益,至少违法者企图获得或已经获得的财产随之丧失,体现了对违法者的制裁。加之没收违法所得处罚经常与其他财产罚并用,因而能够起到对违法者处罚惩戒的作用。例如,按照《海关法行政处罚实施细则》第5条第2项的规定,走私国家限制进出口或者依法应当缴纳关税的货物、物品的,没收走私货物、物品和违法所得,可以并处走私货物、物品等值以下或者应缴税款三倍以下的罚款。

2. 没收违法所得是行政处罚形式之一,不同于刑罚附加刑中的没收财产。前者是行政机关对违反行政法律规范的人实施的行政制裁,而后者是人民法院判处的将犯罪分子个人所有的一部分或全部财产强制无偿收归国家的刑罚附

---

[1] 参见马怀德:《〈行政处罚法〉修改中的几个争议问题》,载《华东政法大学学报》2020年第4期。

加刑。二者的主要区别是：首先，没收违法所得与没收财产的性质不同。没收违法所得是行政处罚，不具有刑罚的法律后果；而没收财产是刑罚中的附加刑种之一。其次，二者的适用范围不同。没收违法所得适用于行政违法行为，有时也适用于犯罪行为。如《刑法》第 59 条第 1 句规定："没收财产是没收犯罪分子个人所有财产的一部或全部"。例如，全国人民代表大会常务委员会《关于惩治走私罪的补充规定》第 12 条规定："对犯走私罪的，依法判处没收走私货物、物品、违法所得和属于本单位或者本人所有的走私运输工具。"而刑法中的没收财产主要适用于贪污、受贿等性质的犯罪类型中。

3. 没收违法所得处罚仅适用于有违法所得的违法情形。换句话说，对于违法行为采取没收违法所得的处罚，必须区分是否有违法所得，区分哪部分是合法所得，哪部分是违法所得；区分哪些是违法所得，哪些是违法用具和违禁品；区分哪些是合法财产，哪些是违法所得等。

4. 没收的违法所得应全部上交国库。

(三)没收非法财物

没收非法财物是指行政机关将违法行为人非法占有的财物、违法工具、用具和物品、违禁品等收归国有的处罚形式。没收的非法财物，除应予销毁及存档备查之外，应上交国库或交由法院部门处理。非法财物通常包括用于从事违法活动的物品，违法工具、用具，违禁品等。例如，《海关法行政处罚实施细则》第 5 条所列的"走私物品、走私货物"，"专门用于掩护走私的货物、物品"，《药品管理法》规定的"假药、劣药"等均属违法物品，《渔业法》所规定的用于非法捕捞的渔具、渔网。《治安管理处罚法》第 11 条第 1 款规定："办理治安案件所查获的毒品、淫秽物品等违禁品，赌具、赌资，吸食、注射毒品的用具以及直接用于实施违反治安管理行为的本人所有的工具，应当收缴，按照规定处理。"没收非法财物处罚具有以下特点：

1. 没收的财物必须是非法财物。行政机关只能没收法律、法规明确了的属于非法财物的财产物品，如走私品、违禁品、违法器具等。对于公民、法人或者其他组织的合法财产，即使他实施了违法行为，也不能随意没收。没收的违法财产应当制作清晰的财产种类、数量记录，以便清晰明确收缴的财产价值，从而保障当事人的合法权益，防止对私人财产的任意侵害。即公民、法人的合法收人和没有用于参与违法的物品不应成为没收的对象。

2. 没收的非法财物必须依法上交国库或通过法定方式加以处理,行政机关不得私分、出售或随意毁损。非法财物不同于违法所得,除一部分货币外,多为动产和不动产。对处理非法财物,国家有专门的规定,不得随意处理。例如,没收的走私物品应当视其性质、质量依法通过拍卖等途径加以处理,并将所得价款上交国库,不得作为福利分发给职工或低价售出。那种私分、截留、随意毁损,通过非法途径低价处理、使用的行为均为法律所禁止。

三、暂扣许可证件、降低资质等级、吊销许可证件

(一)暂扣许可证件

暂扣许可证件是指行政机关暂时扣押或撤销违法行为人已获得的从事某种活动的权利或者资格证书,限制或剥夺被处罚人从事某种特许活动的权利和资格的处罚形式。许可证件是行政机关依申请核发的,允许公民、法人或者其他组织从事某种活动、享有某种资格的证明文件。例如,市场监督管理部门核发的营业执照是允许公民、法人进行生产经营活动的书面证明文件,未领取营业执照从事生产经营活动的属于无照经营,行政机关可以取缔。对于已经取得许可证件的公民、法人,行政机关有权监督其依法从事各项许可活动。如果发现许可证件持有人违法从事许可活动,行政机关可以暂时扣留或永久吊销其许可证件,限制剥夺其从事被许可活动的权利和资格。许可证制度是我国行政管理的重要方式之一,其运用范围之广,种类之多,堪称行政手段之最。绝大多数许可证件直接关系到公民、法人的生产经营权利。如卫生许可证、生产许可证、采矿许可证、烟草专卖许可证、排污许可证、采伐许可证、准运证、准生证、驾驶执照、营业执照、进出口许可证,不胜枚举。暂扣许可证件处罚具有以下特点:

1. 暂扣许可证件又称扣留许可证件和中止使用许可证件,它是行政机关对违反行政法律规范的许可证件持有人实施的处罚形式,其目的是中止持证人(受处罚人)从事某种活动的资格,待行为人改正后或经过一定期限,再恢复其资格,发还证件,允许其重新享有某种权利和资格。暂扣许可证件处罚的适用范围有限,一般常见于交通、环保等行政管理领域。例如,《道路交通安全法》第91条第1款规定:饮酒后驾驶机动车的,处暂扣六个月机动车驾驶证,并处一千

元以上二千元以下罚款……

2. 暂扣许可证件与吊销许可证件的处罚有一定区别。前者是针对较轻的违法行为采取的，旨在限制被处罚人的某项权能，使其在一定期限内中止从事某项活动的资格；而后者是针对较严重违法行为采取的，旨在取消被处罚人从事某种活动的资格和权利。暂扣许可证件与责令停产停业的处罚也不同。前者是针对实行许可证制度领域的违法行为实施的处罚，如有驾驶执照的人酒后驾驶，有倾废许可证的企业超标倾废等；而后者是针对一般违法行为实施的处罚。前者属于资格罚，后者属于行为罚。

（二）降低资质等级

降低资质等级是本次修法新增加的处罚种类。降低资质等级，是指在已经取得行政许可后的资格等级前提下，通过降低资格等级水平进行行政处罚的方式。该种处罚在条件和适用的被处罚主体上具有特定性，资质的具体内容和标准主要体现在建筑、医疗等领域，比如在《建筑业企业资质管理规定》中，其第29条规定："有下列情形之一的，资质许可机关应当撤销建筑业企业资质：（一）资质许可机关工作人员滥用职权、玩忽职守准予资质许可的；（二）超越法定职权准予资质许可的；（三）违反法定程序准予资质许可的；（四）对不符合资质标准条件的申请企业准予资质许可的；（五）依法可以撤销资质许可的其他情形。以欺骗、贿赂等不正当手段取得资质许可的，应当予以撤销。"

降低资质等级在建筑类的行政处罚中适用广泛。由于建筑设计单位没有按照法定建筑工程材料的质量严格要求进行、对安全标志进行测量的将会被法律惩戒，并被处以罚款，需要没收违法所得并赔偿相应损失，当然降低资质等级也是其中的一种。比如，在《建设工程质量管理条例》中规定，本条例规定的责令停业整顿，降低资质等级和吊销资质证书的行政处罚，由颁发资质证书的机关决定；其他行政处罚，由建设行政主管部门或者其他有关部门依照法定职权决定；国家机关工作人员在建设工程质量监督管理工作中玩忽职守、滥用职权、徇私舞弊，构成犯罪的，依法追究刑事责任；尚不构成犯罪的，依法给予行政处分；建设、勘察、设计、施工、工程监理单位的工作人员由于调动工作、退休等原因离开该单位后，被发现在该单位工作期间违反国家有关建设工程质量管理规定，造成重大工程质量事故的，仍应当依法追究法律责任；违反本条例规定，注册建筑师、注册结构工程师、监理工程师等注册执业人员因过错造成质量事故的，责令停止执业1年；造成重大质量事故的，吊销执业资格证书，5年以内不予注册；情节特别恶劣的，终身不予注册。降低资质等级处罚具有以下特点：

1. 以取得较高的资质等级为前提，有可以处罚和降低资质的空间和幅度。比如驾驶证扣分“降照”；施工一级资质降为二级。

2. 虽然为资格罚，但是实际上限制了行政相对人的某种行为。因为限制某种行政上的资格意味着就某些行政行为上的不得作为，势必会减少行政相对人的某些权益，给其间接带来某些财产上的损失，以此达到惩罚的目的。

（三）吊销许可证件

吊销许可证件是指行政机关收回或撤销允许行为人从事某种活动的资格和权利证明，禁止其继续从事该许可证所允许的各类事项。吊销许可证件处罚具有以下特点：

1. 吊销许可证件是资格能力罚，适用于取得某种资格和特许权利的公民、法人或者其他组织。此类处罚不同于一般财产罚或人身罚，处罚仅适用于实行许可证的领域内的违法行为，且仅适用于已经取得许可证件的公民、法人或者其他组织。例如，已取得驾驶执照的司机违章行车，交通管理部门有权吊销其驾驶执照，而无照驾驶的人则不能适用此类处罚，因违法人并未取得执照，执法部门自然也“无照可吊”了。

2. 吊销许可证件处罚是最为严厉的处罚之一，直接关系到公民的人身和财产权利，法人的财产权利。从表面上看，吊销许可证件剥夺限制了被处罚人的行为能力和资格，但实质上影响了公民的财产和人身权利以及法人的财产权利。例如，出版社享有的出版权须经行政机关许可，如果行政机关吊销了此项许可证，那么必然剥夺出版社通过出版获取利润的权利，同时也影响出版社作为企事业单位继续存在的权利，实质上限制和剥夺了受处罚人的财产权。再如，《民用爆炸物品安全管理条例》第45条规定：“违反本条例规定，生产、销售民用爆炸物品的企业有下列行为之一的，由民用爆炸物品行业主管部门责令限期改正，处10万元以上50万元以下的罚款；逾期不改正的，责令停产停业整顿；情节严重的，吊销《民用爆炸物品生产许可证》或者《民用爆炸物品销售许可证》……”生产、销售爆炸物品的许可证一旦被吊销，其生产经营权随之丧失，生产经营者的财产权利即被限制。由于许可证件直接关系到公民的人身和财产权利，法人的财产权利，因此，行政处罚法将吊销许可证处罚列入听证程序中，以示重视。

四、限制开展生产经营活动、责令停产停业、责令关闭、限制从业

（一）限制开展生产经营活动

限制开展生产经营活动是本次修法新增加的处罚种类。限制开展生产经营活动，是指对于从事生产经营的企业在行政机关对其进行行政处罚作出之后，在一段时间和领域内，停止继续生产活动的方式。该处罚属于行为罚的一种。在市场经济十分发达的背景下，许多企业大量涌现，参与到市场的竞争中，对于一些企业的违法生产行为，必须给予处罚。例如，在食品、药品的生产过程中，生产企业及其管理者进行违规、违法操作，降低产品的质量后产品流入市场给一定区域的消费者造成身体和财产上的损失，行政机关对于有问题的产品进行限制性的处罚。同时，对于企业的生存也要在一定限度内给予保证，并不是要求企业暂停与停止全部生产经营活动。该处罚特点如下：

1. 该类被处罚的主体多为经济领域的生产主体，例如，生产食品、药品等生产领域，主要是因为这类产品作为日常消费品，关涉每个人的身体健康，所以必须对其生产作出更为严格的规定。

2. 我们可以认为"限制开展生产经营活动"包含了"限制从业"，而"吊销许可证"也含有"责令停产停业"的意思。行政处罚种类表述的模糊性既给行政主体实施行政处罚带来了不便，也使对一些违法行为的打击不够得力。[1]

（二）责令停产停业

责令停产停业是指行政机关要求从事违法生产经营活动的公民、法人或其他组织停止生产、停止经营的处罚形式。这种处罚形式是限制和剥夺违法行为人特定行为能力的一种处罚，与吊销许可证件合称为能力罚或行为罚。在我国现行的法律法规中，责令停产停业处罚的表述形式很多，比如《水污染防治法》规定为"责令停业或关闭"；《矿产资源法》规定为"责令停止开采"；《化学危险物品安全管理条例》规定为"责令限期改进或停产停业整顿"；《环境保护法》规

---

〔1〕 参见张淑芳：《〈行政处罚法〉修订应拓展处罚种类》，载《法学》2020年第11期。

定为“责令停业、关闭”；《水土保持法》规定为“责令停业治理”；《矿业安全法》规定为“责令停业整顿”；《民用爆炸物品安全管理条例》规定为“责令限期整顿”“停业整顿”；《统计法》规定为“暂停营业”；《产品质量监督试行办法》规定为“责令停产整顿”；《城乡个体工商户管理暂行条例》规定为“责令停业”等。责令停产停业是一种运用广泛的处罚形式，具有以下特点：

1. 责令停产停业是限制和剥夺公民、法人或者其他组织行为能力的处罚。责令停产停业处罚要求受处罚人停止正在进行的生产经营及各种业务活动，如矿山企业需停止开采业务；生产化学危险物品的企业需停止生产化学危险物品；个体工商户停止经营；贸易经营企业停止进出口等。与罚款、没收等财产罚不同，责令停产停业不是限制和剥夺受处罚人的财产权，而是对其从事生产、经营方面行为能力的剥夺与限制。显然限制和剥夺受处罚人的行为能力必然会影响到其财产权利，如停业停产后其利润会随之减少或失去。受处罚人因此损失的财产并不是确定的，可以通过尽快改进、整顿以恢复生产经营，从而避免受到更大损失。这一点与罚款及没收剥夺公民、法人确定数额的财产权有区别。

2. 责令停产停业是科处公民、法人或者其他组织不作为义务的处罚。也就是说，受到责令停产停业处罚的人负有不作为的义务。由于受处罚人的作为行为违反了行政法律规范，破坏了社会秩序和公共利益，所以行政机关要求他停止这种损害行为。从这一点可以看出责令停产停业与其他形式的责令处理有一定的区别。如《森林法》中的“责令补种树木”，《矿产资源法》中的“责令赔偿损失”等要求受处理人“为某种义务”，前者是要求相对人“不作为”，而后者要求相对人“作为”。

3. 责令停产停业处罚是一种限制行为能力的处罚，不同于吊销许可证件等剥夺行为资格的处罚。虽然我们通常将责令停产停业与吊销许可证件等合称为“行为罚”“能力罚”，但二者是有一定区别的。责令停产停业只要求相对人停止生产经营，并未最终剥夺其从事生产经营的资格。也就是说，受到责令停产停业处罚的人仍享有生产经营的权利和资格，只是在一定情况下，这种权利和资格受到一定限制。违法者在一定期限内及时纠正了违法行为，按期履行了法定义务后，可以继续从事曾被限制的生产经营活动，无须重新申领许可证件。而吊销许可证件的处罚则不同，它是剥夺取消受处罚人从事某种许可活动的资格,使之彻底失去行为能力的制裁手段。从程度上讲,吊销许可证件比责令停产停业要严厉得多。

4. 责令停产停业通常附有期限要求。受处罚人在一定期限内纠正了违法行为,就可以恢复生产和经营。例如《防止拆船污染环境管理条例》第 20 条规定,对经限期治理逾期未完成治理任务的拆船单位,可以根据其造成的危害后果,责令停业整顿或者关闭。责令停产停业的期限由不同法律部门具体确定,无统一要求。但此期限要求应当尽可能合理,既要留给受处罚人充足的时间纠正违法行为改进完善,又不能拖延过久,致使企业瘫痪、倒闭。如果违法行为持续得不到纠正,可以采用"关闭"、"取缔"及"吊销许可证、执照"等处罚。

5. 责令停产停业处罚适用于较为严重的违法行为。例如,生产经营者实施了比较严重的违法行为,其行为后果比较严重;从事加工、生产、经营与人的生命健康密切相关的产品、商品或出版对社会文化秩序及精神健康产生不良影响的出版物、音像制品等违法行为;违反安全规定从事矿山开采,资源开发;违反环保法从事排污、倾废等活动。

(三)责令关闭

责令关闭是修法新增加的处罚种类。责令关闭是指行政机关以责罚、命令的方式要求行政相对人停止继续从事违法行为。责令关闭是一种很重的行政处罚,如人民政府对于严重污染环境的企事业单位,依法作出决定,命令其关闭。责令关闭处罚具有以下特点:

1. 责令关闭罚以营业、经营型企业为被处罚的主体,对象上一般排除自然人,适用于那些严重污染环境,并且经过限期治理,逾期未完成治理任务,不能允许其继续生产的企事业单位。

2. 该处罚上在一定程度上也起到了预防性的效果。因为企业一旦关闭,其污染源便是从源头上得到了控制与治理,停止排放污染物后得以缓解污染的问题。

(四)限制从业

限制从业是修法后新增加的处罚种类。限制从业是指对于生产活动中的工作人员、劳动者资格的剥夺与控制。这种从业限制主要体现为"一定时期禁止"的从业资格限制的行政处罚。例如,《药品管理法》第 141 条第 2 款规定:

“药品上市许可持有人、药品生产企业、药品经营企业在药品研制、生产、经营中向国家工作人员行贿的，对法定代表人、主要负责人、直接负责的主管人员和其他责任人员终身禁止从事药品生产经营活动。”限制从业处罚具有以下特点：

1. 体现了行政处罚法与刑法位阶之间的衔接。《刑法》第37条中对于“非刑罚性处置措施、职业禁止”就有关于“因利用职业便利实施犯罪，或者实施违背职业要求的特定义务的犯罪被判处刑罚的，人民法院可以根据犯罪情况和预防再犯罪的需要，禁止其自刑罚执行完毕之日或者假释之日起从事相关职业，期限为三年至五年”以及“被禁止从事相关职业的人违反人民法院依照前款规定作出的决定的，由公安机关依法给予处罚；情节严重的，依照本法第三百一十三条的规定定罪处罚”的规定。由此，可以看出刑法与行政法之间彼此承接的法律位阶关系，突破行政处罚的更严重的处罚便归入《刑法》的规范调整范围，而对于刑法所调整的程度较轻的行为，则纳入《行政处罚法》的规范制度。由此，也可以看出我国法律在制定过程中，各个部门法之间的制度设置上的完善之处以及推动解决案件移送中的问题。

2. 刑法中的从业禁止规定，是根据犯罪性质和预防再犯罪的需要而设立的，其根本目的是预防犯罪分子利用职业便利或者职业要求的特定义务再犯罪，其性质应定位于刑罚辅助性措施。而新《行政处罚法》中的限制从业的规定在性质上更多地体现在教育和预防的功能。比如，在《公务员法》《法官法》《律师法》等法律政策中就更为具体地明确规定了限制从业的范围。近年来，利用职业便利性侵害未成年人的案件时有发生，这些犯罪行为给被害未成年人及其家庭造成严重伤害，同时也严重损害了相关行业的社会形象。为保护未成年人的身心健康以及合法权益，我国上海市率先在市委政法委领导下，市检察院，市教委等16家单位会签并出台了《关于建立涉性侵害违法犯罪人员从业限制制度的意见(试行)》，该意见将教师、医生、教练、保育员等直接对未成年人负有特殊职责的工作人员违反意见中的相关规定纳入限制从业等范围中。从业人员如果因实施强奸、猥亵儿童等性侵害犯罪行为，被追究刑事责任，或因实施猥亵、引诱、容留、介绍卖淫等违法行为而被行政处罚的将不被录用。该意见有望在全国范围内推行，那么新《行政处罚法》作为其上位法，为其提供了相关的法律依据。

五、行政拘留

行政拘留,是指公安机关对违反治安管理的人,在短期内限制其人身自由的处罚形式。行政拘留又称治安拘留,仅适用于治安管理处罚中。行政拘留处罚具有以下特点:

1. 行政拘留是最为严厉的治安处罚形式,其适用机关、适用范围及对象受法律严格限制。按照《治安管理处罚法》的规定,只有县以上公安机关才享有拘留裁决权。拘留一般适用于严重违反治安管理的行为人,只有在使用警告、罚款处罚不足以惩戒违法者时才适用拘留处罚。对于孕妇或者正在哺乳自己一周岁以内的婴儿的妇女,不能适用拘留处罚。拘留的期限有严格限制,为 1 日以上 15 日以下。按照《治安管理处罚法》中的相关规定,被裁决拘留的人或者他的家属能够找到担保人或者按照规定交纳保证金的,在申诉和诉讼期间,原裁决暂缓执行。根据现行《治安管理处罚法》,第二章第 10 条第 3 项规定,行政拘留是一种治安管理处罚种类,该项对行政拘留的性质作了定位,即治安管理处罚的一种。第 16 条规定:"有两种以上违反治安管理行为的,分别决定,合并执行。行政拘留处罚合并执行的,最长不超过二十日。"

2. 行政拘留不同于刑事拘留。行政拘留是公安机关主要依据《治安管理处罚法》对尚未构成犯罪的违法者所采取的惩戒措施,属于行政处罚的一种,而刑事拘留的对象则是触犯《刑法》,需要追究刑事责任的现行犯或者重大犯罪嫌疑分子进行的一种强制措施。行政拘留的目的是制裁、惩戒严重违反社会治安的违法分子,而刑事拘留的目的是防止应该逮捕的现行犯或重大嫌疑分子逃避侦查、审判或者继续进行犯罪活动。行政拘留只能由公安机关适用,而刑事拘留的决定权在公安机关和人民检察院。行政拘留期限为 1 ~ 15 日,违法行为人的多个处罚合并执行时,最多拘留 20 日;一般案件的刑事拘留最长期限是 14 日(包括人民检察院审查批捕的期限),对流窜作案、多次作案、结伙作案的重大犯罪分子的拘留期限最长是 37 日。

3. 行政拘留不同于司法拘留。行政拘留是公安机关短期限制行政违法者的处罚手段,而司法拘留是人民法院根据有关诉讼法的规定,对于妨害民事、行政诉讼程序的人所实施的临时剥夺其人身自由的强制措施,目的是保障诉讼程序的顺利进行。司法拘留期间,被拘留人承认并改正错误的,法院可以决定提前解除拘留。

4.行政拘留也不同于行政扣留。行政扣留是行政机关采取的临时限制人身自由的行政强制措施,如《海关法》规定,对走私嫌疑人可予以扣留,扣留的最长期限不得超过48小时,而行政拘留是一种治安处罚形式,最长期限可以达到15日。

5.行政拘留与刑罚中的拘役不同。首先,二者的性质不同,行政拘留是行政处罚,而拘役是刑罚,属短期自由刑。其次,适用机关不同,行政拘留由公安机关裁决,而拘役由人民法院判处。最后,适用对象不同,行政拘留适用于违反治安管理的行政违法人,而拘役适用于违反刑法的犯罪人。

六、法律、行政法规规定的其他行政处罚

本款是对处罚的种类作出的兜底性规定,起到补充说明的作用。上述五种类型是以一种列举的方式对行政处罚的种类进行的说明,通过"列举+概括"这种立法模式,可以较全面地涵盖立法和实务中出现的处罚种类和方式,避免"挂一漏万"。

新《行政处罚法》第11条第3款规定:"法律对违法行为未作出行政处罚规定,行政法规为实施法律,可以补充设定行政处罚。拟补充设定行政处罚的,应当通过听证会、论证会等形式广泛听取意见,并向制定机关作出书面说明。行政法规报送备案时,应当说明补充设定行政处罚的情况。"

除上述几种行政处罚种类外,法律和行政法规还规定了其他形式的处罚。据不完全统计,实务中应用的行政处罚种类达90余种。有关部门调查证实,目前全国有章可查的行政处罚已达120多种。在众多的处罚种类中,居前八位的处罚分别是:罚款、没收财物、吊销许可证和执照、警告、责令限期改正或治理、通报批评、拘留。除《行政处罚法》已列举的六类处罚形式外,法律和行政法规规定的处罚大致可以分为以下几大类:

(一)申诫罚

申诫罚又称声誉罚,是指申明违法者的违法行为而予以警戒的行政处罚,其目的是对违法者的名誉、荣誉、信誉或精神造成损害,并使其以后不再违法。

这类处罚主要包括通报批评、责令具结悔过，剥夺荣誉称号等。例如，原《治安管理处罚条例》第 30 条规定：“严厉禁止卖淫、嫖宿暗娼以及介绍或者容留卖淫、嫖宿暗娼，违者处十五日以下拘留、警告、责令具结悔过或者依照规定实行劳动教养。可以并处五千元以下罚款，构成犯罪的，依法追究刑事责任。”再如，《集会游行示威法实施条例》第 28 条规定：“对于依照《集会游行示威法》第二十七条的规定被强行带离现场或者立即予以拘留的，公安机关应当在 24 小时以内进行讯问。不需要追究法律责任的，可以令其具结悔过后释放；需要追究法律责任的，依照有关法律规定办理。”这里规定的“责令具结悔过”就是一种申诫罚。通报批评，是指行政机关对违法行为人通过书面批评加以谴责和告诫，指出其违法行为，避免其再犯。

（二）行为罚

行为罚，即要求受处罚人为某种行为或不为某种行为，以达到维持社会秩序和公共利益、制裁违法者的目的。法律和行政法规规定的行为罚除责令停产停业外，还有数十种，概括起来有：责令关闭、责令恢复植被、责令停止招用、责令退还、责令限期拆除、责令清退、责令赔偿损失、责令退回土地、责令退还资费、责令退还非法所得、责令退还资金、责令停航、改航作业、责令采取补救措施、责令限期补栽、责令收回检验印章等。

（三）资格罚

资格罚又称能力罚，即取消受处罚人从事某种活动的资格以达到制裁的目的。除《行政处罚法》列举的暂扣、吊销许可证件外，资格罚还有很多，如《中国公民出境入境管理法》规定的“吊销证件、宣布作废、收缴证件”，《商标法》规定的“撤销注册商标”，《海上交通安全法》规定的“吊销职务证书”，《渔港水域交通安全管理条例》规定的“吊销船长职务证书”，《高等教育自学考试暂行条例》规定的“取消考试成绩、停考一至三年”，《幼儿园管理条例》规定的“停止招生、办园”，《外国商会管理暂行规定》规定的“明令取缔”，《社团登记管理条例》规定的“取缔”，《水下文物保护管理条例》规定的“撤销批准”，《外国记者和外国常驻新闻机构管理条例》规定的“吊销记者证”，《法规汇编编辑出版管理规定》规定的“撤销出版社登记”，《考古涉外工作管理办法》规定的“暂停资格”，《专利代理条例》规定的“吊销资格证书”，《产品质量认证管理条例》规定的“撤销认证证书”,《进出境动植物检疫法》规定的“吊销检疫单证”,《国有资产评估管理办法》规定的“吊销国有资产评估资格证”,《测绘法》规定的“取消资格”等。

(四)财产罚

财产罚中除罚款、没收违法所得和非法财物外,法律和行政法规还规定了其他形式的剥夺公民、法人财产权利的处罚。例如,《基金会管理办法》规定了“暂停支付”处罚,《现金管理暂行条例》规定了“停止贷款”处罚,《违反外汇管理处罚施行细则》规定了“强制收兑外汇”处罚,《大气污染防治法》规定了“加收超标排污费”处罚,《外国企业所得税法》规定了“加收滞纳金”处罚,《节约能源管理暂行条例》规定了“停供能源”处罚,《商标法实施细则》规定了“销毁、封存或收缴商标标记”处罚,《防治海岸工程建设项目污染损害海洋环境管理条例》规定了“没收工程建设项目”处罚。

(五)人身罚

人身罚,即行政机关短期内限制剥夺公民人身自由的处罚。除拘留外,人身自由罚还包括驱逐出境等处罚。

驱逐出境、禁止进境或出境、限期离境等也是一类行政处罚,是指公安、边防、安全机关对违反我国行政法律规范的外国公民、无国籍人采取的强令其离开或禁止进入中国国境的处罚形式。《外国人入境出境管理法》规定,公安机关有权对违反入出境管理的外国人采取“驱逐出境”处罚。《国家安全法》规定,国家安全机关对违反我国安全法的外国公民可以驱逐出境。《边防检查条例》规定,边防检查站对违法者可处以“禁止进出境”的处罚。

第二节 行政处罚的设定

一、外国关于行政处罚设定权限的规定

谁有权设定行政处罚是属于立法权限的划分问题,因此,各国大多是在宪法中规定,并一般都遵循这样几条准则:一是行政处罚的设定权集中在代议机关,即立法机关;二是行政机关设定行政处罚必须有法律明确具体的授权;三是

行政机关设定的处罚一般都是程度较轻、影响较小的处罚。

在英国和美国，有关行政处罚的规定，原则上必须由议会以法律形式确定。但是，随着行政权的扩张，经过议会的授权，行政机关也可以自行设定部分行政处罚，但必须受议会的监督和法院的严格审查。

在德国，行政处罚的设定权集中在议会。联邦政府和各州政府原则上不能超越联邦议会规定的处罚种类和适用范围，另行设定新的行政处罚。但是，根据联邦宪法，议会可以在法律中授权政府制定法令，对行政处罚的适用范围作出规定。根据《违反秩序法》的规定，联邦政府可以制定在相应管理领域内人们应当遵守的规则和违反规则的处罚。

日本的行政处罚设定权分中央和地方两个层次。在中央，设定权集中在国会，内阁及内阁各省非经法律的具体授权，不得设定行政处罚。在地方，根据地方自治法的规定，地方议会和行政长官经法律的一般性授权，可以设定行政处罚。

奥地利、意大利对于行政处罚的设定权控制得比较严格。奥地利的行政处罚必须依据法律实施。在意大利，行政处罚的设定权在国会和地区议会，但地区议会的规定不得与国会的法律相抵触，国会的法律没有规定行政处罚的，地区议会不得设定行政处罚。

二、我国新《行政处罚法》对行政处罚设定权限的规定

按照《行政处罚法》的规定，有权设定行政处罚的机关大致有以下几类：

（一）全国人大及其常委会

按照宪法的规定，全国人民代表大会是我国最高国家权力机关，是人民行使权利的代表机关。它的常设机关是全国人民代表大会常务委员会。全国人民代表大会和全国人民代表大会常务委员会行使国家立法权。由全国人民代表大会和全国人民代表大会常务委员会制定的法律可以设定任何形式的行政处罚，可以规定受处罚行为的范围、处罚的种类、幅度等。而公民、法人的基本权利和其他法定权利是宪法、法律赋予的，要对这种权利加以限必须通过宪法和法律，而不能由低于宪法和法律的规范性文件作出限制。

（二）国务院

按照宪法的规定，国务院即中央人民政府，是最高国家权力机关的执行机

关,是最高国家行政机关。国务院享有18项职权,其中根据宪法和法律,规定行政措施,制定行政法规,发布决定、命令是主要职权。与此同时,国务院领导和管理经济工作、城乡建设、科教文卫、民政、公安、司法监察、对外事务、国防事业等。根据以上规定,国务院有权依据宪法和法律,在其职权范围内设定行政处罚。这是宪法赋予国务院的权力,也是国务院为履行其行政管理职能所必需的。为此《行政处罚法》规定,国务院制定的行政法规可以设定除限制人身自由外的行政处罚。即可以设定警告、通报批评;罚款;责令停产停业;暂扣或吊销许可证件;降低资质等级;没收违法所得、没收非法财物的行政处罚。

(三)省、自治区、直辖市的人民代表大会及其常委会,省会市人民代表大会及其常委会,国务院批准的较大市人民代表大会及其常委会,全国人大授权的特区市人民代表大会及其常委会

根据宪法和地方人民代表大会及地方人民政府组织法的规定,省级人大及其常委会,省会市,国务院批准的较大市,经全国人大授权的特区市人大及其常委会可以制定地方性法规,《行政处罚法》规定,地方性法规可以设定除限制人身自由、吊销营业执照以外的行政处罚。法律、行政法规对违法行为未作出行政处罚规定,地方性法规为实施法律、行政法规,可以补充设定行政处罚。拟补充设定行政处罚的,应当通过听证会、论证会等形式广泛听取意见,并向制定机关作出书面说明。地方性法规报送备案时,应当说明补充设定行政处罚的情况。

(四)国务院各部、委员会,国务院授权的具有行政处罚的直属机构

我国宪法规定,国务院由总理、副总理、国务委员、各部部长、各委员会主任、审计长、秘书长组成。各部、各委员会根据法律和国务院的行政法规、决定、命令,在本部门的权限内,发布命令、指示和规章。按照《行政处罚法》的规定,国务院部门规章可以在法律、行政法规规定的行政处罚行为、种类和幅度内作出具体规定。尚未制定法律、行政法规的,国务院部门规章对违反行政管理秩序的行为,可以设定警告、通报批评或一定数量罚款的行政处罚。罚款的限额由国务院规定。国务院授权的具有行政处罚权的直属机构规定行政处罚,适用本条规定。这里所说的直属机构如国家税务局、海关总署等,经国务院授权可以设定警告等处罚。

（五）省、自治区、直辖市人民政府和省、自治区所在地的人民政府以及经国务院批准的较大市人民政府，经全国人大授权的特区市人民政府

按照宪法和地方人民代表大会及地方人民政府组织法的规定，省级政府，省会市政府，国务院批准的较大市政府以及全国人大授权的特区市政府有权制定适用于地方的规章。地方政府规章和部委规章一样，可以在法律、行政法规或地方性法规规定的给予行政处罚的行为、种类和幅度内作出具体规定。尚未制定法律、行政法规或者地方性法规的，上述地方人民政府对违反行政管理秩序的行为，可以设定警告、通报批评或者一定数量罚款的行政处罚，罚款的限额和幅度由省、自治区、直辖市人大常委会规定。

同时，新《行政处罚法》第 15 条规定："国务院部门和省、自治区、直辖市人民政府及其有关部门应当定期组织评估行政处罚的实施情况和必要性，对不适当的行政处罚事项及种类、罚款数额等，应当提出修改或者废止的建议。"该条款作为新的法条，体现了国务院部门和省、自治区、直辖市人民政府及其有关部门对其下级部门作出行政处罚行为的监督职能。是前款第 11 条、第 12 条的补充。

除法律、法规、规章外，其他规范性文件不得设定行政处罚。这是行政处罚法的要求，也是保护公民、法人或其他组织合法权益的需要。这样规定，有利于维护法制的统一，杜绝各单位滥设处罚的混乱现象。

三、设定行政处罚权的法律形式及内容

行政处罚的设定权限必须与我国现行立法体制相适应。我国立法体制是一元多级的。按照宪法、组织法的规定，我国法律体系大体上可以分为几个层次：法律、行政法规、地方性法规、部门和地方政府规章。不同层次的立法主体享有不同范围的立法权限。从效力等级上看，法律享有全部完整立法权；行政法规享有从属性的部分立法设定权；地方性法规须依据法律、行政法规，享有部分地方立法设定权；部门规章必须依据法律、行政法规，享有有限的从属立法设定权；地方政府规章必须依据法律、行政法规、地方性法规，享有地方事务的部分从属立法设定权。此次修订《行政处罚法》在行政处罚权的设定上，立法总体上是放宽的。

（一）法律的设定权

《行政处罚法》第10条规定，“法律可以设定各种行政处罚。限制人身自由的行政处罚，只能由法律设定。”这里的“法律”是指由全国人大及其常委会制定的规范性文件，是我国法律体系中最为重要的基础部分。在各层次的规范性文件中，法律的效力处于最高等级。法律享有完整的行政处罚设定权，即可以设定任何形式的行政处罚，包括：警告、通报批评；罚款、没收违法所得、没收非法财物；暂扣许可证件、降低资质等级、吊销许可证件；限制开展生产经营活动、责令停产停业、责令关闭、限制从业；行政拘留；以及法律规定的其他行政处罚等。此外，法律还保留有专有的处罚设定权，即限制人身自由的行政处罚只能由法律规定，其他任何法规、规章和规范性文件不得设定限制人身自由的行政处罚。行政处罚法之所以将限制人身自由的行政处罚设定权仅限于法律，主要是考虑到这项权利的重要性和危险性。人身自由是宪法所保护的公民最重要的一项基本权利，对这项权利的限制，必须由国家最高权力机关通过立法进行。如果允许法律以外的其他规范也可以设定限制人身自由的处罚，那么势必造成公民人身自由被限制的随意性和危险性，公民的人身自由就会失去保障。特别在行政机关滥用设定权的情况下，公民的人身自由会受到极大的限制，既可能损害人民群众的合法利益，影响政府和群众之间的关系，也不利于社会稳定。因此，限制人身自由的行政处罚只能由法律设定，既是我国政治体制和立法体制决定的，也是现实的需要。

（二）行政法规的设定权

《行政处罚法》第11条规定：“行政法规可以设定除限制人身自由以外的行政处罚。法律对违法行为已经作出行政处罚规定，行政法规需要作出具体规定的，必须在法律规定的给予行政处罚的行为、种类和幅度的范围内规定。法律对违法行为未作出行政处罚规定，行政法规为实施法律，可以补充设定行政处罚。拟补充设定行政处罚的，应当通过听证会、论证会等形式广泛听取意见，并向制定机关作出书面说明。行政法规报送备案时，应当说明补充设定行政处罚的情况。”

起草《行政处罚法》的过程中，有人曾提出行政法规作为行政机关制定的规范，不宜设定行政处罚。因为政府是执行机关，其主要职责是执行法律，行政处罚是行政机关的一种执法手段。由行政机关设定，又由行政机关执行，不合适。

提出这个问题是有一定道理的。但是,从我国立法体制和实际情况考虑,完全取消行政机关设定行政处罚的权力是不妥的,也不现实。应当允许行政法规设定一定范围内的行政处罚。具体理由如下:

(1)从我国立法体制讲,我国是以宪法为基础,法律、法规为骨干,包括行政法规、地方性法规,以规章为补充的法律体系。既然宪法已经明确赋予国务院制定行政法规的权力,那么必须充分重视行政法规在我国立法体制中的重要作用。可见,行政法规设定行政处罚是有依据的。至于设定行政处罚是国务院固有的职权立法活动,还是根据全国人大的授权进行的授权立法,理论界对此一直有争议。我们认为,行政法规是国务院的职权立法活动,国务院有权在其职权范围内规定行政处罚,这既是履行职权的需要,也是行政法规必不可少的内容。如果行政法规不能对违反行政管理秩序的行为规定处罚,那么就很难维护和保障这种管理秩序,从而也就失去了制定行政法规的意义。

(2)从实际情况看,国务院是最高行政机关,管理社会经济、科教、文化等事业,其管理范围涉及各个方面,极为广泛和复杂。要让全国人大及其常委会将所有的行政管理规则都制定为法律是不可能的,也是不必要的。只能由国务院通过制定行政法规的形式实施管理。另外还有些问题,由于制定法律的条件不成熟,需要由国务院先制定行政法规,经过一段时间的施行,积累经验,待条件成熟后再制定法律。如果国务院不能设定行政处罚,那么对于一些违反行政管理秩序,损害社会公共利益需要给予处罚的行为,就没有办法了,不利于有效地进行行政管理。

(3)行政法规设定处罚可以在一定程度上限制规章乱设处罚。规章乱设处罚的原因是多方面的,其中一个很重要的原因就是法律、法规制定的数量太少,速度太慢,难以有效制止和纠正层出不穷的违法现象,国务院部委不得不制定大量规章,试图解决这类违法问题。但部委林立、政出多门,很自然就出现了乱设处罚问题。如果允许国务院通过制定行政法规设定行政处罚,那么就可以避免这些问题。国务院不同于部委,部委要具体执法,由部委设定大量处罚措施又去执行处罚,可能会产生问题,而国务院是最高行政机关,全面考虑进行决策,不会发生乱设处罚、规范之间相互冲突矛盾等问题。同时,现在规章设定行政处罚的问题较多,需要予以规范,需要限制设定行政处罚的范围,允许行政法规设定除人身自由罚以外的其他各类行政处罚,有利于解决限定规章设定权的问题。

(4)行政处罚与刑罚的性质不同,刑罚只能由法律规定,而行政处罚除人身自由罚以外,由行政法规设定是可以的。

(5)行政法规设定行政处罚仍要受到权力机关的监督。如果行政法规关于行政处罚的规定违法,全国人大常委会可以撤销。

此外,行政法规还能够细化法律关于行政处罚的规定,这也就是通常意义上说的"规定权",可见,"设定权"具有两方面含义,一是创制或创设,二是规定。前者指在没有法律规定的情况下创制新的处罚形式、方法等,即创造性地规定;后者指依据已创设行政处罚的法律再加以细化,使之更具有可操作性。

行政法规的"规定权"体现在能够将法律的处罚规定进一步细化。但是,对这种将法律细化的规定权必须加以限制,设定其范围、幅度,以免出现行政法规与法律相抵触或不一致之处。按照《行政处罚法》的规定,法律对违法行为已经作出行政处罚规定,行政法规需要作出具体规定的,必须在法律规定的行政处罚行为、种类和幅度的范围内规定。可见,行政法规能够细化法律的内容有三个方面:

第一,受行政处罚的行为。如果法律规定某一行为属违法行为,应当受到处罚的,行政法规只能将该行为进一步具体化,规定此类违法行为的具体内容、含义,而不能规定处罚该行为以外的行为,即不能扩大受处罚行为的范围。例如,《海关法》第 82 条、第 83 条规定了哪些行为构成走私行为及按走私行为论处的行为。但这一规定并不具体,需要进一步具体化。《海关法行政处罚实施细则》第 4 条则规定哪些行为按走私行为论处,并将其列举出来。总之,行政法规所列举的行政违法行为的范围不能大于法律所规定的范围,否则就构成立法越权。

第二,处罚的种类,在法律对处罚已作规定的情况下,行政法规只能细化已经设定的种类,而不能在法律已设定的种类以外再设定新的处罚种类。例如,《食品安全法》规定,对于违反食品安全法的行为,食品安全监督机构有权处以警告、没收、罚款、责令停业改进、吊销卫生许可证、行政拘留等处罚。行政法规对此再作具体规定的,只能在以上 6 种处罚形式范围内作具体规定,而不能设定新的处罚形式。

第三,处罚的幅度。如果法律已经规定了处罚的上下限的,行政法规再作具体规定的,则应当在法律设定的幅度范围内规定,而不能超越这一幅度。例如《食品安全法》规定的罚款幅度是5000元以上5万元以下,这是罚款处罚的上下限,国务院制定食品安全方面的行政法规时,必须在此范围内作出具体规定,不能规定低于5000元或高于5万元的罚款。

(三)地方性法规的设定权

本次《行政处罚法》新增加的规定:法律、行政法规对违法行为未作出行政处罚规定,地方性法规为实施法律、行政法规可以补充设定行政处罚。地方性法规拟补充设定行政处罚的,应当通过听证会、论证会等形式广泛听取意见,并向制定机关作出书面说明。地方性法规报送备案时,应当说明补充设定行政处罚的情况。

地方性法规是省、自治区、直辖市、省会市、国务院批准的较大市人民代表大会及其常委会在不同宪法、法律、行政法规相抵触的情况下制定的规范性文件,是我国立法体制的重要组成部分,是地方人民政府执行的重要依据。根据《行政处罚法》第12条的规定,地方性法规创设或规定行政处罚的情形有两种:

1. 创设一定形式的处罚

《行政处罚法》第12条第1款规定:"地方性法规可以设定除限制人身自由、吊销营业执照以外的行政处罚。"按照我国宪法的规定,"省、直辖市的人民代表大会和它们的常务委员会,在不同宪法、法律、行政法规相抵触的前提下,可以制定地方性法规,报全国人民代表大会常务委员会备案"。"民族自治地方的人民代表大会有权依照当地民族的政治、经济和文化的特点,制定自治条例和单行条例。"宪法已经赋予地方性法规在不同宪法、法律、行政法规相抵触前提下创设一定行政处罚的权力,也就是说,省级人大及其常委会有权对本省的特殊问题(如禁放鞭炮、限制养犬等)制定地方性法规,或者在还没有制定法律、行政法规时先制定地方性法规。这种地方性法规,可以设定除限制人身自由和吊销企业营业执照以外的行政处罚。如果有了全国性的法律、行政法规,那么就要执行法律、行政法规的规定。

为什么将地方性法规的创设权限定在"除限制人身自由、吊销营业执照"以外的处罚呢?原因有两个:

第一,对公民、法人和其他组织来说,限制人身自由、吊销企业营业执照是最为严厉的处罚，直接关系到公民、法人的基本权利。公民人身自由、法人的经营活动是公民、法人赖以工作或者生产、生存的基本条件，不能随意限制和剥夺，更不能依不同的标准和条件予以限制，而应当由全国统一立法。在单一制国家，设定这种处罚往往是相对集中的。在我国，将这两类处罚的设定权集中在国家最高权力机关和最高行政机关，是符合宪法和法律要求的，在现实中也是可行的。

第二，地方人大是一级国家权力机关，在国家没有制定有关法律、行政法规时，地方上根据实际情况制定地方性法规并规定处罚是必要的。但由于某些特定处罚，如人身自由罚和吊销企业营业执照处罚，已经由全国性的法律和行政法规作了规定，全国各地应当执行这一统一的规定，地方上不宜再另行设定此类处罚。

2. 对法律、行政法规作具体化规定

《行政处罚法》第 12 条第 2 款规定，“法律、行政法规对违法行为已经作出行政处罚规定，地方性法规需要作出具体规定的，必须在法律、行政法规规定的给予行政处罚的行为、种类和幅度的范围内规定。”地方性法规的这部分权力属于“规定权”。地方人大及其常委会行使这种规定权的主要理由如下：

第一，地方性法规可以结合当地实际情况，补充细化法律、行政法规，使之更具适用性和针对性。法律、行政法规是适用于全国的统一法，由于各地情况不同，差异较大，所以法律、行政处罚对违法行为及处罚种类、幅度不可能规定得过细，这就需要地方性法规结合当地实际情况再予以补充细化。地方性法规在细化过程中，应当遵循宪法规定的“不抵触原则”，即法律、行政法规对违反行政管理秩序的行为已经作出规定的，地方性法规可以结合本地具体情况，根据法律、行政法规关于哪些违法行为应当给予处罚，给予什么种类的行政处罚和行政处罚的幅度等的规定的范围内，予以具体化。不得超越法律和行政法规的规定处罚，既不能扩大或缩小法律、行政法规规定的受处罚行为范围；不能改变增减法律、行政法规规定的处罚种类；也不能突破法律、行政法规已规定的处罚幅度范围。

第二，维护全国法制的统一是地方性法规规定处罚的前提。要维护全国法制的统一，就必须在法律、行政法规规定的范围内制定地方性法规。法律、行政法规是统一适用于全国的,不能一个地方一个样子,所以在全国法律、行政法规已经规定了行政处罚的范围内,地方性法规只能起到细化作用,不得逾越。如果地方上认为法律、行政法规的某些规定不能适应本地具体情况,则应当提出建议,由全国人大及其常委会对法律、国务院对行政法规进行修改。例如,有的地方认为法律规定的处罚力度不够,罚款数额太少,在本地执行难以奏效。可向立法机关提出修改建议,而不能径自作出与法律、行政法规不一致的规定。

3. 地方性法规拟补充设定行政处罚的,应当通过听证会、论证会等形式听取意见,并向制定机关作出说明

作为新《行政处罚法》增加的条款,本款是对地方立法权限的一种监督和限制。在地方立法过程中,要尽可能多地听取各方的意见,对于涉及各方主体利益的问题进行集体讨论、集中论证,以平衡各方的权益和职责。

在修改本条款过程中,对于本条款的争议就比较大。因为在实践过程中,很多行政部门将召开的听证会、论证会沦为一种"走过场"的形式。被通知参与听证会、论证会的各方专家或是代表都是站在与行政机关同一利益方面的主体,对于行政机关提出的意见表示赞同,极少有人提出不一致的意见。而与行政机关持有不同意见的专家或代表则被排除在听证会、论证会的参会资格之外。所以,要想真正地实现听证会、论证会的实质讨论的价值,还需要行政机关广开言路,听取来自不同声音的意见和建议。

(四)规章的处罚设定权

规章是指由国务院部、委,省、自治区、直辖市人民政府,省会市、国务院批准的较大市、全国人大及其常委会授予立法权的特区市人民政府制定的规范性文件。根据制定的机关不同,可以把规章分为部门规章和地方政府规章。从法律效力来讲,部门规章和地方政府规章具有同等法律效力。国务院直属局,如海关总署、税务局等制定的规范性文件通常具有与部门规章同等的法律效力。规章在我国法律体系中具有比较重要的地位,是各级行政机关执法的具体依据。但是,由于规章数量大、内容广、制定主体又很分散,所以存在较多的问题。在起草《行政处罚法》的过程中,规章能否设定行政处罚,权限有多大等自然成为争论的焦点,也是立法的主要难点。

《行政处罚法》分两条专门就部门和地方规章的处罚设定权作了规定。其

原则是“既有授权,又有限制”。对规章的处罚设定权作如此规定有以下几个方面的原因:

第一,规章是行政机关重要的执法根据,规章设定部分处罚是行政管理的迫切需要。根据宪法规定和法制原则,行政处罚权的设定,应当是国家权力机关和国家最高行政机关的权力。但有的方面,法律、行政法规还没有制定,还有缺口,国家又不能放弃管理,所以只能由规章设定一定范围的处罚。这些规章是目前行政机关的重要执法依据,也是维护社会秩序和公共利益的必要手段。因此,规章设定处罚是现实需要。有的部门认为,倘若这部分权限没有了,那么,实施多年的一些做法也将取消,这会给实际管理工作带来许多问题。

第二,规章自行创设处罚是“乱处罚”的源头,必须对其加以严格限制。长期以来,由于没有统一的行政处罚法,对规章能否设定处罚也缺乏有效的法律限制,因此造成了各部门、各地方在制定规章中,竟相设定处罚,五花八门,形式繁多,标准不一。甚至有些规章在没有任何法律、法规依据的情况下,设定了几十万元,甚至上百万元的罚款处罚及其他形式的处罚。这些规章的执行,破坏了法制的统一,给公民、法人的合法权益也造成严重影响,直接损害了政府与人民群众的关系,影响了政府威信。所以,如果允许规章可以自行设定行政处罚,不符合法制原则,弊病较大。但是,完全不许规章设定行政处罚,又不太现实。所以,根据法制原则,对规章的设定权应当予以限制,必要时,规章可以设定较轻的行政处罚。

第三,限制规章的处罚设定权不会影响行政管理秩序和效率。有人提出,如果只允许规章设定一定数量的罚款和警告处罚,那么对于严重违反行政管理秩序的行为,行政机关就可能束手无策。这种担心是不必要的。如果出现严重的违反行政管理秩序的行为,法律、法规又没有规定,那么,从全国来看,可以制定行政法规;从地方来看,可以制定地方性法规。有人担心,法律、行政法规的制定速度太慢,会影响及时有效的管理。固然,法律、法规制定程序不像规章那样简单、便捷,制定时间会长一些,但由于涉及公民的基本人身、财产权,以及法人的财产权,由国务院、地方权力机关讨论制定,是有益无害的。其中关系重大,不能及时解决的问题,毕竟是极少数。

1. 部委规章的行政处罚设定权

新《行政处罚法》第 13 条规定："国务院部门规章可以在法律、行政法规规定的给予行政处罚的行为、种类和幅度的范围内作出具体规定。尚未制定法律、行政法规的，国务院部门规章对违反行政管理秩序的行为，可以设定警告、通报批评或者一定数额罚款的行政处罚。罚款的限额由国务院规定。"由此可见，部门规章的处罚设定权可以分为创设和规定两部分。所谓创设，就是法律、行政法规对违法行为及处罚未作规定，行政机关认为必要的，可以对违反行政管理秩序的行为规定三种处罚，即警告、通报批评和罚款。但是，罚款的限额则需由国务院根据不同情况予以规定。国务院规定规章的罚款限额，既可以一次性完成，也可以个案处理。这项规定对于有效地限制规章的罚款数额具有重要意义。它将意味着今后所有部门规章只能创设警告、通报批评和罚款处罚，而且罚款数额要由国务院规定，未经国务院规定的罚款处罚无效，对公民、法人不产生约束力。所谓规定，是指规章可以在法律、行政法规规定的给予行政处罚的行为、种类和幅度内作出具体规定，但不能超越法律、行政法规的规定扩大受处罚行为的范围，改变处罚种类，突破处罚限额幅度。

2. 国务院直属机构的处罚设定权

国务院直属局是由国务院设立的负责某一行业领域专门工作的直属机构。与部、委员会不同，直属机构的设立，机构领导的任免均无须通过全国人大及其常委会，国务院可自行设立、变更或撤销。目前，国务院有相当一部分直属局负责某一方面的行政管理工作，如市场监督管理局、海关、税务局、新闻出版署、技术监督局等，它们都是重要的执法机关，已经制定了为数众多的具有规章效力的文件。如果不允许直属局在制定的文件中设定处罚，或不承认这些文件的效力，那么很可能影响到现行的管理秩序。为此，原《行政处罚法》第 12 条第 3 款专门规定了直属局也可以设定部分行政处罚。即"国务院可以授权具有行政处罚权的直属机构依照本条第一款、第二款的规定，规定行政处罚"。也就是说，国务院授权的具有行政处罚权的直属机构可以规定警告和罚款的行政处罚。罚款的具体限额由国务院规定。虽然修订后的《行政处罚法》删去了该内容，但根据《立法法》第 71 条的规定，国务院直属机构依法享有一般行政处罚设定权。

3. 地方政府规章的行政处罚设定权

地方政府规章在地方行政管理中具有重要的地位和作用，对于违反城市市政管理秩序方面的问题，比如环境卫生、公共场所秩序、市容等行政管理，允许省一级政府以及省会市、较大的市政府在规章中作出一些处罚规定还是有必要的。但行政处罚涉及公民的人身权、财产权，各级人大和政府一定要注意严格限制。《行政处罚法》第 14 条规定："地方政府规章可以在法律、法规规定的给予行政处罚的行为、种类和幅度的范围内作出具体规定。尚未制定法律、法规的，地方政府规章对违反行政管理秩序的行为，可以设定警告、通报批评或者一定数额罚款的行政处罚。罚款的限额由省、自治区、直辖市人民代表大会常务委员会规定。"可以看出，地方政府规章的行政处罚设定权可分为两部分，一是创制权，二是规定权。创制权，是指规章在法律、法规没有规定的情况下，对于违反行政管理秩序的行为可以创设警告和一定数量罚款的处罚，但处罚的限额由省、自治区、直辖市人民代表大会常委会规定。须注意的是，虽然省、自治区、直辖市、省会市、国务院批准的较大市人民政府均有警告和罚款的创制权，但这种权力是不完整的，有限制的。即罚款限额需由省级人大常委会规定。也就是说，省会市、国务院批准的较大市人民代表大会常委会还没有这项权力，不能规定地方政府规章的罚款限额，必须由省级人大常委会规定。规定权，是指规章对于法律、法规已经规定了的处罚，只能进一步具体化，而不能超越给予处罚的行为、种类和幅度规定处罚。即不能对法律、法规未规定给予处罚的行为规定处罚，不能增减改变处罚的种类和幅度，只能在此范围内作出进一步具体化的规定。

四、除法律、法规、规章外，其他规范性文件不得设定行政处罚

新《行政处罚法》第 16 条规定："除法律、法规、规章外，其他规范性文件不得设定行政处罚。"这项规定包含两方面内容：

（一）有权设定行政处罚的机关必须通过适当形式的规范性文件设定处罚

行政处罚是行政机关对违反行政管理秩序，尚不构成犯罪的人采取的制裁措施。从本质上说，它是一种法律责任。法律责任的根本属性在于它的法律规定性，即所追究的法律责任是法律明文规定的，"法无明文不受处罚"，非依法律

规定不得处罚，也是处罚法定原则的本质要求。可见，行政处罚是严肃且严厉的行政制裁行为，必须依法进行。设定行政处罚的文件，应当具有法律规范的一般要求。

（1）有关行政处罚的文件（规范）是由特定国家机关制定或认可的，具有国家意志性。除法定的国家机关外，任何组织均不得设定行政处罚。那种行政机关的内部职能机构、基层行政机关、企事业单位“自立罚章”“法随口出”的混乱现象必须加以扭转和整治。

（2）设定行政处罚的文件应该具有规范性和概括性。所有关于行政处罚的文件应当包括三部分内容：规定人们可以这样行为，应当这样行为或不应当这样行为，违反规范模式应当承担的法律后果，从而为人们的行为提供标准和方向。这就是通常意义上所说的法律的“规范性”。与此同时，设定行政处罚的文件还必须具有概括性，即该文件涉及的对象是抽象的、一般的、非特定的人，而不是具体的人，它可以在同样情况下反复适用。因此，许多非规范性文件，如逮捕书、结婚证、行政裁决书、公证书等就不得规定行政处罚。

（3）设定行政处罚的文件是按照法定程序起草、制定和公布的。法律之所以将设定行政处罚的文件限于法律、法规和规章，主要是考虑到这些文件均是按照法定程序起草、制定和公布的，具有规范性、公开性等特点，易于被广大公民、法人了解并遵守执行。以往那种按“红头文件”“内部规定”“上级意见”规定处罚的现象都是不正常的，也是不严肃的，必须予以纠正。行政处罚的设定权是国家立法权的一部分，体现了国家意志，所以应当由特定的国家机关，按照法定程序起草、制定适用处罚的条件、种类、幅度等。同时，行政处罚的设定必须体现规范性、公开性的特点，国家机关制定的处罚文件，必须晓之于众，公开发布，成为人人皆知的规范要求。

可见，并不是所有的国家机关都有权设定行政处罚，也并不是所有的政府文件都可以设定处罚，只有依照法定程序制定和公布的法律、法规、规章才能够设定行政处罚，其他任何单位，任何形式的文件均不得设定行政处罚。

（二）非法律、法规、规章无权设定处罚

没有法律、行政法规、地方性法规及规章制定权的组织不能设定行政处罚，这是行政处罚法的重要要求之一，也是解决乱处罚问题的重要前提。“乱处罚”

的源头是各单位滥设处罚,一些行政机关的具体职能部门、基层行政部门、企事业单位在利益驱动下,不顾有无法律依据,擅自制定各种"红头文件""内部规定",随意处罚,导致了愈演愈烈的"乱处罚",极大地损害了政府与人民群众的关系,侵犯了公民、法人或其他组织的合法权益,造成很坏的影响。因此,行政处罚法明确规定只有法律、法规和规章才能设定处罚。

第三章　行政处罚的实施机关

行政处罚权是行政机关的法定职权，从理论上来说，所有的行政处罚都应由行政机关实施。但是，目前除行政机关行使处罚权外，法律、法规还授权某些组织行使行政处罚权；一些行政机关在执法过程中又委托某些组织和人员实施行政处罚，行政处罚的实施主体比较混乱。这种处罚主体混乱的直接后果是，破坏了行政法制的权威，造成滥施处罚的现象，侵害了公民、法人或者其他组织的合法权益，对此必须给予规范。

行政处罚法立法中的指导思想之一就是保护公民、法人或者其他组织的合法权益。为了保证行政处罚的严肃性，行政处罚法把行政机关实施行政处罚作为一项原则加以规定。但是，也考虑到行政管理的现实情况，行政处罚法也规定了授权处罚和委托处罚，以法定形式将一定的行政处罚权授予或者委托某些组织行使。同时，行政处罚法还规定国务院或者经国务院授权的省、自治区、直辖市人民政府可以决定一个行政机关行使有关行政机关的行政处罚权。为了保护公民的人身自由权利，行政处罚法对行使限制公民人身自由的行政处罚的机关作了限制，确定了公安机关的专属管辖权。

第一节　行政处罚实施机关的设定

一、行政处罚法规定实施机关的指导思想

（一）规范和解决执法主体的混乱问题

行政处罚主体混乱是行政执法中存在的主要问题，许多没有行政处罚权的

单位行使着行政处罚权。对这种状况必须予以改变,并用法律予以规范。

造成处罚主体混乱的原因是多重的:

第一,许多行政机关甚至一些社会团体、企事业单位在经济利益的驱动下,随意设定行政处罚,实施处罚。

第二,对公民、法人或者其他组织的违法行为,除行政机关行使处罚权外,某些组织也行使处罚权;一些行政机关在执法过程中又委托某些组织和人员进行行政处罚,由于对授权处罚和委托处罚没有明确规范,造成了处罚实施机关的混乱。

第三,法律、行政法规对行政处罚实施机关的设定及原则,授权、委托及其规则都缺乏系统规定。

行政处罚权是一项重要的行政权能,哪些机关和组织能够行使这项权力,不仅关系到公共利益和社会秩序,而且关系到公民、法人或者其他组织的合法权益,也关系到中央大政方针政策的贯彻执行和改革的顺利进行,以至于国家的稳定,因此对之必须予以严格限定,克服现实存在的乱设处罚机构、乱授权、乱委托现象,解决处罚实施机关的混乱问题。

根据《行政处罚法》的规定,只有有行政处罚权的行政机关或法律、行政法规授权的组织才能行使处罚权。法律、行政法规授权的具有管理公共事务职能的组织可以在法定职权范围实施行政处罚。行政机关依照法律、法规或者规章的规定,在法定权限内,可以委托其他行政机关或者符合本法第 20 条规定条件的组织或者个人在法定的范围内实施行政处罚。受委托实施行政处罚的行政机关或者组织在委托权限内,以委托的行政机关名义实施行政处罚。受委托行政机关或者组织不得再委托其他任何行政机关、组织或者个人实施行政处罚。委托行政机关对受委托行政机关或者组织实施的行为应当负责监督,并对该行为的后果承担法律责任。此外,行政处罚法还对受委托组织的条件作了具体规定。

(二)用法律手段实施机构改革

目前,有些地方实行综合执法,在集贸市场、市容管理等方面由两个或两个以上行政部门进行管理,实行两个或两个以上机关统一执法,并对违法行为进行处罚。事实上,"综合执法"是改革的产物,它说明市场经济体制下,原有行政体制已不能适应新的要求，因此，必须对原有行政机构进行改革：精兵简政，转变职能。但是，改革必须有序进行，既要保障国家大政方针的贯彻，保障中央的权威，克服地方性法规和规章及规章以下的一般规范性文件乱设行政处罚机构和乱授权、乱委托等现象，同时，还应当保证发挥地方的主动性和积极性，保证地方作为改革和试验的基地。为此，《行政处罚法》第 18 条规定，“国家在城市管理、市场监管、生态环境、文化市场、交通运输、应急管理、农业等领域推行建立综合行政执法制度，相对集中行政处罚权。国务院或者省、自治区、直辖市人民政府可以决定一个行政机关行使有关行政机关的行政处罚权。限制人身自由的行政处罚权只能由公安机关和法律规定的其他机关行使。”这样规定，意味着行政处罚实施机关的改变权，首先由国务院掌握。省、自治区、直辖市人民政府也可以决定实施机关的改变，这是用法律手段实施机构改革，提高行政效率。

（三）保护公民、法人或其他组织的合法利益

行政处罚法规定，行政机关作为行政处罚的实施机关，必须依法享有行政处罚权，必须在法定职权范围内实施。行政拘留等限制人身自由的行政处罚只能由法律规定的公安机关实施，限制人身自由之外的行政处罚要由有行政处罚权的行政机关或授权的组织在法定职权范围内实施。行政机关委托其他组织实施处罚的，应当有法律、法规和规章依据。一个行政机关是否能够行使有关行政处罚权要由国务院决定或省、自治区、直辖市人民政府决定。这样规定行政处罚的实施机关可以充分有效地保护公民、法人和其他组织的合法权益。

二、行政处罚实施机关的设定

行政处罚实施机关的设定，是行政处罚的一项重要内容。行政处罚权是行政机关行使的一项重要权力，涉及公民、法人或者其他组织的合法权益问题。因此，设立行政处罚实施机关必须遵守宪法、法律和行政法规的有关规定，按照民主、效能、精简的原则进行。行政处罚实施机关主要是由法律和行政法规设定。地方性法规、规章可以依法指定相应实施机关行使行政处罚权。国务院以及省、自治区、直辖市人民政府可以决定一个行政机关行使另一个行政机关的行政处罚权。

（一）法律可以设立行使各种行政处罚权的实施机关

法律是由全国人民代表大会及其常务委员会制定的规范性文件。由于法

律可以设定各种行政处罚,因此,法律也可以设立行使各种行政处罚权的实施机关。法律还可以变更、终止行政机关,包括行政处罚的实施机关,这是由中国的政体决定的。

法律设立行政处罚实施机关的形式有:

(1)通过组织法设立行使行政处罚权力的行政机关;

(2)通过具体法律在规定有关行政处罚权时,明确规定实施机关;

(3)通过行政处罚法规定实施机关。

(二)行政法规可以设定除限制人身自由以外的行政处罚的实施机关

国务院不能设定行使限制人身自由的行政处罚的实施机关。但国务院可以通过行政法规设立行使申诫罚、财产罚、行为罚的各种实施机关。

行政法规还可以授权特定的具有管理公共事务职能的组织行使限制人身自由之外的申诫罚、财产罚或行为罚。

《行政处罚法》规定,行政机关可以依照法律、法规、规章的规定委托符合本法第 21 条规定条件的组织实施行政处罚。

国务院可以决定一个行政机关行使有关行政机关的行政处罚权,但是有关限制人身自由的行政处罚除外。因为有关法律规定,行政拘留等限制人身自由的行政处罚由公安机关实施。

(三)地方性法规可以设定除限制人身自由、吊销营业执照以外的行政处罚机关

地方法规是可以设定行政处罚主体的,但不包括设定限制人身自由、吊销营业执照的行政处罚机关。这是立法对地方法规设定处罚主体的限制。

(四)国务院部门规章在尚未制定法律、行政法规的时候,可以设定警告、通报批评或者一定数额罚款的行政处罚机关

(五)地方规章在尚未制定法律、法规的时候,可以设定警告、通报批评或者一定数额罚款的行政处罚机关

(六)省一级政府可以决定一个行政机关行使有关行政机关的行政处罚权。即省一级规章可以决定行政处罚实施机关的改换、设定或指定。省一级规章可以决定一个行政机关行使有关行政机关的行政处罚权

第二节　行政机关实施行政处罚

一、行政机关的含义

行政机关,是指依法行使国家行政权,管理国家行政事务的机关。在日常生活中,人们常常将行政机关和行政组织、行政机构的概念相混淆。其实,它们之间既有联系又有区别。行政组织是行政机关和行政机构的统称,是行政学上经常使用的一个概念。行政机关是指行政组织中能独立行使行政职权,具有法人资格的行政主体。行政机关是行政处罚最主要的主体。行政机构一般是指构成行政机关的行政机关内部各部门,包括职能部门。在我国,行政机关作为国家机关的一种,具有以下特点:

(一)行政机关是执行机关

根据我国宪法的规定,我国行政机关是权力机关的执行机关,它的职责就是执行权力机关制定的法律和决议,通过一系列的组织和管理活动将国家的意志付诸实现。虽然行政机关也可以根据宪法和组织法的授权制定法规、规章等规范性文件,但行政机关制定的法规、规章的目的是更好地履行权力机关赋予的行政职权,并且行政机关制定的法规、规章不得与宪法和法律相冲突,具有从属性。

(二)行政机关的组织结构严密,层级分明

行政机关一个突出的特点就是追求行政效率。为了以最高的效率达到行政目标,行政机关在运作的过程中,必须保持政令的统一。为此,行政机关的设置应当上下统一,层次分明,等级严格,以保证政令的畅通。因此,行政机关从中央到地方逐级设立,分层负责,下级机关将上级机关的决定层层传达并严格执行,下级行政机关受上级行政机关领导。国家权力机关和审判机关不具备这种特点。上级国家权力机关与下级国家权力机关不是领导与被领导关系,是指导和监督关系,上级审判机关和下级审判机关也没有领导和被领导关系,是指导和监督关系。行政事务的决定权集中于行政首长,行政首长对下级的全部活动都可以控制。国家权力机关和审判机关行使职能通常采用合议制的形式。

（三）行政机关行使职权的广泛性

根据传统的国家权力分工理论，立法机关行使立法权，行政机关行使行政权，法院行使司法权，形成一种合理的分工与制约关系。但是，在现代社会，随着社会关系的复杂化和国家对社会管理职能的加强，行政机关管理的事务日益增加，不可避免地使行政管理权扩大，这种理想的权力分工模式受到破坏，行政机关行使着传统理论认为应该由立法机关和司法机关行使的权力，享有一定程度的立法权和司法权，这在世界各国已是一个不争的事实。我国采用的是"议行合一"的权力体制，行政权具有从属性，但我国行政机关的权力范围本来就非常广泛，从政治到经济，从教育科学到文化卫生以及社会保障等社会生活的各个方面，都是行政权管理的范围。同时，行政机关根据宪法和组织法享有制定行政法规和规章的权力，行使一定的行政立法权；根据法律的授权，还享有一定的行政司法权。总之，行政机关的职权非常广泛。

二、我国行政机关的组成

我国现行行政机关分为中央行政机关和地方行政机关两大部分。中央行政机关即国务院，由各部、委员会、各直属机构和办事机构组成。地方行政机关包括一般地方行政机关和民族自治地方行政机关。地方行政机关一般分为三级：省、自治区、直辖市的人民政府；县、自治县、县级市人民政府；乡、民族乡、镇人民政府。在有些地方，省级人民政府与县级人民政府之间还设有自治州或地级市（管县的市）人民政府。此外，有的地方在省、自治区人民政府之下设立有地区行署，在县、自治县人民政府之下设立区公所，在市、市辖区人民政府之下设立街道办事处，它们是地方人民政府的派出机关，不是一级地方行政机关。

三、行政机关实施行政处罚的条件

行政处罚法规定，行政处罚由具有行政处罚权的行政机关在法定职权范围内实施。行政处罚作为行政机关实现行政管理目标的强制手段，是行政机关的法定职权，应该由行政机关实施，行政处罚法也将行政机关实施行政处罚作为一项原则加以规定。但是，由行政机关实施行政处罚并不是所有的行政机关都可以实施行政处罚，也并不是行政机关可以任意实施行政处罚。行政机关实施行政处罚必须符合以下条件：

（一）必须履行外部行政管理职能

行政机关代表国家行使行政权，根据行政机关行使的行政管理职能的不同，可以将行政机关分为内部行政机关和外部行政机关。所谓外部行政机关，是指依据法律的授权代表国家对公民、法人或者其他组织实施管理的机关；所谓内部行政机关，是指基于隶属关系对行政机关系统内部的人员和事务实施管理的机关。行政处罚是对公民、法人或者其他组织实施的制裁，是一种外部行政行为，因此，实施行政处罚的主体必须是外部行政机关，内部行政机关的主要职责是为了保证和监督外部行政机关更好地履行行政管理职能，对外部行政机关及其公务员实施的管理。如各级人民政府的办公机构、人事机构、监察机构、事务机构、咨询机构等，它们不行使外部行政管理职能，没有管理社会事务的权限，因此，不能行使行政处罚权。

（二）依法取得特定的行政处罚权

外部行政机关虽然享有管理社会事务的权力，但是，它并不必然地享有行政处罚权，行政机关所享有的行政处罚权必须经法律、法规特别授予。行政管理权和行政处罚权是行政权的两个重要组成部分，行政管理权包括行政决策权、行政命令权、行政处置权、行政决定权等，为了保证这些权力的实现，同时赋予行政机关一定的制裁权。因此，从理论上讲，行政管理权和行政处罚权应该是统一的，有行政管理权就应有相应的行政处罚权。但是，行政处罚权是限制公民、法人或者其他组织的权利，或者给公民、法人或者其他组织设定新的义务，直接涉及公民、法人或者其他组织的权利保护问题，因此，行政处罚权不是行政管理权的自然延伸，享有行政管理权的行政机关要行使行政处罚权，必须经法律的明确授权。也有的国家将处罚权赋予法院，行政机关只有追诉权而无处罚权，使行政管理权和行政处罚权有条件地分离。在我国，为了提高行政效率，保证行政机关对社会实施有效的管理，除了少数管理领域外，行政管理权和行政处罚权是统一的。一般来说，行政机关拥有某一事项的管理权，它就享有相应的处罚权。作为一项概括的权力，行政机关拥有行政处罚权，但就某一项特定的处罚权而言，它还必须是法律明确规定的。不经法律明确授权，行政机关不得对公民、法人或者其他组织实施行政处罚。

(三)必须在法定职权范围内实施

不同的行政机关拥有不同的管理权限,其行使职权必须在法律规定的职权范围内。行政机关行使行政处罚权也应在法定职权范围内,不得超越管理权限实施行政处罚。如行使经济管理职能的机关不得实施限制或者剥夺人身自由的行政处罚;市场监督管理部门不得实施卫生行政处罚。此外,下级行政机关也不得行使上级行政机关的行政处罚权。行政处罚权应该与其外部行政管理职能相一致,处罚权限的大小应与管理权限的大小相一致。

第三节 综合执法机构

一、综合执法的含义

综合执法是近几年我国行政管理中出现的一种现象。为了解决现实中行政机关权限不清、职能交叉而出现的多头处罚和滥施处罚的现象,有的地方将原来由几个行政机关分别行使管理权的管理领域统一由一个行政机关管理并对违法行为进行处罚。由此设立的机构就是综合执法机构,其一般隶属县级以上地方人民政府。行政处罚法规定,国务院或者经国务院授权的省、自治区、直辖市人民政府可以决定一个行政机关行使有关行政机关的行政处罚权。建立综合执法机构的目的是解决现实中存在的执法机构膨胀、处罚权限不清、滥施处罚等问题。在我国,行政管理职能的分工是以"条条"为主,从国务院到县级地方人民政府建立相应对口的职能部门,法律、法规对行政处罚的授权也具体到政府相应的职能部门。这样立一部法,就多一个执法机构,造成多头执法。随着立法的发展,行政执法队伍还会增加。而且,由于我国的政府机构正处在调整时期,政府对各部门职能的配置不尽合理,加上各职能部门的组织规则不甚健全,职权划分不明确,造成工作中相互扯皮掣肘的现象。如海关和公安、市场监督管理部门对走私行为的查处;市场监督管理部门和技术监督部门对产品质量的管理;土地管理部门和建设部门对非法建筑的查处等。在执法过程中,由于职责权限不清,造成有利的争着罚、无利的都不管以及重复处罚的现象,使行政处罚一方面存在"滥",另一方面存在"软"的问题。行政处罚的"滥",侵犯了公民、法人或者其他组织的合法权益；行政处罚的“软”又影响了国家对社会的有效管理，损害了社会秩序和公共利益。这都是行政处罚法需要解决的问题。建立综合执法机构，合理地合并处罚职权，是解决行政处罚“滥”和“软”的有效措施，也是机构改革的发展方向。

二、综合执法的形式

在实践中，有的地方实行的综合执法，主要是在集贸市场、市容管理等方面由两个以上部门进行管理的，对违法行为统一实行处罚。具体形式大体有两种：

一种是由政府建立综合执法机构，由综合执法机构进行综合管理和处罚。其中比较有代表性的是巡警制度，如上海、青岛等城市在市内广场和主要街道由巡警负责巡查，对治安、市场监督、市容卫生等领域实行统一管理和对违法行为实施处罚。

另一种是由两个以上行政机关实行联合检查，根据具体的违法行为性质的不同，分别以不同行政机关的名义进行处罚。

三、综合执法存在的问题

建立综合执法机构有利于解决目前行政处罚执法中存在的“滥”和“软”的问题，符合机构改革的发展方向。但是，从根本上来说，行政处罚中存在的处罚权限不清，滥施处罚现象，是体制问题。在不改变现有行政机构体制的情况下规定合并处罚权，并不能完全解决行政处罚中存在的问题。相反，规定一个行政机关行使其他行政机关的行政处罚权，也带来许多问题。这些问题主要表现在以下几个方面：

（一）混淆了各种行政机关的职权划分，违背了行政机关职权法定、各司其职的原则

从理论上说，宪法和组织法将行政权管理权赋予各级人民政府，如何配置各部门的职权，是各级政府的权力。但是，政府工作部门的职权配置应遵循职权法定的原则，政府各工作部门的职权一经确定，各部门就应各司其职，非经法定程序，政府不能随意将一个部门的职权交给其他部门行使。否则，就是破坏

行政法制。

(二)没有从根本上解决执法机构林立、滥施处罚的问题

目前实践中实行的综合执法制度,是在保留原行政机关的前提下,将原行政机关的处罚权交给别的行政机关行使,原行政机关继续存在。而且,现行法律、法规都是将行政处罚权直接授予具体的行政机关,这样就形成多个机关都有处罚权的情况,处罚机构不但没有减少,反而还有增加。这样更产生处罚主体的混乱,更容易产生滥处罚。

(三)综合执法机构法律地位不明确,造成行政复议和行政诉讼当事人资格的不清,影响被处罚人的法律救济权利

行政处罚直接影响行政相对人的权利,如果产生纠纷,当事人有权请求法律救济,申请行政复议或者向法院提起行政诉讼。由于综合执法机构法律地位不明确,不能作为诉讼主体,一旦产生纠纷,各机关互相推诿,被处罚人求告无门,影响被处罚人的权利救济。

四、建立综合执法机构的条件

(一)必须是综合管理领域

现代社会行政权在不断扩张,行政机关管理的范围越来越宽,分工越来越细。在提高效率、精简机构的发展趋势下,则要求合并某些行政管理职权。因此,对一些领域进行综合管理必不可少。但是,合并只能在一些综合管理领域,如城市管理、市场管理、港口管理、运输管理等领域。在这些领域,一般涉及多个管理机关,容易产生职责不清问题,造成滥处罚。在一些专业性、技术性较强的领域,则不宜合并处罚权。

(二)不得违背专属处罚的规定

对有些管理事项,需要进行高度统一的管理,法律赋予特定机关的管理权不能交给其他行政机关行使,这就是专属管理权,如公安机关对社会治安的管理权;税务机关对征税的管理,等等。相应地,法律赋予这些特定机关对专属管理事项的处罚权也是不能转移的,属于这些机关的专属权。如行政拘留等限制人身自由的行政处罚,只能由公安机关实施。因为,行政拘留等限制人身自由的行政处罚权属于公安机关的专属处罚权,不能由其他行政机关行使。因此,

行政处罚法规定,国务院或者经国务院授权的省、自治区、直辖市人民政府可以决定一个行政机关行使有关行政机关的行政处罚权,但限制人身自由的行政处罚除外。

(三)必须符合法定的权限和程序

行政机关的职权都是法定的,改变或合并行政机关的处罚权也必须符合法定的程序。宪法和组织法把行政权授予各级人民政府,如何配置各职能部门的职责权限,是各级人民政府职权范围内的事,如《地方各级人民代表大会和地方各级人民政府组织法》第 64 条第 1 款规定,地方各级人民政府根据工作需要和精干的原则,设立必要的工作部门。合并行政处罚权是人民政府对部门职能的重新配置,不违背组织法的规定。因此,行政处罚法规定,国务院或者省、自治区、直辖市人民政府可以决定由一个行政机关行使其他行政机关的处罚权。但是,改变行政处罚权的分工必须由国务院或者省、自治区、直辖市人民政府决定,非省级人民政府以及其他地方人民政府无权决定。

五、综合执法机构的法律地位

规定一个行政机关行使其他行政机关的处罚权,使行政处罚权相对集中,是改变目前行政执法队伍膨胀,滥施处罚以及有利争着罚、无利都不罚现象的重要措施,符合机构改革的发展方向。但是,在现有机构没有调整,行政管理职权没有重新配置的情况下,规定一个行政机关行使其他行政机关的处罚权,涉及该行政机关在行政管理中的法律地位和它与其他行政机关之间的关系问题。从现有的综合执法机构的形式看,综合执法机构的法律地位不明确,实践中也存在不少问题。行政处罚法明确规定一个行政机关可以行使其他行政机关的处罚权,可视为是国务院或者经省、自治区、直辖市人民政府对行政处罚权进行的重新配置。在决定合并的处罚事项上,被授权行使其他行政机关处罚权的行政机关取得了独立的处罚主体地位,它可以以自己的名义实施处罚,并独立承担法律后果。

第四节 授权行使行政处罚的机构

一、行政授权的含义

根据宪法和行政法的传统理论,国家的行政权只能由行政机关及其公务员行使,行政处罚权作为行政权的重要组成部分,它是对当事人的人身权和财产权作出的不利处分,从维护当事人的权益着眼,更应该由行政机关及其公务员行使,因此,行政处罚法把行政机关实施行政处罚作为一项原则加以规定。但是,在现代社会,由于社会的迅速发展和社会关系的复杂化,国家干预社会生活的深度和广度都在加强,行政管理的范围在日益扩大。虽然在政府行政管理职能扩张的同时,行政机关及其公务员的数量也相应地膨胀,但仍然赶不上行政管理的需要。同时,随着行政管理专业性、技术性的日益加强,行政机关已难以满足行政管理的现实需要,而且,由于编制和经费的限制,行政机关和公务员的数量也不能无限制地扩大。因此,《行政处罚法》规定,“法律、法规授权的具有管理公共事务职能的组织可以在法定授权范围内实施行政处罚”。所以,除了行使外部行政管理职能的行政机关拥有行政处罚权外,经法律、行政法规、地方性法规授权的组织也可以行使行政处罚权。行政处罚权的授权,是指法律、法规将某些行政处罚权授予非行政机关的组织行使。经过授权,该组织取得了行政处罚的主体资格,可以以自己的名义行使行政处罚权,以自己的名义独立地承担因行使行政处罚权而引起的法律后果。授权的直接后果是被授权的组织取得行政主体资格,具有行政机关的地位。因此,授权必须慎重,行政处罚法把行政处罚权的授权限定在法律、法规授权的范围内,规章不得授权非行政机关的组织实施行政处罚,从授权的规范性文件的位阶上加以控制,体现了行政处罚权授权的严肃性。

二、行政授权的条件

除行政机关之外的组织一般不具有行政管理职能,当然不享有行政处罚权。作为一项公权力,行政处罚权授予给组织行使,必须符合一定条件才具有法律效力。

(一)主体条件

从主体上来说,行政处罚权的授权主体必须是特定的国家机关。行政处罚法规定行政处罚的授权由法律、法规规定。因此,行政处罚权的授权主体必须是享有法律、行政法规、地方性法规制定权的国家机关,即全国人大及其常委会、国务院、省级地方人大及其常委会、省会所在地的市和国务院批准的较大的市人大及其常委会。由于规章不能授权,因此,享有规章制定权的国务院部、委员会以及省、自治区、直辖市人民政府和省、自治区人民政府所在地的市人民政府以及经国务院批准的较大的市人民政府也不能授权组织实施行政处罚。

(二)内容条件

从内容上来说,被授出的行政处罚权应是共有权力而不是专有权力。共有权力可以由几个机关享有,具有可转让性,而专有权力只能由某一特定机关行使,具有专一性和不可转让性。如行政拘留等限制人身自由的行政处罚权,就是公安机关的专有权力,不能授权组织实施,违反审计法律、法规的处罚权是审计机关的专有权力,也不能授权组织实施。

(三)必须授权给具有管理公共事务职能的组织

授权是行政处罚权的转移,经过授权,被授权者就取得了行政处罚主体资格,能够以自己的名义实施行政处罚,并承担相应的法律责任。因此,授权的对象必须严格。组织作为履行一定社会职能的集合体,它具有相应的机构和人员,一般应具有法人资格,作为社会活动主体,具有相应的责任能力。所以,行政处罚的授权对象应是组织,个人不能成为授权的对象。但是,组织的范围非常广泛,从一般意义上讲,它不仅包括行政机关在内的所有国家机关,还包括社会团体和企业、事业组织,并不是任何组织都可以被授权行使行政处罚权。因此,有必要对这里的“组织”作出限定:首先,这里的组织不包括国家机关中的权力机关、司法机关和军事机关。因为根据宪法和组织法的规定,不同国家机关行使不同的权力,权力机关行使立法权和监督权;人民法院行使审判权;人民检察院行使检察权;军事机关行使军事指挥权。不同性质的国家机关履行不同的职权,不能通过法律、法规的授权改变宪法和组织法的权力分工。因此,不能将行政处罚权授予其他国家机关行使。其次,这里的组织也不包括行政机关。因为行政处罚权是行政机关的概括职权,法律、法规将某一项具体的处罚权赋予特定行政机关行使,属于行政权的正常分工,不是这里的授权。最后,作为被授权行使行政处罚权的组织必须是具有管理公共事务职能的组织。在除国家机关以外的组织中,根据组织成立的目的不同,可以分为社会团体组织、事业组织和企业组织。社会团体是指政党、工会、共青团、妇联、各种学会等组织;事业组织是指从事某项社会职能,不以营利为目的的组织,如学校、医院、各种科学研究机构等;企业组织是以营利为目的的组织。根据行政处罚法的规定,不论是什么类型的组织,只要具有管理公共事务职能,就可以被授权行使行政处罚权。在我国,社会团体往往承担着一定的社会管理职能,如工会经常行使某些社会救济、劳动安全和保护的监督管理职能;妇联经常行使某些与计划生育管理、妇女儿童保护有关的行政管理职能。为了更好地行使这些管理职能,法律、法规可以授权其行使一定的行政处罚权。在行政管理过程中,有些管理活动需要专门知识或者技能,需要专门设备,授权技术检验、鉴定机构等事业组织进行管理更容易达到行政管理的目标,所以法律、法规可以授权这些事业组织行使相应的行政处罚权。

需要说明的是,目前我国政府职能正在转变,原来国务院的一些行政部门转变为企业性质,组建为全国性的公司,但仍全部或部分地保留原有的一些行政管理职能,从性质上看,它是从事生产和经营的经济实体,是企业组织。从法理上讲,企业作为市场竞争的主体,不应当具有管理社会活动的职权,这会使它在市场竞争中处于特殊地位,形成不正当竞争。但在一定时期内,这种全国性公司的行政管理职能不可能全部由某一个新的行政机关替代,同时现有的法律也规定了个别全国性的企业具有一定的行政管理职能及相应的行政处罚权。因此,行政处罚法规定,只有法律、法规可以授权具有管理公共事务的组织实施行政处罚,将授权的主体资格规定为中央的位阶。

(四)形式条件

从形式上来说,行政处罚权的授权必须通过法律、法规规定,其他规范性文件不得授权。这是为了保证行政处罚主体的统一性,防止乱授权造成的处罚主体混乱的现象。

三、行政授权的规则

（一）要有明确的法律、法规依据

为了体现行政处罚的严肃性，保护公民、法人或者其他组织的合法权益，行政处罚法规定行政处罚由行政机关实施。一般组织作为履行某种社会职能的集合体，一般不享有行政管理权，当然也就不享有行政处罚权。为了实现社会管理的需要，行政处罚法规定，经法律、法规授权的组织可以实施行政处罚，赋予一定组织行政处罚主体的法律地位。因此，组织实施行政处罚必须要有法律、法规的明确授权，且只能实施法律、法规明确授权其实施的某种特定的行政处罚。

（二）要以自己的名义实施处罚

经过法律、法规的授权，组织就取得了行政处罚的主体资格，具有与行政机关同等的法律地位，能够以自己的名义实施行政处罚，独立地承担法律责任。由于实施行政处罚引起的行政复议和行政诉讼，组织要以自己的名义参加复议和诉讼。

（三）要在法律、法规授权的范围内实施处罚

法律、法规授权组织实施行政处罚，一般都规定了实施处罚的权限范围。经授权的组织只能在法律、法规授权的范围内实施处罚，不得超越授权的范围。这里的授权范围是指法律、法规规定组织实施的行政处罚行为、种类和幅度；组织不得超越法律、法规规定的行政处罚行为、种类和幅度实施行政处罚，否则就是越权。

第五节　委托行使行政处罚权的机构

一、行政处罚委托的含义

所谓行政处罚委托，是指享有行政处罚权的行政机关将其拥有的行政处罚委托给其他行政机关或者组织行使。受委托实施行政处罚的行政机关或者组织在委托范围内，以委托的行政机关的名义实施行政处罚。行政处罚权作为行

政机关的法定职权，一般来说，只能由行政机关自己行使，不得随意转让。但是，由于行政管理活动的繁杂性、专业性、技术性的增强，行政机关不能满足行政管理的需要，把一些程度较轻、影响较小的行政处罚权委托给其他行政机关或者组织行使，充分利用其他行政机关或者组织的现有的专业特长和技术条件，既可以提高行政效率，实现对社会事务的有效管理，又可以防止机构膨胀，达到精简机构的效果。所以，行政处罚法规定，行政机关依照法律、法规或者规章的规定，可以在其法定权限内委托符合一定条件的组织实施行政处罚，这就从法律上肯定了行政处罚委托的地位。行政处罚委托和授权从形式上来看都是行政处罚权的转移，但是，二者有质的区别，体现在以下几个方面：

第一，处罚权的来源不同。在行政处罚的授权中，被授权者的处罚权直接来源于法律、法规的授权；在行政处罚的委托中，受委托人的处罚权来源于行政机关的委托。

第二，成立的前提不同，行政处罚授权是单方性的，不需要以被授权者的同意作为授权成立的前提，被授权者不得拒绝；而行政处罚委托是一种行政合同行为，委托的成立一般要征得受委托人的同意。

第三，被授权者和受委托人的法律地位不同。在行政处罚授权中，被授权者取得行政处罚的主体资格，能以自己的名义行使行政处罚权，并以自己的名义承担法律后果。在行政处罚委托中，受委托人没有行政处罚的主体资格，受委托人只能以委托机关的名义行使行政处罚权，其行为的后果也由委托机关承担。

二、行政处罚委托的条件

（一）确有必要委托

行政处罚权是行政机关的法定职权，应该由行政机关自己行使，不能随意委托其他行政机关或者组织行使。但是，如果行政机关直接行使处罚权确有困难，如管辖的地域过大等，影响行政处罚权的及时、有效行使，则可以委托其他行政机关或组织行使。

（二）必须依照法律、法规或者规章的规定

行政机关委托组织实施行政处罚，必须要以法律、法规或者规章作为依据，

不得自行委托。目前,行政处罚的委托有两种,一种是没有法律、法规或者规章依据,行政机关将法律、法规或者规章赋予其行使的处罚权委托其他组织行使,是基于职权发生的委托;另一种是根据法律、法规或者规章的规定,行政机关将处罚权委托其他组织行使。因此,行政处罚法规定,行政机关委托组织实施处罚必须依照法律、法规或者规章的规定。没有法律、法规或者规章依据的,不得自行委托。

(三)从行政处罚权的性质上来说,该项处罚权可以被委托处罚的事项,应是群众性、社会性的行政管理事务

如城市交通管理、城市卫生管理等,涉及大多数社会成员,根据行政管理事务的特点,委托其他行政机关或者组织行使处罚权,调动社会成员参与管理,效果更好。但像海关、检疫、税务、商检等管理领域,专业性、技术性较强,涉及的管理对象较少,行政处罚权不宜委托。

(四)被委托的处罚权应是程度较轻、影响轻小的处罚

委托实施行政处罚是处罚权的转移,受委托行使处罚权是一种代理行为,被委托人的法律地位决定了被委托实施的应该是处罚的程度较轻,对被处罚人的权益影响不大的行政处罚。

(五)必须是委托其他行政机关或者组织

行政处罚权关系到公民、法人或者其他组织的合法权益,是一项严肃的事情,只能委托其他行政机关或者组织行使,不能委托个人行使。

三、行政处罚委托的规则

(一)必须在法定权限内委托

行政处罚权是法律赋予行政机关的法定职权,一般应由行政机关自己行使,不能随意进行委托。需要进行委托的,必须符合法律、法规、规章规定的委托权限。行政处罚法规定,行政机关依照法律、法规、规章的规定,可以在其法定权限内书面委托符合本法第 21 条规定条件的组织实施行政处罚。这就将委托的处罚权限定为在行政机关的法定权限内,体现了对委托处罚权的慎重。这里的法定权限是指法律、法规、地方性法规或者规章赋予行政机关行政处罚权的权限范围。行政机关委托符合本法第 21 条规定条件的组织实施行政处罚,

必须在其法定权限内,超越法定权限的,委托无效。

(二)以委托机关的名义实施行政处罚

行政处罚委托是一种代理关系,受委托人行使处罚权的基础是行政机关的委托行为,受委托人在法律上没有独立的地位,它不能以自己的名义对管理相对人实施处罚,只能以委托机关的名义进行。并且,它也不能以自己的名义承担处罚行为所引起的法律后果,发生行政复议或者行政诉讼的,只能由委托其行使行政处罚权的行政机关参加复议或者应诉,作为被申请人或者被告。

(三)受委托组织不得再委托

再委托是受委托组织将行政机关委托其行使的处罚权又委托第三人行使,是行政处罚权的再转移。行政处罚权是一项严厉的行政制裁措施,它的行使必须严格、慎重。行政处罚委托是行政处罚权的转移,它受到法律的严格限制,它的行使更要符合法律的规定。行政处罚委托的成立是基于委托机关对被委托组织的业务能力方面慎重行使处罚权的信任,受委托组织应自己行使行政机关委托其行使的处罚权,不得再委托。

(四)委托机关对委托处罚权的行使负责监督

经过行政处罚权的委托,在委托机关和受委托组织之间形成特定的权利义务关系,这种特定的权利义务关系只对委托机关和受委托组织有约束,委托机关应对受委托组织的一切处罚行为负责。因此,委托机关应对委托处罚权的行使进行监督,使委托处罚权的行使符合行政管理目的,并且委托机关应承担委托处罚的法律责任,以保证行政处罚权的合法行使。

(五)委托必须以书面方式进行

行政处罚权的委托是一种法律行为,能产生相应的法律后果。委托处罚权的行使,影响公民、法人或者其他组织的合法权益,因此,委托必须以书面方式进行。《行政处罚法》第20条第2款规定:“委托书应当载明委托的具体事项、权限、期限等内容。委托行政机关和受委托组织应当将委托书向社会公布。”即行政机关委托组织实施行政处罚,应与被委托组织签定委托书,分清双方的权责。委托书应载明委托机关和受委托组织的名称,地址,法定代表人的姓名;委托的权限及其适用范围;委托期限以及违反委托权限的法律责任等,并且应当将委托书向社会公布。

四、受委托组织的条件

《行政处罚法》第21条规定:“受委托组织必须符合以下条件:(一)依法成立并具有管理公共事务职能;(二)有熟悉有关法律、法规、规章和业务并取得行政执法资格的工作人员;(三)需要进行技术检查或者技术鉴定的,应当有条件组织进行相应的技术检查或者技术鉴定。”受委托组织必须符合以下条件:

(一)应当是依法成立并具有管理公共事务职能的组织

由于委托处罚是代理行政机关行使处罚权,其行使的处罚权是一项公权力,它是促使行政管理相对人履行行政义务,服从行政管理的法律后盾,它的行使应具有公益性,不得利用处罚权谋求部门利益或者团体利益。因此,受委托的组织必须是依法成立的事业组织。企业组织是以营利为目的,委托其行使处罚权,容易受利益驱动,影响行政处罚的公正性。所以,行政机关不能委托企业组织行使处罚权。此外,受委托的事业组织还必须具有管理公共事务的职能。由于改革的发展,事业组织也有了较大的变化,大部分事业组织的经费来源也不能全部由财政保障,自收自支、差额拨款的事业组织占了大部分。在制定行政处罚法的过程中,这个问题反复研究,认为尽管经费来源有了较大的变化,但如果行政机关委托事业组织实施行政处罚,委托的行政机关就要保障受委托的组织用于执法的全部经费,不能只给任务,不管经费。所以行政处罚法明确规定,委托行政机关对受托组织实施行政处罚的行为应当负责监督,并对该行为的后果承担法律责任。如果因为经费不足,导致受委托组织滥施处罚,侵害了公民、法人或者其他组织的合法权益,委托行政机关要承担法律责任。

(二)有熟悉有关法律、法规、规章和业务并取得行政执法资格的工作人员

行政处罚是一项执法工作,执法人员素质的高低,直接影响到行政处罚的执法水平,关系到公民、法人或者其他组织的权益保护。现实中出现的滥处罚问题,很大程度上也是由于执法人员不懂法造成的。因此,受委托的组织必须具备熟悉有关法律、行政法规、地方性法规和规章的工作人员;此外,委托组织实施处罚的事项,往往是专业性、技术性较强的管理活动,为了保证委托处罚的质量,受委托的组织必须具有熟悉有关法律、法规、规章和业务并取得行政执法资格的工作人员。行政执法资格是需要符合一定条件才能获得。

(三)需要进行技术检查或者技术鉴定的,应当有条件组织进行相应的技术检查或者技术鉴定

委托行政处罚的一个原因就是行政管理活动专业性、技术性的增强,行政机关缺少相应的专业人员和技术条件,才委托相应的组织进行管理,因此,委托处罚的事项往往技术性也比较强。对违法行为需要进行技术检查或者技术鉴定的,受委托组织应当有条件组织进行相应的技术检查或者技术鉴定。不组织进行相应的技术检查或者技术鉴定的,不能委托实施行政处罚。

第四章　行政处罚的管辖与适用

行政处罚主体确定后,就应该具体确定行政处罚由何部门、何级、何地处罚主体实施处罚。明确划分各部门、各级、各地处罚主体之间实施行政处罚权的管辖,可以防止行政处罚主体滥用行政处罚权、超越职权和重复处罚,也可以避免主体之间相互推诿和彼此相争,及时、有效、准确地追究违法者的法律责任,维护正常的社会秩序。

第一节　行政处罚管辖的概念

行政处罚的管辖是确定对某个行政违法行为应由哪一级或者哪一个行政机关实施处罚的法律制度。行政处罚的管辖权与行政处罚权既有联系又有区别。行政处罚权是国家赋予一定的行政机关对违反行政管理秩序的行为依法实施处罚的权力;管辖权则是指对某个具体的违法行为在行政机关内部由哪个、哪级、哪里的行政机关实施处罚的问题。一方面,行政机关对该违法行为有行政处罚权是确定管辖权的前提,凡是不属于行政机关行使行政处罚权范围的事项,行政机关无权管辖,如刑事案件、民事案件都要移交司法机关管辖;另一方面,管辖权是行政处罚权的进一步落实,行政处罚权只能通过管辖权来行使和体现。因此,凡是确定了对某些违法行为某行政机关或者被授权、委托的组织有管辖权,那么这个行政机关或者被授权、委托的组织对该违法行为就有权实施行政处罚,同时也有义务实施行政处罚。对属于自己管辖的违法活动不依法处罚,对不属于自己管辖的违法行为实施处罚都是违反法律规定的。

行政处罚管辖权是对行政机关和行政处罚实施组织实施行政处罚的权限进行划分,明确其分工的重要措施,是解决行政处罚主体在自己的职权范围内,各司其职,各尽其责的主要依据。明确规定行政处罚主体对行政违法案件的管辖权,有利于防止处罚主体越权处罚或者重复处罚,同时也可以对那些有管辖权而不认真行使职责的处罚主体进行约束,使行政机关和其他被委托或者授权的组织能够尽职尽责行使权力,使违法行为能够及时、有效地得到处理,从而提高行政机关的工作效率,保障行政机关有效地实施行政管理,保护公民、法人或者其他组织的合法权益。管辖问题是规范行政处罚的重要问题之一,它是正确实施行政处罚的前提和基础,只有明确对违法案件的管辖权,才能有效地对违法行为给予制裁,同时有利地监督行政机关依法行政。

修订后的《行政处罚法》对于多数实践问题予以了回应,管辖问题也不例外,经统计,在管辖问题上,新《行政处罚法》用第 22 条至第 38 条共计 17 个条文予以规定,修改内容从类型上看,涉及地域管辖、事务管辖、时间管辖、竞合管辖等多个类型。

第二节 行政处罚的管辖原则

《行政处罚法》第 22 条规定:“行政处罚由违法行为发生地的行政机关管辖。法律、行政法规、部门规章另有规定的,从其规定。”将原有“法律、法规另有规定的除外”改为“法律、行政法规、部门规章另有规定的,从其规定”,在法条语句使用上更为精确的同时,也承认了部门规章的地域管辖设定权,在一定程度上放开了地域管辖权的设定权限,规定除了法律之外,行政法规与部门规章共同享有“话语权”,极大程度地注入了多元化的管辖立场,一定程度地改善了目前地域管辖存在的问题,尤其是应对网络行政处罚问题上,突破原有“违法行为发生地”解释的狭义性,更有利于解决实践中的问题。

行政处罚法为什么要规定这样一个行政处罚管辖原则呢?确立行政处罚的管辖原则,是以有利于行政机关实施行政处罚权,有利于及时有效纠正违法行为,维护公共利益和社会秩序为前提的。由于行政管理活动是以行政区划为基础的,因此,在行政处罚管辖问题上,我们首先考虑到地域管辖问题,规定了行政处罚"由违法行为发生地的"行政机关管辖。同时为了提高行政处罚的效率,有效、及时纠正违法行为,又对级别管辖问题作出了规定,即在通常情况下,一般的违法行为由"县级以上地方人民政府"管辖。这样规定一方面有利于行政机关或者组织及时地发现违法行为并便于对违法行为的进一步调查和取证,作出处罚决定;另一方面也有利于行政处罚机关对行政处罚决定的执行。

为了使行政处罚更准确,体现行政机关各司其职,各负其责的精神,《行政处罚法》还作出了行政处罚由"有行政处罚权的行政机关管辖"的规定,另外增加第 24 条"省、自治区、直辖市根据当地实际情况,可以决定将基层管理迫切需要的县级人民政府部门的行政处罚权交由能够有效承接的乡镇人民政府、街道办事处行使,并定期组织评估。决定应当公布"之规定。这实际上是对职能管辖作出的规定。社会生活是错综复杂的,为了有效地维护社会秩序,实施有效的行政管理,世界各国都按照本国的行政管理的需要设置多个不同的行政管理部门对不同的行政管理活动行使行政管理权。我国的行政管理活动也是如此,各行政机关都是在法律赋予的职权范围内,行使各自的职权,因此,修订后的《行政处罚法》增加了综合行政执法制度的规定。增加了行政处罚权下放到乡镇街道的规定,推动执法重心下移;《行政处罚法》第 24 条第 2 款、第 3 款规定:"承接行政处罚权的乡镇人民政府、街道办事处应当加强执法能力建设,按照规定范围、依照法定程序实施行政处罚。有关地方人民政府及其部门应当加强组织协调、业务指导、执法监督,建立健全行政处罚协调配合机制,完善评议、考核制度。"这是因为行政处罚权是行政权的一部分,它具有行政权的特征,因此,行政处罚权的行使也必须依职权进行。但需要指出的是,行政处罚权与行政权又有所不同,有行政管理权的机关不一定都有行政处罚权,同时对此种违法行为有处罚权的机关对彼种违法行为就不一定有处罚权,因此,行政处罚法规定对违法行为要有"有行政处罚权的行政机关管辖"这一规定,充分考虑到了行政管理专业化的特点,有利于行政机关管理,有利于行政处罚的准确实施,同时便于对行政机关的监督。

根据此原则,一个行政机关只有同时具有地域管辖权、级别管辖权、职能管辖权,才具有行政处罚权。

第三节 地域管辖

一、地域管辖的概念

地域管辖,是指根据行政机关的管理区域确定其实施行政处罚权的地域范围,是横向划分同级人民政府之间及其所属部门在各自管辖区内实施行政处罚的权限分工。单纯从地域管辖的角度看,地域管辖是解决行政处罚权的块块划分问题,即省一级行政机关有权在本省的行政区域范围内行使行政处罚权,地市一级行政机关有权在本地市的行政区域范围内行使行政处罚权,县一级行政机关有权在本县的行政区域范围内行使行政处罚权。至于对哪些违法行为实施行政处罚由哪级行政机关管辖,对哪些违法行为实施行政处罚由哪个具体的行政部门管辖,靠地域管辖无法解决,是级别管辖和职能管辖规定的问题。

二、规定地域管辖的原因

《行政处罚法》第22条规定"行政处罚由违法行为发生地的"行政机关管辖,确定了行政处罚地域管辖的一般原则。行为人的行为构成行政违法,其中一个重要要件是客观上实施了违法行为,以违法行为的发生地作为行政机关管辖违法活动基准点是比较科学的。首先,规定违法行为发生的行政机关管辖,便于行政执法机关对违反行政管理秩序的案件实施管辖,适用起来范围较广,既包括实施违法行为地也包括危害结果发生地,它囊括了行为人实施违法行为的全过程,无论违法行为人在其实施违法行为的哪个阶段被发现,都可以立即依法就地给予行政处罚,有利于行政机关及时有效地打击违法活动;其次,规定违法行为发生地的行政机关管辖有利于行政执法机关对违法事实的进一步查清,便于调查、取证,可以有效地节省执法机关的人力、物力,提高工作效率;最后,规定违法行为发生地的行政机关管辖符合行政机关各司其职的原则,我国的行政管理首先是按照行政区划进行的,地方人民政府管理本辖区内的社会事业、公共事物,对本辖区内发生的违法活动进行管辖,是其应有的职权和责任。

国外的一些行政处罚制度也有类似我国地域管辖的规定。如德国的违反秩序法规定，行政机关对违反秩序行为适用案件管辖权和地域管辖权原则，地域管辖权适用于行为发生地和行为人居所地。奥地利行政处罚法规定："违反行政义务之行为由行为地之行政官署管辖。"以上的理论和实践证明，地域管辖是行政处罚管辖制度中最基本的也是必不可少的一项规定。

三、对地域管辖原则的理解

根据地域管辖的原则，行政处罚由违法行为发生地的行政机关管辖。如何理解违法行为发生地，是实施行政处罚首先要解决的问题。应当说，行为人实施了违法行为，在其实施过程中任何一个阶段被发现，该地方都可能成为违法行为发生地。如贩卖假药的违法行为，李某在甲地制造假药到乙地销售，运输过程经过丙地、丁地，依照本法的规定，甲乙丙丁四地都可以成为违法行为发生地，当地的行政执法机关如发现了这一违法行为都有权对其实施行政处罚。但是如果这一违法行为是在乙地销售假药时才被查获，只需由乙地的行政执法机关实施行政处罚就可以了，甲丙丁三地的行政机关不应再实施行政处罚，因为行为人在前几地实施的制造和运输假药的行为在此只能看作销售假药行为的前期准备。当然，乙地行政机关在对该销售假药行为实施行政处罚时应考虑到行为人实施了制造、运输假药的违法行为，依法给予并处处罚。但是，如果制造假药和销售假药的不是同一个人，情况就有所不同。甲地制造假药的人是王某，李某是从王某处收购了假药后到乙地销售，行政机关查获后对李某销售假药的行为作出了行政处罚，同时对王某制造假药的行为还必须给予行政处罚。当然，对于王某制造假药的行政处罚是由乙地的行政机关作出还是由甲地的行政机关作出，从法律规定看都是可以的，但应考虑便于行政处罚实施，有利于行政执法效率的原则。关于共同管辖的问题在以后的章节中还有阐述，这里不作详细论述。

第四节 级别管辖

一、级别管辖的概念

级别管辖是指根据行政机关的级别确定其管辖范围。它是划分上下级行政机关或者组织之间实施行政处罚的权限的方式。级别管辖主要解决不同级别的行政机关分别管辖哪些违法行为的问题,也就是说哪些违法行为可以由低一个层级的行政机关处罚,哪些违法行为只能由高一个层级的行政机关处罚。

二、规定级别管辖的原因

行政处罚法明确规定,行政处罚由县级以上地方人民政府有行政处罚权的行政机关管辖,确立了在通常情况下,违法行为由县级以上行政机关实施行政处罚的制度。这是依据我国的行政管理现状和行政处罚实践作出的决定。在我国的行政处罚实践中,大多数情况下,一般的违法行为是由县级地方人民政府管辖的,但有些违法行为涉及的范围较大,县级政府很难处理,则需要提高管辖级别。另外,在大城市的管理中,对违法行为的处罚有些由县级以上人民政府管辖有利于克服乱处罚、乱罚款。因此,《行政处罚法》第 23 条明确规定,行政处罚“由县级以上地方人民政府”管辖。

对于这一规定如何具体操作呢?对于一般的违法行为还是应当以违法行为发生地的县级地方人民政府有行政处罚权的行政机关管辖为主。这是因为:

第一,从行政机关的分工看,行政机关的层次越高,其职能中的决策、综合、指导、监督的责任就越强;行政机关层次越低,其职能中具体执行的任务就越重,实施行政处罚应当说大量的是对法律、法规的具体实施,因此规定一般由基层的行政机关实施更为科学。

第二,从我国目前的行政机构的设置情况看,县级行政机关是我国行政区划中最基本的单位,同时又居于承上启下的关键地位。它负有将国家的法律、法规、规章和政策落实到基层的行政管理职责,肩负着管理本辖区政治、经济、文化、社会治安、公共秩序等多项具体工作，在实施有效的行政管理活动中，需要运用一定的行政执法手段来保证行政管理的有效实施。

第三，从行政处罚的实践看，由于县一级管理着本辖区内大量的具体行政工作，而大量的违法行为的发生与这些具体的行政管理工作有着十分密切的联系，因此，由县级有关行政机关在执行管理工作的同时，及时对违法行为作出处罚是提高行政效率，及时纠正违法的最好方法。

第四，一般的行政处罚由县一级管辖，还是考虑到县一级一方面是我国按区域实行管理较为基层单位，另一方面它的行政管理工作系统又较为完备，目前我国行政机关各职能部门的设置大多到县一级，这也为依法实施行政处罚提供了客观保障。当然由于行政处罚法明确规定行政处罚由县级以上地方人民政府有行政处罚权的行政机关管辖，因此，对于一些重大的或者根据法律、法规规定不得由县一级人民政府管辖的，省一级或者地市一级人民政府认为需要由省一级或者地市一级人民政府直接管辖的违法案件就应当由省一级或者地市一级人民政府有行政处罚权的行政机关进行管辖，县一级人民政府无权管辖。例如，根据我国《药品管理法》第 139 条规定，“本法第一百一十五条至第一百三十八条规定的行政处罚，由县级以上人民政府药品监督管理部门按照职责分工决定；撤销许可、吊销许可证件的，由原批准、发证的部门决定。”依照这一规定，对于药品生产、经营企业违反药品管理法的有关规定，需要给予行政处罚时，必须根据违法主体的不同，由不同级别的行政机关管辖。再如，根据《矿产资源法》的有关规定，“违反本法的规定，采取破坏性开采方法开采矿产资源，造成矿产资源破坏的，责令赔偿损失，处以罚款；情节严重的，可以吊销采矿许可证”这一行政处罚“由省、自治区、直辖市人民政府地质矿产主管部门决定；对国务院和国务院关主有管部门批准开办的矿山企业给予吊销采矿证可证处罚的，须报省、自治区、直辖市人民政府批准”。根据这一规定，对违反矿产资源管理的违法行为给予行政处罚，也要根据不同的违法主体由不同级别的县级以上行政机关管辖。

第五节 职能管辖

一、职能管辖的概念

职能管辖，是指不同的行政机关依据各自不同的职权对实施行政处罚所作的分工，是行政机关根据其管理职能确定对违法案件的管辖权，这种管辖也称部门管辖。前文已经对地域管辖和级别管辖问题分别作了介绍，应当说地域管辖和级别管辖只是解决了在哪里发生了违法活动就由哪个地方的行政机关实施行政处罚，而在这个地方对于这一类的违法行为应由哪个具体的机关实施行政处罚，就是职能管辖需要解决的问题了。职能管辖是按照行政机关专业管理范围划定对违法行为实施行政处罚管辖权，从而与地域管辖、级别管辖一道完整地解决了行政机关对于行政处罚权管辖问题上的“条块”分割问题。

二、规定职能管辖的原因

行政处罚法明确规定，行政处罚“由有行政处罚权的行政机关管辖”，这是法律对行政处罚的职能管辖问题作出的规定。为什么说它是对职能管辖作出的规定呢？这是因为，根据职能管辖的原理，首先要求实施行政处罚的机关必须是有行政处罚权的机关，无行政处罚权的机关不能实施行政处罚；其次它还要求有行政处罚权的机关必须在自己的职权范围内实施行政处罚，对超越自己的管辖范围的违法行为无行政处罚权，无权管辖。

行政处罚法之所以要对行政处罚的职能管辖问题作出规定，这是由行政处罚的特点决定的。研究行政处罚的管辖问题，必须从行政管理体制以及行政机关的设置入手。由于行政管理的复杂、多样性，行政管理机关管理职能也呈多元化趋势，行政处罚的管辖也不可避免地呈现出多部门、多层次的特点。面对一个违法案件，应由哪个具体的行政机关管辖是职能管辖必须解决的问题。

首先，必须是由有行政处罚权的行政机关管辖，并不是所有的行政机关都有行政处罚权。从行政管理的角度说，行政权通常包括决策权、执行权、监督权、管理权、处罚权，可以说这些权力是行政权的组成部分，但这些权力并不是每一级、每一类行政机关都必须具有。行政处罚权也是如此。如国务院办公厅这样的部门,虽然也是国务院的所属部门,有一定的行政管理权,但其就没有行政处罚权。这一类的行政机关即使对某一类行为有行政管理权,对违法行为也无行政处罚权,当然也就无权对违法案件进行管辖。

其次,有行政处罚权的行政机关也不是对所有违法案件都有管辖权,各个行政机关必须依据各自不同职权,依据法律的规定划分对行政处罚的管辖权。从行政处罚的作用看,行政处罚权是行政权的重要组成部分,是行政管理的重要手段,因此,从一定意义上说,行政机关对于哪一方面的管理工作有管理权,才可能对这一方面的违法行为有行政处罚管辖权。但不能说行政机关对这方面工作有管理权,就当然对这方面的违法行为有行政处罚管辖权,行政处罚的管辖权有赖法律、法规的明确授权。法律、法规赋予一定的机关行政处罚权正是为了保障行政机关有效地实施行政权,从这个角度说,依照行政机关的职权划分行政处罚管辖权是比较科学的。

最后,就是从现代行政管理的要求看,现代行政管理活动具有较强的专业性和技术性,行政处罚的实施同样是一个专业性和法律性很强的工作,包括对违法事实的认定,是否构成违法行为的判断以及确定适用何种行政处罚的过程。这一工作,没有该方面的行政管理专业知识,不熟悉该方面的专业技术管理业务是很难胜任的。一般来说,一个国家对行政管理部门的划分是从专业管理的角度划分职责权限的,政府对于各部门权力的划分应当说是注重了它的科学性和合理性的,我们在对于各种违反行政管理秩序的案件确定管辖权时,必须要考虑违法行为所侵犯的客体所指向的不同的行政管理关系,因此本法规定按照行政机关的管理职权对不同的违法案件进行管辖,是比较科学和合理的。也只有各个行政机关依照法律规定的职权,分兵把守,各司其职,才能有效、及时制止违法,维护好社会秩序。关于行政处罚的职能管辖在实践中如何具体运用,目前在我国都有赖于单行法律、法规的明确规定。如根据《治安管理处罚法》的规定,治安管理处罚由公安机关管辖;根据《食品卫生法》的规定,食品卫生管理的处罚由卫生行政管理部门管辖。由于行政处罚的管辖权限是依据行政机关的职责划分的,因此行政机关职权划分的合理、科学、权责清晰是科学划分行政处罚管辖权的前提和基础。从我国目前行政处罚的实践看,由于行政机关职责划分不清,造成多头管理,重复处罚的现象还是时有发生,要解决这些问题有赖于政府职能的转变和合理分工、精简机构。实践中也已经出现了综合执法机构和几个相关部门联合执法等形式,相信随着法制建设的不断发展,我国的行政处罚职能管辖制度会更加科学、更加合理。另外,基于实践中的特殊需要,以及尽最大可能充分发挥各行政机关的专业优势,修订后的《行政处罚法》第26条规定:"行政机关因实施行政处罚需要,可以向有关机关提出协助请求,协助事项属于被请求机关职权范围内的,应当依法予以协助。"

第六节　管辖的特殊规定

一、适用特别法律、法规的规定

《行政处罚法》第23条明确规定:"行政处罚由违法行为发生地的县级以上地方人民政府有行政处罚权的行政机关管辖"。同时还规定:"法律、行政法规、部门规章另有规定的,从其规定",这是对行政处罚管辖权特殊问题作出的规定。在通常情况下,发生了违法案件,行政机关就应当按照前面讲到的地域管辖、级别管辖和职能管辖的要求进行管理。但是由于行政处罚面对的违反行政管理秩序的活动错综复杂,由于实施违法行为的主体地位不同,违法的性质和严重程度不同,实施行政处罚的种类和幅度不同,违法行为的社会影响也不同。因此,在对一些特定的违法行为实施处罚时不能一概强调完全按照行政处罚的一般管辖原则进行。在有些情况下,单行的法律、法规对单个具体的违法行为的行政处罚管辖权作出了特别规定,行政机关就应当按照这一特殊规定执行。这是符合特别法优于一般法的法律原则,也是符合我国行政处罚实际需要的。根据我国《海关法》的规定,中华人民共和国海关是国家的进出口关境监督管理机关。国务院设立海关总署,统一管理全国海关。国家在对外开放的口岸和海关监管业务集中的地点设立海关。海关的隶属关系,不受行政区划的限制,因此,在进出境发生的违反有关海关法律、法规的违法行为,就不能按照《行政处罚法》关于"县级以上地方人民政府具有行政处罚权的行政机关"管辖,这一一般原则进行管辖了,因为各地的海关直接归海关总署领导,与地方人民政府无隶属关系。因此,对于这一类违法行为实施行政处罚,就要根据海关法的规定执行。由此可见,行政处罚法关于管辖的规定只是对行政处罚管辖问题作出的一般规定,是一个原则规定,面对千变万化的社会生活和错综复杂的违法行为,单行法律、法规必然会对专门问题作出特殊的行政处罚管辖规定,行政机关在实施行政处罚时必须了解和掌握这些规定,才能准确地运用行政处罚权,有效地维护行政管理秩序。

二、指定管辖

(一)指定管辖的概念

指定管辖,是指上级行政机关以决定的方式指定下一级行政机关对某一行政处罚行使管辖权。这通常是由于两个以上的行政机关对行政处罚的管辖问题发生纠纷或者因特殊情况无法行使管辖权时,由上级机关确定由谁管辖。《行政处罚法》第25条第2款对行政处罚的指定管辖作出了规定:“对管辖发生争议的,应当协商解决,协商不成的,报请共同的上一级行政机关指定管辖;也可以直接由共同的上一级行政机关指定管辖。”

(二)为什么要对指定管辖作出规定

发生指定管辖的条件,通常是对行政处罚的管辖权有争议。之所以会发生管辖争议,有以下几个原因:

第一,行政机关职责不清,对社会生活、公共事物的管理互有交叉,因此表现在对违法行为的管辖上也必然是互有交叉,权责不明确,无法真正落实职能管辖的规定。

第二,由于我国的行政处罚制度还不完备,由于违法活动的错综复杂,各单行的法律、法规之间规定也存在竞合问题,因而,在实施行政处罚过程中出现对一个违法活动几个行政机关都有管辖权的情况也是客观存在的。

第三,由于一个违法案件可能连续、持续或者牵连几种违法行为,而这些违法行为可能涉及几个地区、几个部门的行政机关,这种共同管辖问题在行政处罚实践中是不可避免的,如果各部门对谁实施管辖协商不成,也会出管辖争议问题。

第四,还必须指出,在目前的行政处罚实践中,在对违法案件的管辖问题上，一些部门不是从国家的利益出发，而是受利益趋动，从本部门的利益出发，对自己有利的争着管，对自己不利的无人管，因而加剧了行政机关对违法案件互相推诿或者互相争夺管辖权的矛盾。

（三）管辖争议的解决

出现了管辖争议问题，各部门应当尽量本着从国家和人民的利益出发，积极配合，互相支持，解决矛盾，使行政处罚工作得以有效实施的态度，努力协商解决。首先应分析发生争议的原因，如果属于共同管辖问题，可以按照“先查处原则”解决管辖权争议。这在国外的行政处罚制度中也有规定，德国的违反秩序法就规定，对于一项违反秩序行为同时违反了数个法律，数个行政机关依法都对这项违反秩序行为有管辖权，在这种情况下由首先介入案件的那个行政机关负责管辖。这种“优先管辖权”理论，有利于对违法案件的快速有效处理，有利于在发生共同管辖问题时矛盾的尽快解决。当然，如果该违法案件牵连了几个违法行为，也可以考虑“重吸轻”的原则，由行政处罚较重的行政机关实施处罚，以解决重复处罚问题。必须指出，各行政机关在协商对违法案件的管辖权时，不管适用什么原则，一定要符合法律、行政法规和规定，同时要以便于实施行政处罚，便于及时纠正违法行为，便于教育违法行为人为指导思想。当然，如果是因对一些法律、法规规定有不同的理解，或的确是体制上的问题无法确定应由谁对该行政处罚案件实施管辖，就应当及时报请共同的上一级机关指定管辖，以免延误对违法案件的处理。

（四）行使指定管辖的机关

关于行使指定管辖的机关，《行政处罚法》第 25 条第 2 款明确规定，“对管辖发生争议的，应当协商解决，协商不成的，报请共同的上一级行政机关指定管辖”。为什么要规定由共同的上一级行政机关指定管辖呢？这是由于指定管辖权是一种行政决定权和行政领导权，指定管辖的决定一经作出，被指定管辖的行政机关就必须遵守执行，而对于行政机关的行政行为有决定权和领导权的只有其上级行政机关。在两个或者两个以上行政机关发生行政处罚管辖争议时，必须由它们共同的上一级机关进行处理。这是因为只有它们共同的上一级行政机关才能对这两个或者两个以上的行政机关的行政行为有决定权和领导权。对于不同的行政机关它们共同的上一级机关也有所不同。经分析有以下几种情况：

第一，如果争议各方是同一政府所属的两个以上工作部门，行使指定管辖权的机关就是本级人民政府，如县市场监督管理局和县物价局之间发生行政处罚管辖争议，指定管辖机关就应该是该县人民政府。

第二，如果争议各方为不同级政府所属的两个以上工作部门，则需要具体问题具体分析，如果这两个以上部门都隶属于同一个行政主管部门，就由这一行政主管部门指定即可，如同一个省的一市一县市场监督管理局对某一行政违法案件发生管辖争议，就应当由省市场监督管理局指定管辖；如果这两个以上的部门不属于同一个行政主部门，则应由它们共同的上级人民政府指定，如同一省的一市交通局和另一市公安局发生行政处罚管辖争议，应当由省人民政府作出指定管辖的决定。

第三，如果争议各方是两个以上人民政府，行使指定管辖权的机关就应当是这些政府的共同的上一级人民政府，如同一个市所属的两个县政府对行政处罚管辖发生争议，这个市人民政府就可以对该行政处罚案件作出指定管辖决定。

还需要指出的是，根据法律规定作出指定管辖的机关是发生管辖权争议机关的共同的上一级行政机关，因此，必须注意这里规定的“上一级”机关和上级机关是有所不同的，“上一级”机关是要求仅高一个层级。当然，依据法律的规定“共同的上一级”机关对于具体的有管辖权争议的机关来说可能不是仅高一个层级的问题，但我们在学习和掌握行政处罚法关于指定管辖的规定时，必须注意这个问题。

（五）关于违法行为构成犯罪的，行政机关将案件移送司法机关问题

我国法律制度中，应受行政处罚的违法案件和刑事案件在案件的管辖机关上是不同的。对刑事案件的管辖是统一由公、检、法三个司法机关管辖的，而行政管理上的违法案件则是由多个行政机关分别管辖的。因此，行政机关在处理违法案件时如发现该违法行为构成犯罪，必须移送对刑事案件有管辖权的司法机关。目前，在行政处罚实践中，的确存在以罚代刑的问题。有的行政执法机关出于本部门利益的考虑，对该移送的刑事案件不移送，罚款了事；有的是由于行政执法人员业务能力差，不能准确地判定罪与非罪，出现了以罚代刑问题，使

犯罪分子逍遥法外。这些问题严重影响了社会稳定,影响了对法律正确的贯彻执行,必须及时予以纠正、解决。为此,《行政处罚法》第27条作了具体规定。

第七节　行政处罚的适用

一、行政处罚与刑罚的衔接问题

修订后的《行政处罚法》规定了行政处罚与刑罚的衔接问题,《行政处罚法》第27条第1款规定:“违法行为涉嫌犯罪的,行政机关应当及时将案件移送司法机关,依法追究刑事责任。对依法不需要追究刑事责任或者免予刑事处罚,但应当给予行政处罚的,司法机关应当及时将案件移送有关行政机关”。行政处罚实施机关与司法机关之间应当加强协调配合,建立健全案件移送制度,加强证据材料的移交、接受衔接,完善案件处理信息通报机制。这是行政执法问题与刑事司法的衔接,“行刑衔接机制”是指某一行为在违法犯罪案件的查办过程中,检察机关、公安机关、行政执法机关紧密配合并相互制约,建立案件移送、立案监督、情况通报等制度,形成打击违法犯罪行为的合力,保证移送衔接过程准确有效地执行的法律机制。这一机制同时又是在行政执法的过程当中将那些已然超越行政执法范畴并涉嫌犯罪的案件从一般的行政执法中分流出来,移送检察机关对案件进行审查并由检察机关决定是否对其提起公诉并最终进入刑事审判的机制(部分移送监察机关审查)。

在两法衔接过程当中案件的移送分为两种情况,最常见的一种是由行政执法机关移送至公安机关,另一种是行政执法机关在执法过程中发现有职务犯罪情形移送至检察机关或监察机关。这种衔接机制是为了实现行政执行机关向司法机关移送涉嫌犯罪的案件程序的正常运行,应该追究刑事责任的能够被追究刑事责任,应该被处以行政处罚的能够被追究刑事违法责任而建立的行政执法机关与司法机关之间的的沟通合作机制,机关协作是两法衔接机制的内在组成部分,包括案件移送、信息互通共享、双向案件咨询等更为细致的内部机制,当前我国现有的行政执法与刑事司法衔接机制存在于治安管理、交通、环境、税务、医药、市场管理等各个执法领域。

因此新修订的行政处罚法对于行政处罚与刑罚这两种制裁方法的运用和衔接都进行了规定,以案件的性质作为区分的标准在行政机关和刑事司法机关之间进行分配,使得行政机关、司法机关以及由检察院为代表的法律监督机关在工作中形成相互扶持、互相监督进步的合力,共同打击行政不法行为内容的一个具有程序性的灵活操作系统。这是因为行政处罚与刑罚的衔接目的本身就是要让那些在行政处罚实践中发现的涉嫌行政犯罪的案件能够被快速有效地移送到刑事司法机关进行追责的一种保障性工作,其运行基础是基于这种工作及执行下的参与主体间不同性质和不同目的的权力进行的相互制约以达到相互平衡的状态。

二、行政处罚的实施以及违法所得的没收

在涉及行政机关实施行政处罚时,对于当事人的违法行为应当责令其改正或限期改正,在涉及当事人有违法所得时,修订后的《行政处罚法》将原第 8 条中的没收违法所得进行范围的界定,“违法所得是指实施违法行为所取得的款项。法律、行政法规、部门规章对违法所得的计算另有规定的,从其规定”,并规定“当事人有违法所得,除依法应当退赔的外,应当予以没收”,有效地保证了实践中被违法的行政相对人侵害的受害人的合法权益。原《行政处罚法》第 24 条规定了“对当事人的同一个违法行为,不得给予两次以上罚款的行政处罚”,因而该规定被概括为“一事不再罚”原则,修订后的《行政处罚法》在第 29 条对于同一违法行为违反多个法律规范的情形,可以将同一违法行为理解为,同一个行为主体在紧密连接的同一时间空间之内,基于同一意思而实施的一次行为,是一个违法行为,并规定了“按照罚款数额高的规定处罚”,体现了“禁止双重处罚”的法治精神。由于实践中存在的重复处罚以罚款为主,所以将“一事不再罚”定义为在同时违反多个法律规范时,可以给予多个行政处罚,但是若选择罚款进行处罚的话,只能进行一次罚款而不能进行多次。这意味着就罚款而言不能采并罚制,同时也规定了在竞合情况下,应“按照罚款数额高的规定处罚”。当然,最先发现违法行为的主体并不一定享有最高数额罚款的权限。在此种情况下,应当鼓励多个行政机关进行联合执法、综合执法。通过处罚权的相对集中来解决管辖权问题,也可以解决一个行政机关适用多个行政法律规范的问

题。如未实施行政处罚权的相对集中,则可通过行政协助等制度实现从一重处罚。对于罚款以外的其他类型处罚,如没收违法所得、暂扣或吊销许可证等,原则上可以并处。因为不同类型的处罚在制裁效果和目的上都有较大差异,允许并处更有利于行政目的的实现。

三、《行政处罚法》的处罚裁量

《行政处罚法》修改后的行政处罚裁量更为合理。

(一)增加首次违法可以不处罚的规定

原《行政处罚法》第 27 条第 2 款规定,违法行为轻微并及时改正,没有造成危害后果的,不予行政处罚。新《行政处罚法》将该款内容整合到第 33 条第 1 款,并增加"初次违法且危害后果轻微并及时改正的,可以不予行政处罚"的规定。长期以来,职业举报人大量投诉举报网店商品信息含有"最佳"等绝对化用语或"驰名商标"字样等违法宣传用语,以及商场超市、食杂店销售标签违法食品。此类案件中,不少当事人确实存在违法行为,但违法原因往往是不了解法律规定,规则意识不强,导致未认真审核网站宣传用语、商品标签内容等。当事人大多经营规模较小,违法行为虽然有危害后果但多数较轻微,一般是首次违法、主观恶性小且被举报投诉或从其他途径获知存在违法问题后,立即停止或改正违法行为。但是,由于不具备"没有造成危害后果"要件,不符合原《行政处罚法》第 27 条第 2 款有关"不予行政处罚"的法定情形,执法人员常常陷入两难境地,新《行政处罚法》生效后,市场监管部门遇到上述情形时,可依照新法第 33 条第 1 款,不予行政处罚。

(二)明确无过错不处罚

新《行政处罚法》第 33 条第 2 款新增规定:"当事人有证据足以证明没有主观过错的,不予行政处罚。法律、行政法规另有规定的,从其规定。"《行政处罚法》第 4 条规定:"公民、法人或者其他组织违反行政管理秩序的行为,应当给予行政处罚的,依照本法由法律、法规、规章规定,并由行政机关依照本法规定的程序实施。"但是,《行政处罚法》并没有明确界定何为"违反行政管理秩序的行为",也即未明确应当受到行政处罚行为的构成要件,这引发了学界对于应受处罚行为构成要件的争论。其中,应受处罚行为是否一定要具备主观要件曾是争论较为热烈的话题,基本上形成了以下几种观点:第一种观点认为,违法责任的构成一般采用过错原则,即只有当违法行为人主观上有过错时才承担违法责任,主观没有故意或过失的违法人不受处罚。第二种观点认为,主观过错并不是应受行政处罚行为的构成要件之一,单纯客观违法即可予以处罚。因为从行政处罚的规范来看,绝大多数涉及行政处罚的法律条款并没有明定须以过错为条件,只有极少数条款规定须以"明知"或"故意"为要件;在行政处罚中,行为人的主观因素对决定行为人是否应受行政处罚不具有普遍意义,只有在某些法律、法规明确规定的特殊情况下,主观因素才具有实际意义;对绝大多数行政处罚的实施来说,行为人的主观因素往往内含于行为的违法性之中,故没有独立存在的意义。第三种观点认为,《行政处罚法》第3条采用了过错推定原则,行政处罚的重点在于惩戒违法行为人,维护社会管理秩序,因此比司法更重效率,不可能花费大量精力在调查行为人的主观状态上;再者,大多数受行政处罚的行为规定本身都包含了主观成分,所以除非行为人能够提出自己无过错的证据,否则一律推定为主观上有过错而予以处罚。这一观点与第一种观点相近,区别仅在于是将过错推定视为一类独立的归责原则,因此仍然是过错原则的一种适用方式。实践中,除了法律法规中明确规定了违法行为人的主观状态的情况,行政机关几乎普遍都采用"客观违法"的标准。其原因一方面在于除部分单行法律法规外,《行政处罚法》和绝大多数的单行法中都没有将主观因素设定为必备要件;另一方面则是基于提高执法效率和节省执法资源的实际考虑,不苛求行政机关去探明当事人的主观意志因素。实践中,有实务工作者提出,行政执法中认定违法行为时,对行为人的主观要件要求不严,主要是出于行政管理效率的考量。但从另一个方面来说,执法实践中也不能因构成要件上要求不严格而完全放弃对主观方面的查证,至少应将违法行为人的主观状态作为违法的重要情节予以考虑,体现调查的完整性和处罚的合理性。理解该规定需要注意以下几点:

(1)此处的"主观过错",既包括故意,也包括过失。在市场监管执法领域,《产品质量法》等法律法规明确要求经营者履行进货检查验收义务,生产者履行生产流程质量管控义务等。因此,生产经营者极有可能主观上无故意、非明知,但存在疏忽大意等过失过错。此种情形不属于"没有主观过错",不能适用"无过错不处罚”原则。

(2)当事人对自己“没有主观过错”承担举证责任。这是基于执法效率考量而确定的证明规则。在市场监管部门能够证明当事人的涉案行为,违法主体、客观表现方面符合应予处罚的违法行为要件的情况下,当事人必须提供合法、充分、有效的证据,证明自己“没有主观过错”,才能适用新《行政处罚法》第33条第2款主张不予行政处罚。

(3)“无过错不处罚”规则的例外规定,限于“法律、行政法规另有规定”。地方性法规、规章等其他规范性文件,均无权作出前述例外规定。之所以允许有例外规定,是因为行政管理事项非常繁杂,有些情况下很难区分有无过错或有必要客观归责,对违法财物无论当事人有无主观过错都应予以没收或收缴。

事实上,从行政相对人违反了某种行政管理秩序、违反行政法律规范的客观结果看,可以推定其主观上有故意或者过失。也即行政法律规范一般性地设定了当事人的权利义务,对于行政法规范的违反即可认定是违反了客观注意义务。所以《行政处罚法》原则上并无必要另外增加独立的主观要件,对于部分需要明确规定主观要件的违法行为,可以由单行立法予以明确规定。在此之外,对于这种违法即具有主观过错的推定,可否允许当事人提出反证,证明自己在主观上不存在故意或过失从而免责,可以进行举证。但是,尽管对当事人的违法行为依法不予行政处罚的,行政机关也应当对当事人进行教育。

(三)明确免处罚不免教育

新《行政处罚法》第33条第3款新增“对当事人的违法行为依法不予行政处罚的,行政机关应当对当事人进行教育”的规定。处罚与教育相结合,是《行政处罚法》坚持的重要原则。实施违法行为的当事人,由于其不存在主观过错等原因不予行政处罚的,行政执法机关仍应对其进行教育,指出违法之处,避免其再次违法。

(四)新增智残者违法免罚轻罚规定

原《行政处罚法》第26条对精神病人违法免罚轻罚作出规定。新《行政处罚法》第31条新增规定,明确精神病人在不能辨认或者不能控制自己行为时有违法行为的,也不予行政处罚。尚未完全丧失辨认或者控制自己行为能力的精神病人、智力残疾人有违法行为的,可以从轻或者减轻行政处罚。国家法律明确鼓励残疾人就业，智力残疾人在能力范围内参与生产经营尤其是服务业经营完全可行。新《行政处罚法》生效后，遇到智力残疾人实施或者参与违法经营的，应当依法不予处罚，或依法从轻、减轻处罚。修订后的《行政处罚法》加大了包括未成年人、精神病人和智力残疾人的特殊群体的保护力度，以及酌定考察行为人的控制能力与辨认能力，以及违法行为的严重程度与所造成的后果，规定相应从轻或减轻行政处罚、可以不予行政处罚等情形，符合比例原则。

（五）受骗违法和主动供述应从轻减轻处罚

原《行政处罚法》第 27 条第 1 款列举了四类“应当依法从轻或者减轻行政处罚”的情形，分别是：主动消除或者减轻违法行为危害后果的，受他人胁迫有违法行为的，配合行政机关查处违法行为有立功表现的，以及兜底的“其他依法从轻或者减轻行政处罚的”。新《行政处罚法》第 32 条新增规定，受他人诱骗实施违法行为的，主动供述行政机关尚未掌握的违法行为的，属于“应当从轻或者减轻行政处罚”之情形。该条对兜底的“其他应当从轻或者减轻行政处罚的”情形，明确“法律、法规、规章”均可规定，解决了一直以来存在的地方性法规、部门规章、地方政府规章能否补充“从轻减轻处罚”法定情形的困惑与争论。笔者认为，对《广告法》中有关绝对化广告用语最低罚款 20 万元、《商标法》中有关商业活动中使用“驰名商标”字样“一刀切”罚款 10 万元以及其他实务中容易出现过罚不当的条款，可根据此条规定及时补充减轻处罚的法定情形。

（六）明确处罚裁量基准制定、公布规则

新《行政处罚法》第 34 条总结提炼长期以来的处罚裁量实务经验，明确提出“行政机关可以依法制定行政处罚裁量基准，规范行使行政处罚裁量权。行政处罚裁量基准应当向社会公布。”

从权力的本身属性来看，任何一项权力都是有侵犯性的，总是趋于滥用。自由裁量权的灵活性又决定了它更易于被滥用。自由裁量权的滥用构成的违法往往是隐蔽的，不易为人们识破。在现实生活中相应法律法规对行政自由裁量权的约束较少，给自由裁量权的被滥用留下了隐患。在实际执法中，由于地域不同、个人素质和价值取向不同，导致对法律法规的理解不同，从而也会产生自由裁量权的被滥用。故此，正确地行使自由裁量权须遵循相应的原则和标准：合法性原则、正当性原则和比例原则。《行政处罚法》第 34 条规定：“行政机关可以依法制定行政处罚裁量基准,规范行使行政处罚裁量权。行政处罚裁量基准应当向社会公布。”

实践中,很多省级行政主管部门制定公布了某领域的行政处罚裁量基准,但有些裁量基准存在太原则、考量因素太少、裁量不合理等问题。那么,就某一违法行为的行政处罚裁量问题,省级行政主管部门已制定处罚裁量基准的,设区的市级或者县级行政主管部门能否制定不同的处罚裁量基准,或者在个案处理中能否作出与省级行政部门处罚裁量基准不同的行政处罚?笔者认为,设区的市级及县级行政部门应当执行省级行政部门制定的处罚裁量标准,但也可以在省级行政部门制定的处罚裁量基准所考量因素之外,增加处罚裁量因素,进而调整处罚裁量基准。

四、行政处罚与刑罚的折抵与处罚时效的规定

修订后的《行政处罚法》明确了行政处罚与刑罚折抵问题,第 35 条规定:“违法行为构成犯罪,人民法院判处拘役或者有期徒刑时,行政机关已经给予当事人行政拘留的,应当依法折抵相应刑期。违法行为构成犯罪,人民法院判处罚金时,行政机关已经给予当事人罚款的,应当折抵相应罚金;行政机关尚未给予当事人罚款的,不再给予罚款。”折抵刑期的同时也体现了一事不再罚原则。

第 36 条第 1 款规定:“违法行为在二年内未被发现的,不再给予行政处罚;涉及公民生命健康安全、金融安全且有危害后果的,上述期限延长至五年。法律另有规定的除外。”第 2 款规定:“前款规定的期限,从违法行为发生之日起计算;违法行为有连续或者继续状态的,从行为终了之日起计算。”

另外,《行政处罚法》确立了从旧兼从轻原则,第 37 条规定:“实施行政处罚,适用违法行为发生时的法律、法规、规章的规定。但是,作出行政处罚决定时,法律、法规、规章已被修改或者废止,且新的规定处罚较轻或者不认为是违法的,适用新的规定。”

五、行政处罚的无效

原《行政处罚法》第 3 条第 2 款规定:“没有法定依据或者不遵守法定程序的,行政处罚无效。”学界普遍认为这一规定与行政行为无效理论并不一致,对

行政执法实践和司法实践也缺乏指导作用,甚至会引发无效行政行为与一般违法行政行为认定的混乱。因此,本次《行政处罚法》修改完善行政处罚无效的条款。讨论主要集中在,在行政处罚违反法定程序时,应当如何认定行政处罚的效力?能否因程序违法而认定行政处罚无效?例如一种观点认为,行政处罚不遵守重要程序,可能影响到当事人实体权利和处罚结果的公正性的,才属于无效行政行为。即所谓"违反了重要的程序(为了保护相对方权利的程序等),被认为会对行政行为的实体性结果带来明显的影响时,违反该程序的行为无效",即对于无效情形进行了限缩,强调了程序在促进实体公正上的作用。反之,相反观点则认为,仅从"程序工具主义"角度界定和列举"重大且明显程序违法"及其具体情形是有失偏颇的,还应当列举出基于"程序独立价值"视角的"重大且明显程序违法"情形,即将行政处罚重大且明显违反法定程序独立作为无效事由。修订后的《行政处罚法》第38条规定:"行政处罚没有依据或者实施主体不具有行政主体资格的,行政处罚无效。违反法定程序构成重大且明显违法的,行政处罚无效。"明确了没有处罚依据、不具行政主体资格以及程序违法达到重大且明显程度为行政处罚无效的要件,并强调了程序的独立价值。

第五章　行政处罚的决定

现代法治社会的一个重要特点,是对程序的关注甚于对实体的关注。法治已深入人心,但要判别一个国家是否是实行法治的国家,最可靠的办法就是看它是否有一套能够保证人民当家作主的程序。法治程序是多方面的,行政处罚程序就是国家行政机关行使行政处罚时应遵循的一种顺序步骤要求,是国家法治程序的一部分。

因此,行政处罚程序的设计,必须有利于人民当家作主,保障行政相对人的合法权益,避免行政机关肆意侵犯相对人的合法权益,同时也要有利于行政机关提高效率,及时纠正和惩治违法行为,维护社会的公共秩序和公共利益。所以行政处罚程序的设定,既不能过于简单,使之缺乏对行政机关必要的约束;也不能过于烦琐,使行政机关陷于无限的琐碎之中,而使应当及时纠正和惩治的违法行为得不到及时、有效的纠正和惩治。行政处罚法根据我国的实际情况,学习借鉴外国的一些有益做法,按照既有利于保障公民、法人和其他组织的合法权益,又简便易行,有利于提高行政效率的原则对行政处罚的决定程序和执行程序分别作了规定。

《行政处罚法》第五章是行政处罚的决定,其本质是行政处罚的决定程序,就是行政机关对违法行为决定给予行政处罚时所遵循的程序,所以说,行政处罚法是典型的程序法并不为过。行政处罚决定程序是行政处罚执行程序的前奏程序,也是在行政处罚中"实现实体权利义务的合法方式和必要条件"。[1]根据处罚法定原则,行政处罚的作出必须要有法律明文规定的程序要件,这是

〔1〕 孙笑侠:《法律对行政的控制》,光明日报出版社2018年版,第205页。

程序法治的前提。行政处罚法根据我国的实际情况,区别行政处罚轻重、难易程度,将行政处罚的决定程序分为共同程序、简易程序、普通程序和听证程序。

第一节　行政处罚程序概述

一、行政处罚程序的概念

行政处罚法从结构上划分,包括两部分内容,一是实体部分,即关于设定行政处罚的规定;二是程序部分,即关于行政处罚的实施程序的规定。所谓行政处罚的程序,[1]是指由行政处罚法规定的,在行政处罚实施过程中行政机关和当事人必须遵循的规范和制度。也就是说,行政机关和当事人在行政处罚实施过程中必须依照法定的次序、法定的形式进行,如果违背了法定的、必要的次序和形式,则视为违法。行政处罚直接关系到公民的人身权和财产权,法人和其他组织的财产权,应当对公民、法人或者其他组织的合法权益,通过行政处罚程序的规定予以保障。

行政处罚的程序是保证正确实施行政处罚的重要内容。[2] 原《行政处罚法》当时存在的主要问题是对行政处罚缺少程序方面的法律规定,法律对于行政处罚的规定散见于各个有关法律之中,且只规定行政处罚的行为、种类和幅度,却没有如何进行处罚的程序性的规定;行政处罚缺少必要的程序,没有规范,由此带来了不少消极后果等。针对这一问题,所以进行了行政处罚程序统一立法。解决了诸如:行政处罚存在随意性,有利争着罚,无利不愿管;不向被处罚人说明理由,也不允许当事人申辩,影响了行政处罚的公正性;有些行政机关利用罚款,谋取小团体利益,甚至出现贪污腐败等问题。但如何根据我国的实际情况规定一个既便于操作,有利于提高行政工作效率,又能保证行政机关依法行政、保护当事人合法权益的行政处罚程序依然是非常重大的课题。新《行政处罚法》针对实际存在的问题,对行政处罚的程序作出了更加具体完备的

[1] 参见王学辉主编:《行政法学》,中国检察出版社 2002 年版,第 193 ~ 195 页。

[2] 参见陈新民:《中国行政法学原理》,中国政法大学出版社 2002 年版,第 72 ~ 73 页。

法律规定。

二、行政处罚程序的基本原则

行政处罚程序的基本原则是从保障和监督行政机关有效地实施行政管理,维护公共利益和社会秩序,保护公民、法人或者其他组织合法权益出发确立的。行政处罚程序的基本原则主要有公平与效率兼顾的原则,公开与公正的原则,对行政机关依法制约的原则。

(一)公平与效率兼顾的原则[1]

行政处罚的实施是行政处罚中最根本、最重要的中心环节。实施行政处罚的核心是充分保障行政机关依法独立行使行政处罚权。也就是说,实施行政处罚的过程是依法充分保障行政处罚权不受法外权力和其他法外因素干扰的过程。因为,实施行政处罚是行政机关单方面意志的体现,不需要相对一方的同意,并且往往还要违背相对一方的意愿。因此,如果行政机关没有充分的处罚权并独立予以行使,其意志就会因相对一方的抵制或者其他方面的干扰而难以实现,就不可能保证行政处罚权的有效实施。

在民事活动中,当事人的法律地位是平等的,没有高低、上下之分,不是领导与服从的关系。民事活动遵循自愿、公平、等价有偿、诚实信用的原则。行政活动则不然,国家行政机关在行政管理活动中,它与公民、法人或者其他组织是管理与被管理的关系,不是平等的关系。行政机关拥有宪法、法律授予的行政管理权力,对公民、法人或者其他组织违反法律、法规的行为,行政机关就具有依法处理的权力,不需要通过其他途径来保护利益、主张权利。因此,行政处罚法通过程序上的规定,来保障行政机关的行政效率,使行政机关能够有效行使行政处罚权。这些规定主要有以下几个:

(1)规定了行政处罚的简易程序,执法人员可以当场作出行政处罚决定。

(2)行政处罚法规定,对于一般行政处罚案件,经调查终结,执法人员应当提出处理意见,由行政机关行政负责人对调查结果进行审查,根据不同情况,由

---

〔1〕 参见姜明安主编:《行政法与行政诉讼法》,北京大学出版社、高等教育出版社1999年版,第263~264页。

行政负责人批准,作出行政处罚决定;对于案情复杂、重大违法行为给予行政处罚案件,行政处罚决定应当由行政机关的负责人集体讨论。

(3)在对行政处罚案件的调查过程中,行政处罚法规定,行政机关为了公正、及时、客观地进行调查、收集证据,必要时,根据法律、行政法规或者地方性法规的规定,可以采取检查措施。

(4)在执行程序方面,行政处罚法对于行政机关的执行措施作出了具体规定。即当事人逾期不履行行政处罚决定的,作出行政处罚决定的行政机关可以采取以下措施:到期不缴纳罚款的,每日按罚款数额的3%加处罚款;根据法律规定,将查封、扣押的财产拍卖、依法处理或者将冻结的存款、汇款划拨抵缴罚款;或者采取其他强制执行方式。这些措施强有力地保证了行政机关的执法力度。

行政处罚程序是行政程序的一个组成部分,应当体现提高行政效率和保护公民权利的双重作用。一方面,行政处罚的实施要求是一个迅速的执法过程,违法行为应当尽快予以追究,以保障社会秩序的稳定和有序。因此,行政处罚程序必须具有促进行政效率的功能。另一方面,行政处罚的实施中,行政权始终居于主导地位,当事人在强大的行政机关面前显得较为弱小。因此,行政处罚程序保障公民权利的作用就显得十分重要。良好的行政程序不仅需要效率,而且需要公平,必须同时兼顾行政效率和当事人的利益。行政处罚法从程序上注重保障公民、法人或者其他组织的合法权益,体现公平与效率兼顾的原则,作出的具体规定主要有以下几个:

对当场作出行政处罚决定的,行政处罚法规定,执法人员应当向当事人出示执法证件,告知当事人作出行政处罚决定的事实和依据以及当事人依法享有的权利;处罚时应当填写预定格式、编有号码的行政处罚决定书,并当场交付当事人;行政处罚决定书应当载明当事人的违法行为、行政处罚的种类和依据、罚款数额、时间、地点,申请行政复议、提起行政诉讼的途径和期限以及行政机关名称,并由执法人员签名或者盖章,执法人员当场作出行政处罚决定的,应当报所属行政机关备案。

对于较大数额的罚款,没收较大数额的违法所得、没收较大价值非法财物,降低资质等级、吊销许可证件,责令停产停业、责令关闭、限制从业等其他较重的行政处罚以及法律、法规、规章规定的其他情形,当事人要求听证的,行政机关在作出行政处罚决定之前,应当组织听证。对于听证程序,规定当事人可以亲自参加听证,也可以委托一至二人代理;除涉及国家秘密、商业秘密或者个人隐私外,听证公开举行;听证应当制作笔录,笔录应当交当事人或其代理人核对无误后签字或者盖章;当事人不承担行政机关组织听证的费用。听证程序是行政处罚程序中的特别程序,在听证程序中,行政机关中的调查办案人员与当事人完全处于平等的法律地位,对于双方事实认定有分歧的重大行政处罚案件,通过听取当事人的陈述和申辩,行政机关调查办案人员与当事人双方对事实和证据的质疑,进一步澄清事实和核实证据,以保证案件的正确解决。听证程序的规定,是公平原则的具体体现。

(二)公开与公正的原则

1. 公开原则

行政处罚程序公开原则要求行政机关增加行政活动的开放度和透明度,让当事人了解行政处罚全过程,了解给予行政处罚的事实、证据、法律依据、法律救济途径等,以确认自己是否违法以及处罚是否合法。公开原则是保证行政处罚结果公正合理的必备条件。公开,一是有关行政处罚的规定要公布,使公民和组织能够知道。《行政处罚法》第5条第2款规定:“对违法行为给予行政处罚的规定必须公布;未经公布的,不得作为行政处罚的依据。”二是实施行政处罚要公开,以便人民群众进行监督。行政处罚法规定,执法人员当场作出行政处罚决定的,应当向当事人出示执法证件,填写预定格式、编有号码的行政处罚决定书,并当场交付当事人。行政处罚决定书应当载明当事人违法行为、行政处罚的种类和依据、罚款数额、时间、地点,申请行政复议、提起行政诉讼的途径和期限以及行政机关名称,并由执法人员签名或者盖章。行政处罚的公开原则主要体现在表明身份、出示依据、说明理由、告知权利等程序中。行政处罚法还规定,行政机关组织听证,除涉及国家秘密、商业秘密或者个人隐私依法予以保密外,听证一律公开举行。

2. 公正原则

行政处罚程序的公正原则要求在实施行政处罚过程的每一个环节、步骤和方法上都要以公正为核心,以保证行政处罚的合理性和合法性。《行政处罚法》

第5条第1款、第2款规定："行政处罚遵循公正、公开的原则。设定和实施行政处罚必须以事实为依据，与违法行为的事实、性质、情节以及社会危害程度相当。"这一规定直接表明，公正的原则体现在严格依法实施行政处罚，必须查明事实，以事实为依据，处罚结果做到与违法行为的事实、性质、情节及社会危害程度相当，也就是通常所说的"过罚相当"，做到这一点，行政机关实施行政处罚才是公正的。行政机关在行政处罚过程中，只有坚持公开、公正的原则，行政处罚才能真正做到正确、有效。

（三）对行政机关依法制约的原则

这就是理论上常说的"程序控权原则"。现代法治国家必须对行政机关行使的行政权有一定的制约和监督。行政处罚的实施，直接涉及公民、法人或者其他组织的权益，更需要对行政机关依法制约与监督。这是行政处罚法对行政处罚程序的规定中所体现的一个重要原则。

1. 遵守处罚法定原则

《行政处罚法》第4条规定："公民、法人或者其他组织违反行政管理秩序的行为，应当给予行政处罚的，依照本法由法律、法规、规章规定，并由行政机关依照本法规定的程序实施。"也就是说，凡法律、法规或者规章没有规定行政处罚的，公民、法人或者其他组织不受行政处罚，用法律语言讲就是"法无明文规定不为过"；凡对公民、法人或者其他组织给予行政处罚，行政机关不遵守法定程序，即超越行政处罚法规定的程序而实施行政处罚的，行政处罚行为无效。这个法定原则，是对行政机关的重要制约。当前人民群众反映强烈的乱罚款、滥处罚的问题，追其根源，无不在于行政机关无视法律、法规的有关规定，滥用权力，随意对公民、法人或者其他组织进行罚款。行政处罚法确立了"法无明文规定不为过""没有法定依据，超越法定程序行政处罚无效"制约和规范行政机关的原则，就能够正确地运用行政处罚的手段，保障行政管理的有效实施。[1]

2. 行政机关必须履行实施行政处罚过程中的义务

这些义务包括：告知当事人享有权利的义务；告知当事人给予行政处罚的依据与事实的义务；听取当事人陈述、申辩和意见的义务；出示身份证件、表明

[1] 参见袁曙宏：《行政处罚——一个重要的行政法学范畴》，载《中国法学》1994年第6期。

执法身份的义务；出具行政处罚决定书，并在决定书上签名或者盖章的义务；调查、取证必须依照法定程序执行公务的义务；执行回避和报告备案的义务等。行政处罚法对行政机关在实施行政处罚过程中必须履行的义务作出了明确、具体的规定，行政机关及其执法人员必须予以遵守。这些在程序上的一系列对行政机关的制约性的规定，对于保证行政处罚的行之有效，是十分必要的。

3. 上级行政机关应当加强对下级行政机关的监督检查

《行政处罚法》第 75 条规定："行政机关应当建立健全对行政处罚的监督制度。县级以上人民政府应当定期组织开展行政执法评议、考核，加强对行政处罚的监督检查，规范和保障行政处罚的实施。行政机关实施行政处罚应当接受社会监督。公民、法人或者其他组织对行政机关实施行政处罚的行为，有权申诉或者检举；行政机关应当认真审查，发现有错误的，应当主动改正。"行政机关要建立对行政处罚的监督制度，行政机关的执法机构应当严格执行备案制度和请示报告制度，执法人员当场作出的行政处罚决定，要及时地向自己所属的行政机关报告备案，以便发现错误及时纠正；执法人员调查行政处罚案件过程中，要将调查取证情况、需要采取的必要措施以及依法应该给予的行政处罚向所属的行政机关负责人报告、请示，以便行政机关负责人作出正确的行政处罚决定；对于当事人对作出的行政处罚决定提出的申诉，或者对行政机关及其执行法人员在行政处罚过程中的违法情况的检举，行政机关应当认真审查，发现行政处罚有错误的，通过行政机关的内部监督机制，主动予以纠正。

违反行政处罚法关于程序方面的规定，行政机关的执法人员应当承担法律责任。《行政处罚法》第 76 条规定："行政机关实施行政处罚……（一）没有法定的行政处罚依据的；（二）擅自改变行政处罚种类、幅度的；（三）违反法定的行政处罚程序的；（四）违反本法第二十条关于委托处罚规定的；（五）执法人员未取得执法证件的。行政机关对符合立案标准的案件不及时立案的，依前款规定予以处理。"行政机关对当事人进行处罚不使用罚款、没收财物单据或者使用非法定部门制发的罚款、没收财物单据的；行政机关违法自行收缴罚款的；行政机关将罚款、没收的违法所得或者财物截留、私分或者变相私分的；执法人员利用职务上的便利，索取或者收受他人财物、将收缴罚款据为己有；行政机关违法实行检查措施或者执行措施，给公民人身或者财产造成损害、给法人或者其他组织造成损失的;行政机关对应当予以制止和处罚的违法行为不予制止和处罚,致使公民、法人或者其他组织的合法权益、公共利益和社会秩序遭受损害等行为的,对直接负责的主管人员和其他直接责任人员依法给予处分;构成犯罪的,依法追究刑事责任。因此,行政机关必须坚持依法行政原则,实施行政处罚以事实为依据,以法律为准绳,并严格遵守法定程序,才能够实现行政处罚的目的,纠正违法行为,维护公共利益和社会秩序,教育人民群众自觉守法,有效实施行政管理。

三、当事人在行政处罚程序中的权利与义务

行政处罚是行政机关对经济生活和社会秩序进行管理的重要法律手段之一。从行政执法方面来说,行政处罚是行政管理中运用频率最高、处罚适用范围最广,同时也是最有可能侵犯当事人的合法权益的行政执法手段。当事人在行政处罚过程中处于相对弱小、与行政机关不平等的地位。因此容易产生行政机关对当事人随意惩治,导致滥施处罚或者专横处罚的现象。行政处罚法对当事人在行政处罚过程中享有的权利作了充分的规定,以保护当事人的合法权益,[1]防止行政机关滥用行政处罚权。

在行政处罚过程中,当事人的权利义务与行政机关的权利义务应当是相对应的。行政机关的权利即表现为当事人的义务,行政机关的义务则表现为当事人的权利。当事人在行政处罚过程中应当享有的权利可以分为程序性权利与诉讼性权利。程序性权利主要是被告知的权利、辨认身份的权利;诉讼性权利主要是受到损害有获得赔偿的权利,不服行政处罚决定有申请行政复议或者提起行政诉讼的权利。当事人的义务,总体来说就是遵守行政管理秩序的规范的义务,违反了行政管理秩序的有关法律、法规或者规章的规定,行政机关依法应当给予当事人行政处罚。这里所说的当事人的义务,是指当事人在行政机关实施行政处罚过程中应当履行的义务。

(一)当事人在行政处罚程序中的权利

当事人在行政处罚程序中应当享有以下权利:

---

[1] 参见王学辉主编:《行政法学》,中国检察出版社2002年版,第215页。

1. 被告知的权利

即了解权。当事人有知道行政机关给予行政处罚的违法事实、证据以及法律依据等情况的权利。行政处罚法规定:在简易程序中,执法人员当场作出行政处罚决定时,应当告知当事人作出行政处罚决定的事实和依据以及当事人依法享有的权利。告知当事人作出行政处罚的依据和违法事实,是执法人员必须告诉当事人的什么行为是违法的,违反了什么法律、法规或者规章的规定,依据法律、法规或者规章的什么条款应当给予什么样的行政处罚。告知当事人应当享有的权利,是指执法人员必须告知当事人享有的陈述、申辩的权利;若有不服行政处罚决定有申请行政复议和提起行政诉讼的权利。在一般程序中,行政机关在作出行政处罚决定之前,也必须告知当事人对行政机关即将作出的行政处罚决定,可以进行申辩;如果该行政处罚案件属于行政处罚法规定的重大行政处罚案件,行政机关应当告知当事人有要求听证的权利,当事人要求听证的,行政机关应当组织听证;当事人放弃听证权利或者经行政机关通知不到场听证的,行政机关在作出行政处罚决定时,要告知当事人有依法申请行政复议或提起行政诉讼的权利。从法律规定的行政处罚程序中可以看出,当事人享有的被告知的权利,贯穿于行政处罚的全过程。这是为了保障当事人的合法权益所必需的。告知是行政机关执法人员的义务,是必须执行的行政处罚程序。

2. 辨认身份的权利

即当事人有确认对自己进行行政处罚的人员是否具备法定资格的权利。行政处罚法规定,行政执法人员当场作出行政处罚决定的,应当向当事人出示执法证件,表明执法身份。向当事人表明执法身份,存在两种情况,一种是向当事人出示执法证件,表明执法身份;另一种是以岗位明示身份,执法人员在工作岗位上执行公务,即已表明自己的执法身份。如交通警察上岗时,纠正违反交通管理的行为,其本身已经表明了身份,不用出示证件,当事人也能确认其身份。行政处罚法规定,行政机关调查行政处罚案件时,应由两名执法人员共同进行;制作询问笔录、勘验笔录以及申辩笔录、听证笔录,执法人员要和当事人一样,在笔录上签名或者盖章,行政机关制作的行政处罚决定书,应当制有预定格式、编有号码,依照行政处罚法的规定填写行政处罚事项,同时必须加盖行政机关的印章。这些都是保障当事人可以确认执法人员执法资格的权利的规定。

《行政处罚法》第70条规定:"行政机关及其执法人员当场收缴罚款的,必须向当事人出具国务院财政部门或者省、自治区、直辖市人民政府财政部门统一制发的专用票据;不出具财政部门统一制发的专用票据的,当事人有权拒绝缴纳罚款。"执法人员出具罚款收据也是表明是否具备执法资格的方式,执法人员不能出具法定罚款收据,即是违法,系无效的行政处罚行为,当事人当然可以拒绝缴纳罚款。

3. 依法进行申辩、要求听证的权利

即当事人对行政处罚的事实、理由和依据提出自己的主张的权利。在行政处罚过程中,当事人是违反了法律、法规或者规章所规定的行政管理秩序的行政处罚对象,行政处罚是由法定的国家行政机关依职权裁决、依法执行的强制性手段,它对于当事人权益的影响具有普遍性。因此,行政处罚法规定当事人享有进行申辩、要求听证的权利就十分必要。当事人的申辩权、听证权是当事人重要的民主权利,行政处罚程序中规定当事人依法申辩和要求听证制度,是保护当事人合法权益不受侵害的重要法律保障。《行政处罚法》第7条第1款规定,"公民、法人或者其他组织对行政机关所给予的行政处罚,享有陈述权、申辩权"。当事人享有的申辩权,贯穿于行政处罚的全过程,是行政处罚程序的一个重要内容。第44条规定:"行政机关在作出行政处罚决定之前,应当告知当事人拟作出的行政处罚内容及事实、理由、依据,并告知当事人依法享有的陈述、申辩、要求听证等权利。"第45条规定:"当事人有权进行陈述和申辩。行政机关必须充分听取当事人的意见,对当事人提出的事实、理由和证据,应当进行复核;当事人提出的事实、理由或者证据成立的,行政机关应当采纳。行政机关不得因当事人陈述、申辩而给予更重的处罚。"行政机关依据复核结果,依法作出行政处罚决定。关于当事人的听证权利,《行政处罚法》规定,行政机关拟作出较大数额罚款,没收较大数额违法所得、没收较大价值非法财物,降低资质等级、吊销许可证件,责令停产停业、责令关闭、限制从业,其他较重的行政处罚以及法律、法规、规章规定的其他情形之前,应当告知当事人有要求听证的权利,当事人要求听证的,行政机关应当组织听证。这些规定,保障了当事人的申辩权和听证权的行使。

4. 受到损害的获得赔偿的权利

《行政处罚法》第7条第2款规定："公民、法人或者其他组织因行政机关违法给予行政处罚受到损害的,有权依法提出赔偿要求。"这里所说的"行政机关违法给予行政处罚",从程序上讲包含三层意思:一是行政机关违反法定步骤实施行政处罚行为的,如先处罚后查证。二是行政机关违反法定程序实施行政处罚行为的,如执法人员进行当场处罚时,不出具法定罚款收据而收缴罚款。三是行政机关违反法定方式实施行政处罚行为时,如行政机关不依照民事诉讼法有关送达的方式送达行政处罚决定书。行政处罚法规定,行政机关在采取检查措施或者执行措施时,由于行政机关的错误给当事人造成损害的,应当承担赔偿责任。另外,行政机关在实施行政处罚时,依照法律规定,必要时可以采取行政强制措施。行政强制措施直接涉及公民的人身权或者财产权,法人和其他组织的财产权,并且带有很大的强制性。行政机关如果不按照法律规定或者不按照法定程序采取强制措施,往往会给当事人造成很大的损害。行政机关给当事人造成损害的,应当依照国家赔偿法的有关规定承担赔偿责任。当事人因行政处罚致使合法权益受到损害的,依法享有获得赔偿的权利。

5. 不服行政处罚决定申请行政复议或者提起诉讼的权利

当事人不服行政处罚决定申请行政复议或者提起行政诉讼,是对当事人的一种法律救济途径。这是保证行政处罚合法、公正的事后补救措施,是保护当事人的合法权益所建立的救济制度。《行政处罚法》第7条第1款规定:"……对行政处罚不服的,有权依法申请行政复议或者提起行政诉讼。"同时,行政处罚决定书中必须载明"不服行政处罚决定,申请行政复议或者提起行政诉讼的途径和期限"。这种法律制度、法律救济途径,对于行政机关来说,是一种制约和监督;对于当事人来说,则是一项重要的权利。在行政复议或者行政诉讼阶段,特别是在行政诉讼中,当事人的地位不同于在行政处罚过程中,有了实质性的改变。当事人由原来的被动一方变为主导的一方,而行政机关却从主导的一方变为被动的一方。通过行政诉讼,就能够对行政机关的行政处罚行为作出公正的判断,也就能够更全面地维护当事人的合法权益。

(二) 当事人在行政处罚程序中的义务

在维护当事人权利的同时,也必然强调当事人在行政处罚过程中应尽的义务。行政机关如果不拥有行政处罚权力,社会、经济管理秩序就不能得到有效的维护,“没有处罚就没有秩序”。因此,可以说遵守行政管理秩序,遵守法律、法规或者规章的规定,是公民、法人或者其他组织的义务,违反了公民应当履行的义务,行政机关即有权依法给予行政处罚。为了保障行政机关有效履行其行政管理的职权,行政处罚法对公民、法人或者其他组织违反行政管理秩序,应当依法受到行政处罚的,规定了必须履行的义务。

1. 改正违法行为的义务

行政处罚法规定,行政机关依法履行职责的执法人员发现公民、法人或者其他组织有依法给予行政处罚的违法行为的,应当责令其改正或者限期改正违法行为。改正违法行为可以是多种多样的,应针对具体的违法行为作出纠正。如汽车超载,应当首先责令其将超载的货物卸下,而不是简单地只给予罚款后,让超载的汽车继续行驶。对超载的违法行为不予处理,就会人为地造成汽车跑一路、罚一路的现象。改正违法行为也可以是在行政机关决定的期限内,以行动纠正违法行为,如违章建筑,应当在行政机关限定的期限内,予以拆除。又如随地吐痰,应当予以清除等。改正违法行为是违法当事人的义务,违法当事人必须予以履行。

2. 承担民事赔偿责任的义务

《行政处罚法》第 8 条第 1 款规定:“公民、法人或者其他组织因违法行为受到行政处罚,其违法行为对他人造成损害的,应当依法承担民事责任。”当事人因其违法行为给他人造成了损害,依照法律规定,应当承担民事赔偿责任,并不因为受到行政处罚而免除。这一规定对于重处罚、轻赔偿的观念是一个重要的转变。如一个企业生产假冒产品赚钱,损害了广大消费者的合法权益,行政机关有责任予以查处,并给予行政处罚,甚至可以是很重的行政处罚。但是如果不让该企业承担民事赔偿责任,它对消费者、对社会造成的损失和危害就没有得到真正的补偿和惩罚,而成为“交了罚款买合法”,所以,受到行政处罚的当事人不因行政处罚而免除他的民事赔偿责任,依法承担民事责任是违法当事人的义务,违法当事人认真履行这一义务,有助于知法守法,依法办事。

3. 协助行政机关调查的义务

行政机关为了保证行政处罚的正确有效,除当场作出行政处罚决定以外,对于行政处罚案件必须进行全面、客观、公正的调查、取证。违法当事人对于行政机关的调查、取证工作有义务给予支持、协助。行政处罚法规定,对于行政机关的调查或者检查,当事人或者有关人员应当给予协助,不得拒绝或者阻挠,不得销毁或者转移证据;行政机关询问当事人,当事人必须如实回答询问,这是当事人应当履行的义务。这些规定是为了保证行政机关调查工作做到全面、客观、公正,能够依法作出行政处罚决定,不放纵违法行为,也不冤枉处罚好人。同时也必须指出,要求当事人协助调查,并不意味着要承担行政机关调查的经费,满足行政机关要求提供汽车等这些不正当的要求。

4. 履行行政处罚决定的义务

行政处罚是国家行政机关依照法律、法规或者规章的规定对违反行政管理秩序的公民、法人或其他组织所给予的一种制裁措施。行政处罚决定是行政机关代表国家作出的行政行为。行政机关实施行政处罚,是为了维护社会公共秩序和利益,当事人必须服从,当事人应当履行行政处罚决定所设定的义务,否则将会损害国家利益和社会公共利益,影响行政执法的威严和行政机关的威信。在当事人不自觉履行处罚决定时,行政机关可以依法采取执行措施迫使当事人履行,以实现社会公共秩序和利益所要求的状态。《行政处罚法》第 66 条第 1 款规定:“行政处罚决定依法作出后,当事人应当在行政处罚决定书载明的期限内,予以履行。”当事人不申请行政复议也不提起行政诉讼,逾期又不履行行政处罚决定的,行政机关就有权依法采取执行措施予以执行,直至行政机关依法作出的行政处罚决定得到履行。

第二节 共同程序

共同程序是指简易程序和普通程序所应当共同遵循的程序。设置共同程序的目的是保证不论以何种程序作出行政处罚,都能做到客观、公正,使公民、法人和其他组织的合法权益得到应有的保障。所以,共同程序也就是基本程序,是最低程序。共同程序包括以下内容:

一、公示

“阳光是最好的防腐剂。权力只有公开运行,才能防止被滥用。”只有将行政机关运用权力的依据、过程等公之于众,使之接受监督,才能够有效预防权力滥用。公示程序包括信息事前公示与处罚决定公示与执法过程全记录,源于国务院办公厅印发的《关于全面推行行政执法公示制度执法全过程记录制度重大执法决定法制审核制度的指导意见》的规定,这有助于大力促进严格规范公正文明执法,使行政执法能力和水平整体提升,行政执法的社会满意度显著提高。

公示是此次修订《行政处罚法》新增加的内容。具体而言,《行政处罚法》第39条规定:“行政处罚的实施机关、立案依据、实施程序和救济渠道等信息应当公示。”也就是说,需要面向公众公开行政执法主体、职责、权限、依据、程序、救济等。与其相呼应的第48条也是新增条文之一,规定的是行政处罚决定的公示制度,“具有一定社会影响的行政处罚决定应当依法公开”,并且如果存在公开的行政处罚决定被依法变更、撤销、确认违法或者确认无效的情形发生,那么“行政机关应当在三日内撤回行政处罚决定信息并公开说明理由”。这里面出现了“具体有一定社会影响”这一不确定的法律概念,在我国现行法律法规中,《政府信息公开条例》第20条规定,“行政机关应当依照本条例第十九条的规定,主动公开本行政机关的下列政府信息”,包括“实施行政处罚、行政强制的依据、条件、程序以及本行政机关认为具有一定社会影响的行政处罚决定”。也就是说,对于一定社会影响的判断权,由作出行政处罚的机关行使。这两个条文都涉及信息公开,如果不进行行政处罚信息的事前公开,也不进行处罚决定的公开,就是对“民主过程中的公众参与大打折扣”,[1]不利于对行政相对人的知情权、参与权、表达权的保护。《行政处罚法》第47条也是新增条文之一,确立了行政执法全过程记录制度,即“行政机关应当依法以文字、音像等形式,对行政处罚的启动、调查取证、审核、决定、送达、执行等进行全过程记录,归

---

〔1〕[美]斯蒂格利茨:《自由、知情权和公共话语——透明化在公共生活中的作用》,宋华琳译,载《环球法律评论》2002年第3期。

档保存”。

二、查明违法事实

公民、法人或者其他组织有违法行为存在,是进行行政处罚的前提,否则,就是乱处罚。因此,行政机关决定行政处罚前,首先必须查明公民、法人或者其他组织有否违法事实。没有违法事实或者违法事实不清的,不能给予行政处罚。因此,《行政处罚法》第 40 条明确规定:“公民、法人或者其他组织违反行政管理秩序的行为,依法应当给予行政处罚的,行政机关必须查明事实;违法事实不清、证据不足的,不得给予行政处罚。”需要注意的是,这里的“违法事实”是指公民、法人或者其他组织违反行政管理秩序,依法应当给予行政处罚的违法事实。如果违反的不是行政管理秩序,应当给予的不是行政处罚,而是其他处罚的,则不能给予行政处罚。比如,公民的违法行为已构成犯罪,依法应当给予刑事处罚的,不能以行政处罚代替刑事处罚。或者违法行为尚不够行政处罚,应当给予行政处分或者不必给予处罚的,也不能给予行政处罚。另外,新修订的《行政处罚法》中特别增加了“证据不足的”作为不得予以处罚的要件,也就是说,事实是否清楚、证据是否确实充分,是给予行政处罚的前提。所以,查明违法事实是行政处罚必经的首要程序。但在简易程序、普通程序和听证程序中,查明违法事实采用的方法有所不同。适用简易程序的案件,因为违法行为比较轻微,违法事实比较清楚,查明违法事实可以采用比较简单的方法,一般不用调查、检查、先行登记保存等方法;适用普通程序的案件,违法行为比较严重,违法事实也往往比较复杂,要查明违法事实必须采用比较复杂的方法,一般都要采用调查等方法,听证程序本身就是一种调查程序,是在处理较重的违法案件,需要处以较重的行政处罚时适用的一种特殊的调查程序。

三、电子技术执法

《行政处罚法》第 41 条为新增条文。条文内容由 3 款构成,第 1 款规定:“行政机关依照法律、行政法规规定利用电子技术监控设备收集、固定违法事实的,应当经过法制和技术审核,确保电子技术监控设备符合标准、设置合理、标志明显,设置地点应当向社会公布。”第 2 款规定:“电子技术监控设备记录违法事实应当真实、清晰、完整、准确。行政机关应当审核记录内容是否符合要求；未经审核或者经审核不符合要求的，不得作为行政处罚的证据。”第 3 款规定：“行政机关应当及时告知当事人违法事实，并采取信息化手段或者其他措施，为当事人查询、陈述和申辩提供便利。不得限制或者变相限制当事人享有的陈述权、申辩权。”该条文具体规定了非现场执法应当进行的程序，一方面特别强调了电子技术监控设备必须经过法制和技术审核，另一方面为了强调证据的合法性，规定行政机关应当审核记录内容是否符合要求，在实践中应当与该法第 58 条结合使用。

四、执法资格、回避与保密

党的十九大报告提出：建设法治政府、推进依法行政、严格规范公正文明执法。执法人员作为具体实施行政处罚的行政机关工作人员，代表着行政机关乃至国家的形象。《行政处罚法》第 42 条第 1 款规定：“行政处罚应当由具有行政执法资格的执法人员实施。执法人员不得少于两人，法律另有规定的除外。”该款着重强调行政执法资格，也就是说，具体实施行政处罚的人员必须经过资格认证，获取合法证件之后才能进行执法。该条第 2 款又规定：“执法人员应当文明执法，尊重和保护当事人合法权益。”在广大人民群众的心目之中，执法水平与态度是衡量法治政府的重要指标之一。行政执法关系着社会秩序的稳定和人民生活的维护，因此严格执法、文明执法与公正执法三者不可偏废。

新修订的《行政处罚法》第 43 条规定了回避程序。其第 1 款规定：“执法人员与案件有直接利害关系或者有其他关系可能影响公正执法的，应当回避。”而原法第 37 条第 3 款规定：“执法人员与当事人有直接利害关系的，应当回避。”新修订的《行政处罚法》第 43 条第 1 款与原法第 37 条第 3 款相比，扩大了回避人员的范围。也就是说，回避的不仅仅是本案的当事人或者当事人的近亲属、本人或者其近亲属与本案有利害关系，也包括可能影响对案件公正处理的与本案当事人有其他关系的情形。对上述情形，该条第 2 款规定了当事人可以对出现上述情况的人员申请回避。关于这类人员如何进行调查与如何处置他们正在处理的事务，该条第 3 款进一步规定：“当事人提出回避申请的，行政机关应当依法审查，由行政机关负责人决定。决定作出之前，不停止调查。”

科技日新月异发展的今天,“信息技术的飞速发展所带来的不仅包括个人信息为他人所滥用的恶症,还包括政府无限度地搜集和使用个人信息”。[1] 从国家安全、社会公共利益的角度、法人的角度、公民个人的角度来看,与之相关的所有重要数据都需要有额外的保护措施。现已生效的《民法典》人格权编第六章对于公民的个人信息通过法律的规范进行了保护;在2021年8月20日,我国首部《个人信息保护法》已经全国人大常委会表决通过,于11月1日起实施,个人信息保护问题将得到妥善解决。但是个人信息不仅应由私法保护,同样也需要公法进行保护,因为行政权力的侵犯的风险不能忽略。基于此,我国新修订的《行政处罚法》新增第50条即是对行政机关工作人员保密义务的规定:“行政机关及其工作人员对实施行政处罚过程中知悉的国家秘密、商业秘密或者个人隐私,应当依法予以保密。”信息技术的发展不仅在私法意义上可能为他人滥用,在公法意义上也存在国家滥用的风险,如果对于这些个人信息不进行保护,可能会对公民的人身、财产安全和个人隐私构成严重的威胁。因此,只有公法与私法的保护相互配合,才能更好地在大数据时代保护公民的个人信息安全。

五、告知

告知程序来自公民的知情权。我国是由人民当家作主的社会主义国家。政府是由人民通过选举产生的为人民服务的机关,也就是我们常说的是人民的公仆。因此,当行政机关经调查认为公民、法人或者其他组织确有违法行为,依法应当给予行政处罚时,必须向当事人说明违法事实,给予行政处罚的理由和依据,以及当事人受行政处罚时有何权利。这是现代行政法治的一个重要内容,是民主发展的必然要求。因此,《行政处罚法》第44条明确规定:“行政机关在作出行政处罚决定之前,应当告知当事人拟作出的行政处罚内容及事实、理由、依据,并告知当事人依法享有的陈述、申辩、要求听证等权利。”需要注意的是,在原法中的“当事人依法享有的权利”,在新修改的法条中具体体现为“陈

[1] 赵宏:《从信息公开到信息保护:公法上信息权保护研究的风向流转与核心问题》,载《比较法研究》2017年第2期。

述、申辩、要求听证等权利”,并且原法中的“决定”也修改为“拟作出的行政处罚内容”,体现了我国对于公民参与权的保护已有了长足的进步。

告知程序是行政处罚程序不可缺少的重要程序,如果执法人员没有告知当事人本条规定的应当告知的内容,将会导致行政处罚无效。过去的实际工作中,有的执法人员对公民进行处罚时不仅不告知当事人有什么违法事实,处罚的理由和依据,而且反问当事人:“你知道为什么处罚你吗?”如果当事人说不知道,就认为认错态度不好,轻者让人家回去再好好想想,重者则加重处罚当事人。这种作风严重影响了党和政府与人民群众的关系。因此,告知程序看似是小事,其实它涉及谁是国家的主人,要不要为人民服务的这一大是大非问题。为了克服这种情况,《行政处罚法》第 62 条明确规定:“行政机关及其执法人员在作出行政处罚决定之前,未依照本法第四十四条、第四十五条的规定向当事人告知拟作出的行政处罚内容及事实、理由、依据,或者拒绝听取当事人的陈述、申辩,不得作出行政处罚决定;当事人明确放弃陈述或者申辩权利的除外。”因此,今后如果再出现这种不告知甚至反问当事人为什么被处罚的情况,公民可以拒绝接受处罚或者依法提起行政复议、行政诉讼,行政复议机关或者法院应当裁决行政处罚无效。

六、陈述和申辩

陈述和申辩权来自公民的参与权。现代法治国家的一个重要原则是,凡国家机关作出涉及公民切身利益的决定时,公民都有权参与发表意见,陈述理由;国家机关作出对公民不利的决定时,公民还应有权为自己进行辩护。正是根据这一原则,《行政处罚法》第 45 条明确规定:“当事人有权进行陈述和申辩。行政机关必须充分听取当事人的意见,对当事人提出的事实、理由和证据,应当进行复核;当事人提出的事实、理由或者证据成立的,行政机关应当采纳。”陈述就是当事人对行政机关指控的违法行为是否符合事实和提出的行政处罚意见是否合法、恰当发表意见。申辩就是当事人对自己的行为是故意还是过失,是否构成违法进行辩解。很显然,允许当事人的陈述和申辩可以使行政机关对案件作更加全面的考虑,作出的处罚决定更加合法、公正,减少失误和偏差。

有人担心,允许当事人陈述和申辩可能会出现当事人无理蛮缠,使行政处罚决定无法作出,不利于提高行政效率和及时惩罚违法行为。这种担心是有一定道理的。但是当执法人员多用一点耐心,多花一点时间听取别人意见的时候,其实也是在为处罚找合理性。这是问题的一个方面。另一方面,当然也不能让无理取闹、胡搅蛮缠的违法行为人逃避法律的处罚。为了提高行政效率,及时处罚违法行为,执法人员在听取了当事人的陈述和申辩后,就有权径行作出决定。同时,《行政处罚法》区别违法行为的程度和给予行政处罚的轻重,对当事人的陈述和申辩作了不同的要求。对适用简易程序的简单违法案件,当事人的陈述和申辩可以采取简单的方式;对一般程序则要求采取比较正式的方式;对比较复杂,应当处以较重的行政处罚的违法案件,还可以采取听证的程序,让当事人充分陈述和申辩。这样既可以使公民、法人和其他组织的合法权益得到有效的保障,又有利于提高行政效率。

有人提出,允许当事人陈述和申辩虽好,但有的行政机关和执法人员可能会对提出陈述和申辩的当事人加重处罚,从而使当事人的陈述权和申辩权名存实亡。这种担心是有道理的,过去在实践中也确实出现过这种情况。为了切实保障当事人的陈述权和申辩权落到实处,《行政处罚法》第 45 条第 2 款明确规定:“行政机关不得因当事人陈述、申辩而给予更重的处罚。”并在第 62 条规定,行政机关及其执法人员“拒绝听取当事人的陈述、申辩,不得作出行政处罚决定;当事人明确放弃陈述或者申辩权利的除外。”也就是说,以后如果行政机关和执法人员不让当事人陈述和申辩,其作出的行政处罚决定就无效。当事人放弃陈述权和申辩权必须是明确的、能够查证的。无法查证的,应当认为当事人没有放弃陈述权和申辩权。所以,如果当事人表示放弃陈述权和申辩权,执法人员应当记录在案,并让当事人签字,以免事后发生纠纷。

七、应急程序

2020 年是极不平凡的一年,我国在党的正确领导之下,全民齐心,众志成城,谱写了一篇篇可歌可泣的抗击新型冠状病毒肺炎疫情的伟大史诗。其间,我国政府采取了一系列的应急措施,这些措施在学理上称为行政应急。在诸多应急措施之中,既有成功的经验需要总结,也有不合法、不合理的教训有待解决。在这样一个时代背景下新修订的《行政处罚法》中,确立了应急处罚制度。

该法第 49 条规定:“发生重大传染病疫情等突发事件,为了控制、减轻和消除突发事件引起的社会危害,行政机关对违反突发事件应对措施的行为,依法快速、从重处罚。”

根据这一条文,我们需要明确两点重要内容:其一是“等突发事件”中突发事件的内涵和外延的确定;其二是“依法快速、从重处罚”应当如何平衡应急效率与公民权益保护。对于突发事件的认定,我们可以参照我国《突发事件应对法》第 3 条第 1 款的规定,即“本法所称突发事件,是指突然发生,造成或者可能造成严重社会危害,需要采取应急处置措施予以应对的自然灾害、事故灾难、公共卫生事件和社会安全事件”。从这一条文的具体列举中,我们可以总结突发事件具有事发突然、影响广泛、具有诸多不确定因素的特点,为避免行政机关滥用该法赋予的应急处罚权,对于突发事件的认定,行政机关需要慎之又慎。对于“依法快速、从重处罚”的实施问题,关键在于对比例原则的正确运用,即“应当与突发事件可能造成的社会危害性质、程度和范围相适应”,[1]也就是说,行政机关在应急状态之下,需要综合处罚法定原则、过罚相当原则与行政应急效率原则,在保障公民的合法权益基础之上,达成减轻社会危害、维护社会秩序的立法原意。

第三节　简易程序

简易程序即当场处罚程序,是指对较轻的违法行为在决定处以较轻的行政处罚时所应当遵循的比较简单的程序。简易程序和听证程序一样,也是一种特殊程序。行政执法有两个重要特点,一是经常性,二是及时性。经常性就是行政执法工作是经常的、大量的;及时性就是行政执法必须讲究效率,不能久拖不决。这两个特点决定了行政执法程序不能一概而论,不能不论案件大小,处罚轻重,都适用一样的程序,否则,行政效率势必受到影响。因此,为了提高行政效率,及时处理违法行为,对一些较轻的违法案件就应当采取比较简单的程序

---

〔1〕 戚建刚:《中国行政应急法学》(第 2 版),清华大学出版社 2020 年版,第 227 页。

处理,“在其被发现后即可认定事实的行政违法行为直接给予处罚,也并不影响受罚人的合法权益,从而确保行政管理的高效性”。[1] 当然,由于程序简单,公民、法人和其他组织的合法权益就可能比较容易受到侵害。所以,对适用简易程序的范围必须加以严格限制,即只能适用于违法行为比较轻微,事实确凿,应处以较轻的行政处罚的案件。因为这类案件如果处罚不当,对当事人的损害也比较轻微。如果采取过于严格的程序,不管对行政机关还是对公民、法人和其他组织来说,都是非常不节省和没有效益的。同时,对简易程序也必须加以必要的规范,不能随心所欲,毫无约束。为此,《行政处罚法》对简易程序的适用范围和基本要求,作了明确规定。

一、简易程序的适用范围

简易程序的适用范围如何划定,是在《行政处罚法》制定过程中争论比较激烈的几个问题之一。最后经过反复研究,新修订的《行政处罚法》提高了起算点,并且规定了法律另有规定的,按照特别法的规定实施。该法第 51 条规定:“违法事实确凿并有法定依据,对公民处以二百元以下、对法人或者其他组织处以三千元以下罚款或者警告的行政处罚的,可以当场作出行政处罚决定。法律另有规定的,从其规定。”需要注意的是,警告和对公民个人处以 200 元以下、对单位处以 3000 元以下的罚款,《行政处罚法》规定的是可以适用简易程序,不是只能适用简易程序。因此,行政机关或执法人员如果认为应当适用普通程序的,仍然可以适用普通程序,不是非适用简易程序不可。但适用什么程序只有行政机关或执法人员有权决定,公民个人可以提出意见,但不能选择,这和听证程序正好相反。在一些偏远、经济比较不发达的地区,行政机关如果认为适用简易程序对公民个人处以 200 元以下、对单位处以 3000 元以下这一罚款数额偏高,适当从低掌握,也是可以的,并不违反法律规定的精神。

二、简易程序的内容

如上所述,简易程序也不能毫无规范,不是没有程序,只是程序比较简单而

[1] 罗豪才、湛中乐主编:《行政法学》(第 4 版),北京大学出版社 2016 年版,第 265 页。

已,《行政处罚法》从提高行政效率和防止乱处罚、滥处罚的需要,对行政处罚的简易程序作了具体规定。

(1)适用简易程序的行政处罚,执法人员可以当场作出处罚决定。当场决定就是发现或者负责调查违法行为的执法人员不必报经行政机关负责人批准就可以直接现场立即作出处罚决定。

(2)执法人员应当向当事人出示执法身份证件,填写预定格式、编有号码的处罚决定书,并当场交付当事人。执法身份证件是指能够表明执法人员具有处罚权力的证明文件或者标志。比如工作证、专门的执法证或者某种证明文件,或者着特定服装、佩戴专门标志、在固定岗位执勤,如在交通岗亭执勤的交通警察,等等。预定格式、编有号码的处罚决定书,是指由行政机关统一印制、统一编号、统一格式、统一内容的处罚决定书。

(3)行政处罚决定书应当载明违法行为、处罚依据、处罚种类或者罚款数额、时间、地点以及行政机关名称、执法人员的签名或者盖章。

(4)执法人员必须将处罚决定书当场交付当事人,并报所属行政机关备案。

这些规定,其目的是避免乱处罚、滥处罚,使公民、法人和其他组织受到处罚后能够投诉有门,如果错罚可以得到依法救济;也有利于克服执法人员乱处罚、滥处罚现象,加强廉政建设。适用简易程序有两个问题需要特别注意:一个是适用简易程序时,仍然必须遵守共同程序,即仍然必须遵守前面介绍的查明事实、告知、陈述和申辩程序。当然适用简易程序时,查明事实、告知、陈述和申辩可以采取比较简单的方式。比如在简易程序中,执法人员现场发现违法行为,如司机闯红灯,交通警察发现后即可当场作出处罚决定,不需要再经过两个人以上的调查。另一个需要特别注意的问题是,简易程序不是与普通程序截然地分离,只是指作出处罚决定、制作处罚决定书和送达处罚决定书几个环节允许采用比较简单的程序,并不是普通程序的所有规定都不适用于简易程序。也就是说,适用简易程序的案件仍然可以适用普通程序中的某些规定,比如普通程序中关于不告知当事人行政处罚内容及事实、理由、依据的行政处罚无效的规定,也应适用于简易程序。又如普通程序中关于调查、检查、先行登记保存等规定,简易程序是否可以适用?或者使用了这些手段,即使只给予警告或者对公民处以 200 元、对单位处以 3000 元以下的罚款,是否也只能按普通程序作出决定？对此法律规定虽然不是很明确，但笔者认为经调查、检查后，发现违法行为存在但比较轻微，事实清楚，证据确凿，依法只应处以较轻的行政处罚时，也可以按照简易程序作出处罚决定，不一定非要按普通程序决定。当然，这个问题还有不同意见，可以进一步讨论研究。

第四节　普 通 程 序

普通程序就是除有特别规定外行政处罚通常所应当遵循的程序。按照《行政处罚法》的规定，除可以适用简易程序和应当适用听证程序外，其他行政处罚都适用普通程序。需要注意的是，可以适用简易程序的案件并不等于必须适用简易程序，其中有一部分案件和部分程序也可能适用普通程序的规定。而应当适用听证程序的案件则必须先经过普通程序。所以说，普通程序其实是适用于所有行政处罚案件的一种通用程序。

普通程序要求相对比较严格，可以使行政机关作出的行政处罚决定比较公正，当然也就比较有利于保护公民、法人和其他组织的合法权益。但由于普通程序要求比较严格，就具体案件的处理而言，行政效率相对会受到一定影响。因此，《行政处罚法》不要求所有行政处罚案件都一律适用普通程序，允许一部分案件适用简易程序处理。这样简易程序和普通程序并行，使行政效率和公民权利的保护都得到应有的照顾。下面就普通程序的适用范围和基本要求作些简要介绍：

一、普通程序的适用范围

根据《行政处罚法》的规定，适用普通程序的案件是属于案情比较复杂或者应处以较重行政处罚的案件。也就是说，适用普通程序有两种情况：一是案情比较复杂，二是应处以较重的行政处罚。这两种情况不是要求同时具备，而是只要具备其中之一，就应适用普通程序。可以适用简易程序的案件，如上所述，如果行政机关认为应当适用普通程序的，也可以适用普通程序。因此，适用普通程序的范围非常广泛，具体包括以下内容：

(1)对公民处以200元以上、对法人或者其他组织处以3000元以上罚款。《行政处罚法》第51条规定,违法事实确凿并有法定依据,对公民处以200元以下、对法人或者其他组织处以3000元以下罚款或者警告的行政处罚的,可以当场作出行政处罚决定。因此,对公民处以200元以上、对法人或者其他组织处以3000元以下的罚款,就应当适用普通程序,不得适用简易程序。

(2)对公民处以200元以下、对法人或者其他组织处以3000元以下的罚款,案情比较复杂或者行政机关认为应当适用普通程序的。

(3)责令停产停业、关闭,限制从业。

(4)暂扣、吊销许可证件,降低资质等级。

(5)没收违法所得、非法财物。

(6)行政拘留,等等。

以上6项除第二项是行政机关选择适用的外,其他5项都必须适用普通程序,行政机关和执法人员都无权适用简易程序处理,否则作出的行政处罚决定无效。而第一、三、四项在适用普通程序的同时,还可能需要进一步适用听证程序。

二、普通程序的内容

(一)调查取证程序

即行政机关发现违法行为后,在进行调查、收集证据活动中所应当遵循的程序。《行政处罚法》第54条第1款规定:"……行政机关发现公民、法人或者其他组织有依法应当给予行政处罚的行为的,必须全面、客观、公正地调查,收集有关证据;必要时,依照法律、法规的规定,可以进行检查。"为了防止行政机关的不作为,在该条第2款中新增加了条文规范行政机关合法的积极作为,即"符合立案标准的,行政机关应当及时立案"。要证明公民、法人或者其他组织是否存在违法行为,必须要有证据。证据就是能够证明违法行为存在的客观事实。

1. 证据的特点

证据具有客观性、关联性和合法性三个重要特点。所谓客观性,就是证据必须是客观存在的事实,而不是人们主观想象或者臆造的东西。所谓关联性,就是证据必须是与案件有关联并能够证明案件真实情况的事实材料，与案件无关的材料不能作为证据。所谓合法性，就是证据必须是符合法律规定的形式，按照法律规定的程序和方式收集的事实材料。不符合法律规定的形式，或者不是按照法律规定的程序和方式收集的材料，不能作为证据。

2. 证据的种类

证据用来证明案件事实，但是"证据是一种材料，它必须依赖于某种有形的载体而存在"，[1]哪些材料可以作为证据，在新修订的《行政处罚法》中有着明确的规定，根据第46条第1款的规定，我们可以得知行政处罚的证据种类包括书证、物证、视听资料、电子数据、证人证言、当事人的陈述、鉴定意见、勘验笔录、现场笔录。

(1)书证，是指以其记载的内容证明案件一部或者全部情况的文字、符号等书面材料。书证的表现形式主要是文字，也可以是某种符号、图形等形式。书证的载体主要是纸张，也可以是其他物品，如木板、石碑、石块等。文书、文件、合同文本、书信等是书证的常见形式。书证的特点是对案情具有直接、明确的证明作用，具有很强的证明力，因此是证据的重要形式。

(2)物证，是指以其外部将征、存在方式、内在质量等证明案件事实的物品。物证的特点是客观性，不含任何主观因素，具有很强的证明力。因此，在调查收集证据的过程中，应当特别注意物证材料的收集。

(3)视听资料，是指录音、摄像以及其他现代化工具、设备记录下来的能够证明案件真实情况的事实材料，如录音机录下的声音、对话，摄像机摄下的事实景象等。视听资料能够比较真实、客观地反映案件的真实情况，因而也是证据的重要形式。但由于科学技术的发展，视听资料很容易造假，因此，视听资料必须经过审查，才能作为证据。

(4)电子数据，是现代互联网科技发展而产生的新证据类型，指的是以数字信号的方式在介质上进行存储、处理和传输的数据。它不仅仅局限于单一的如文字、图像等形式，是由多种形式复合而成，还可以通过电子邮件、电子数据交

[1] 龙宗智等：《司法改革与中国刑事证据制度的完善》，中国民主法制出版社2016年版，第178页。

换、网上聊天记录、博客、微博客、手机短信、电子签名、域名等形式形成。视听资料与电子证据作为证据种类并存是有所区别的：视听资料应限定于以录音、摄像设备如磁带录像机、磁带录音机、胶卷相机等设备形成的数据；而电子数据则更强调数据的记录方式，是指以电子方式记录的数据。由于电子数据证据所依托的载体具有特殊性，因此有必要构建一个完善的电子数据证据认证规则，以保障行政处罚的高效和规则的统一。

（5）证人证言，是指了解违法真实情况的人对案情所作的陈述。《行政处罚法》规定，在行政机关进行调查时，"当事人或者有关人员应当如实回答询问"，据实陈述所了解的情况，不能夸大或者缩小，更不能作虚假的陈述。证人证言是行政处罚的重要证据，执法人员应当认真询问知情人，并作好记录。但证人证言可能因各种因素而失真，比如，证人与当事人有利害关系等，可能会有意或无意作夸大或者缩小的陈述；又如，证人因所见所听所记难免有误，所作的陈述不可能完全真实，因此，对证人证言必须认真分析，不能偏听偏信。

（6）当事人的陈述，这里的当事人的陈述包括违法行为人和违法行为受害人对案件情况所作的陈述。在作出行政处罚决定之前，行政机关必须充分听取当事人即违法行为人的意见，以及违法行为被害人的意见，如假冒伪劣产品的购买人、环境污染的直接受害人等的陈述。对违法行为人和违法行为受害人提出的事实、理由和证据，应当进行复核；违法行为人和违法行为受害人提出的事实、理由和证据成立的，行政机关应当采纳。违法行为人和违法行为受害人的陈述对行政机关查明事实，正确实施行政处罚具有重要意义，因此，行政机关必须充分听取，并制作笔录，作为证据。同时，由于违法行为人和违法行为受害人与案件的处理结果有直接的利害关系，其所作的陈述难免带有片面性，甚至可能夸大或者缩小事实。因此，行政机关对违法行为人和违法行为受害人提出的事实、理由和证据，应当认真进行复核。

（7）鉴定意见，是指有关专门机构或者专家运用自己具有的专门知识对案件中的专门性问题进行的分析、鉴别和判断后所出具的书面鉴定结论。常见的鉴定结论有法医鉴定、司法精神病鉴定、卫生检疫及产品质量鉴定等。鉴定意见是运用科学方法以及专门知识所作的结论，可信度比较高，是行政处罚的重要依据。但由于种种因素的影响，如因取样不科学，送鉴定的材料不够充分、全面,鉴定设备陈旧落后,鉴定人员知识欠缺或方法不当,鉴定人与当事人有利害关系等,有时鉴定意见可能失真。因此,对鉴定意见必须结合其他证据进行综合分析,必要时应当重新进行鉴定,不可把鉴定作为唯一依据。

(8)勘验笔录和现场笔录,是指执法人员对违法行为发生的现场或者物品进行勘验、检查后所作的记录。它是对客观事实的书面反映,是保存原始证据的有效方式。勘验和现场笔录常用于交通事故现场、环境污染现场、人身伤害现场等违法案件。勘验笔录和现场笔录应当尽量详尽、全面地记录勘验和现场情况,以保证笔录的客观性,不能作主观的推断和猜想。记录用词要准确,不能模棱两可。

另外,在《行政处罚法》第46条中明确规定了上述证据的使用准则,第2款规定:"证据必须经查证属实,方可作为认定案件事实的根据。"也就是说,作为认定案件事实根据的证据必须满足合法性、真实性和关联性;第3款规定:"以非法手段取得的证据,不得作为认定案件事实的根据。"也就是说,违背正当程序与保障人权的"毒树之果",使得证据丧失了真实性与合法性的非法证据必须予以排除。参照《最高人民法院关于适用〈中华人民共和国刑事诉讼法〉的解释》的规定,非法手段包括采用殴打、违法使用戒具等暴力方法或者变相肉刑的恶劣手段,采用以暴力或者严重损害本人及其近亲属合法权益等相威胁的方法,采用非法拘禁等非法限制人身自由的方法,以及收集物证、书证不符合法定程序,并且应当予以补正或者作出合理解释而不能补正或者作出合理解释等。

3. 证据的收集方式

根据《行政处罚法》和其他有关法律的规定,证据的收集方式主要有以下几种:

(1)访问证人,收集证人证言和有关证据。执法人员发现违法案件后,应当及时走访了解案件真实情况的人员,认真询问和记录,收集知情人掌握的各种证据材料。

(2)对涉嫌违法的场所、物品依法进行检查。检查就是对可能涉嫌违法的现场进行察看、测验等。检查是一种强制性的调查手段,往往容易造成对公民、法人和其他组织的合法权益的侵害,包括影响其正常的生产经营活动、对物品和名誉造成损害等。因此,检查必须从严限制,即必须有相应的法律、法规明确规定可以进行检查的,执法人员才能进行检查,法律、法规没有规定可以检查的,执法人员就不能擅自进行检查。

(3)抽样取证。抽样取证是在证据较多的情况下,执法人员可以按照科学的抽样方法,抽取一部分物品作为证据。

(4)先行登记保存。先行登记保存是在证据可能灭失或者以后难以取得的情况下所采取的一种证据保全措施。由于这种措施更易对公民、法人和其他组织的合法权益造成侵害,因此,先行登记保存必须从严使用。《行政处罚法》第56条规定,先行登记保存必须经行政机关负责人批准,执法人员不能擅自采取。对证据采取了先行登记保存措施后,行政机关应当在7日内作出处理决定。即对先行登记保存的物品是否属于违法物品、是否没收等问题作出决定。

(5)查封、冻结、扣押。《行政处罚法》没有规定行政机关可以采取查封、冻结、扣押措施,但其他有关法律规定某些行政机关可以采取查封、冻结、扣押措施。因此,它们也是收集证据的三种重要形式。查封、冻结、扣押是三种十分严厉的行政强制措施,是保证行政机关对社会进行有效管理所必不可少的手段。但这三种措施极易对公民、法人或者其他组织的合法权益造成侵害,必须严格控制使用,因此,法律只赋予少数确需必要的行政机关行使,主要是公安、税务、海关、市场监督等部门,法律没有赋予这三种权力的行政机关不能行使。

为了保证行政机关做到依法行政,正确行使调查权和检查权,保证所收集的证据具有客观性,《行政处罚法》第55条第1款明确规定:“执法人员在调查或者进行检查时,应当主动向当事人或者有关人员出示执法证件。当事人或者有关人员有权要求执法人员出示执法证件。执法人员不出示执法证件的,当事人或者有关人员有权拒绝接受调查或者检查。”同时,当事人也应当负有相关的协助义务,该条第2款规定,“当事人或者有关人员应当如实回答询问,并协助调查或者检查,不得拒绝或者阻挠”,也就是说,如果当事人或者其他有关人员非法阻挠执法人员依法进行调查和检查,属于妨碍公务,将有可能被依法追究法律责任。当然,根据该条规定,在询问或者检查的时候,行政机关工作人员也应当制作笔录。

(二)法制机构审核

与原《行政处罚法》相比,新修改的该部分内容将进行法制审核限缩在了重大疑难复杂的案件这一范围内，第 58 条具体列举为：涉及重大公共利益的，直接关系当事人或者第三人重大权益，经过听证程序的，案件情况疑难复杂、涉及多个法律关系的，以及法律、法规规定应当进行法制审核的其他情形。该条在修改中特别增加了“未经法制审核或者审核未通过的，不得作出决定”这一表述。可见，这种重大疑难复杂的案件对社会辐射范围广、对处罚相对人影响程度深，因此行政机关作出的行政处罚需要采取审慎的态度。

并且，法律对从事法制机构审核的人员有严格的资格要求，“行政机关中初次从事行政处罚决定法制审核的人员，应当通过国家统一法律职业资格考试取得法律职业资格”。

（三）行政机关负责人审查调查结果，作出决定

《行政处罚法》第 57 条明确规定：“调查终结，行政机关负责人应当对调查结果进行审查，根据不同情况，分别作出如下决定：（一）确有应受行政处罚的违法行为的，根据情节轻重及具体情况，作出行政处罚决定；（二）违法行为轻微，依法可以不予行政处罚的，不予行政处罚；（三）违法事实不能成立的，不予行政处罚；（四）违法行为涉嫌犯罪的，移送司法机关。对情节复杂或者重大违法行为给予行政处罚，行政机关负责人应当集体讨论决定。”即执法人员对违法行为调查终结后，应当将调查结果和处理意见报行政机关负责人，由行政机关负责人对调查结果进行审查，然后根据不同情况，分别作出决定。

（1）违法事实确凿，根据有关法律、法规或者规章规定应当受行政处罚的，根据情节轻重和具体情况，依照法律、法规或者规章规定的处罚种类和幅度作出行政处罚决定。

（2）违法事实确凿，但比较轻微，依照法律、法规或者规章规定可以不给予行政处罚的，作出不予行政处罚的决定。

（3）违法事实不能成立的，不得给予行政处罚，作出不构成违法的决定。

（4）违法行为已构成犯罪的，作出移送司法机关处理的决定。根据修改后的《刑事诉讼法》的规定，行政机关移送司法机关处理的案件，司法机关应当将处理结果通知移送的行政机关。如果司法机关认为不构成犯罪但应当给予行政处分或者行政处罚的，还应当移送回行政机关，由行政机关再给予行政处罚。

需要明确的是，这里的“行政机关负责人”的含义。行政机关正职领导人当

然毫无疑问有权作出决定,但副职领导人是否有权作出处罚决定,则值得研究。按照行政首长负责制的原则,副职应当无权单独作出决定。但从我国的实际情况看,副职往往都单独分管一个方面的工作,在其分管的工作范围内往往都是单独作出决定,正职也不可能事必躬亲。但不管是由谁作出处罚决定,都是以行政机关名义作出的,行政机关正职领导都应当承担责任。因此,副职是否有权单独作出处罚决定应由行政机关正职领导决定,如果正职允许副职不再报他同意就可以作出处罚决定,实际上就是一种授权。

为了保证行政处罚决定的公正、合法,新修订的《行政处罚法》承接了对情节复杂或者重大违法行为给予行政处罚,行政机关负责人应当集体讨论决定的规定,但是删除了"较重的"这一限定词,也就是说,降低了进入集体讨论的门槛。这一规定是我国民主集中制原则所要求的。我国宪法和地方组织法规定,行政机关实行首长负责制,同时也规定,重大问题应当经政府全体会议或者常务会议讨论决定。集体讨论决定一般要求按照少数服从多数的原则作出决定,但也不是表决制,不是必须实行表决,也不是必须按照表决结果作出决定。如果遇行政首长与多数意见不一致时,行政首长一般不应固执己见,但从法律上讲,行政首长有权依照自己的意见作出决定。因为不管按照什么意见作出决定,最终都要由行政首长负责。

(四)制作行政处罚决定书

行政机关负责人作出行政处罚决定后,应当制作行政处罚决定书。根据《行政处罚法》的规定,行政处罚决定书应当载明以下事项:

(1)当事人的姓名或者名称、地址,以便处罚决定书的送达和执行。

(2)违法事实和证据,即当事人违反法律、法规或者规章有关规定的事实和证据,以证明处罚的依据和便于当事人了解自己的违法所在。

(3)行政处罚的种类和依据,即行政机关决定给予当事人行政处罚的种类和法律、法规或者规章对此类违法行为应当给予何种行政处罚的具体规定。

(4)行政处罚的履行方式和期限,即当事人应当如何履行处罚以及应当最迟在什么时间履行处罚,以便当事人履行。

(5)当事人不服行政处罚决定,申请复议或者提起行政诉讼的途径和期限,即如果当事人不服行政处罚决定,应当向什么机关申请行政复议或者向哪个法院提起行政诉讼,最迟应当在什么时间提出,以便当事人依法申请复议或者提出行政诉讼。

(6)作出行政处罚决定的行政机关名称和作出决定的日期,行政处罚决定是以哪个行政机关、在什么时间作出的,如果是委托处罚应当同时写明委托机关和受委托组织的名称,以便监督和当事人依法申请复议或者提起行政诉讼等。

(7)行政处罚决定书必须加盖作出行政处罚决定的行政机关的印章,如果是委托处罚应当同时加盖委托机关和受委托组织的印章。

(五)决定期限

新修订的《行政处罚法》增加了决定期限的规定,即"行政机关应当自行政处罚案件立案之日起九十日内作出行政处罚决定"。另外还规定,"法律、法规、规章另有规定的,从其规定",也就是说,在证券、环境保护等特殊的行政处罚领域,可以根据相应领域的法律、法规、规章作出特殊规定。

(六)送达行政处罚决定书

行政处罚决定书应当在向当事人宣告后当场交付当事人,如果当事人不在场,行政机关应当在7日内依照《民事诉讼法》的有关规定,将行政处罚决定书送达当事人。根据《民事诉讼法》的规定,送达文书即送达行政处罚决定书必须有送达回证,由受送达人即被处罚当事人在送达回证上记明收到日期,签名或者盖章。送达方式有直接送达、留置送达、委托送达或者邮寄送达、转交送达、公告送达、涉外送达六种。

(1)直接送达,是指由送达人,一般是执法人员或者行政机关负责分送文书的工作人员,直接将处罚决定书送交当事人。当事人是公民的,本人不在时,交他的同住成年家属签收;当事人是法人或者其他组织的,应当由法人的法定代表人或者其他组织的主要负责人签收,或者该法人、组织负责收件的人签收;当事人指定代理人或代收人代收的,可以送交其代理人或者代收人签收。当事人的同住成年家属,法人或者其他组织负责收件的人,代理人或者代收人在送达回证上签收的日期为送达日期。

(2)留置送达,是指受送达人或者他的同住家属拒绝接受处罚决定书的,送达人应当邀请有关基层组织或者所在单位的代表到场,说明情况,在送达回证上记明拒收事由和日期，由送达人、见证人签名或者盖章，把处罚决定书留置在当事人的住所，即视为送达。

(3)委托送达或者邮寄送达，是指直接送达有困难的，即当事人不在本行政区域而且距离较远的，可以委托其他行政机关代为送达，或者邮寄送达。邮寄送达的，以回执上注明的收件日期为送达日期。

(4)转交送达，是指受送达人是军人的，通过其所在部队团以上单位的政治机关转交。受送达人是被监禁的，通过其所在监所转交。代为转交的机关、单位收到处罚决定后，必须立即交受送达人签收，以在送达回证上的签收日期为送达日期。

(5)公告送达，是指受送达人下落不明，或者以上几种送达方式无法送达的，可以采用公告的方式送达。采用公告方式送达的，自公告之日起，经过 60 日，即为送达。公告送达，应当在案卷中记载原因和经过。

(6)涉外送达，是指受送达人不在中华人民共和国领域内时所采取的特殊送达方式。

需要注意的是，以上各种送达方式是《民事诉讼法》根据法院送达诉讼文书的需要所作的规定，基本上都适用于送达行政处罚决定书，但不能完全照搬，有些可能需要作适当改变，如委托送达只能委托行政机关，不宜委托法院；有些可能很少适用，如处罚决定书的送达可能很少涉及涉外送达。另外，《行政处罚法》第 61 条第 2 款引入了"行政处罚决定书"的概念，法条规定"当事人同意并签订确认书的，行政机关可以采用传真、电子邮件等方式，将行政处罚决定书等送达当事人"，这样规定减少了送达成本，提高了行政效率。

最后，需要说明的是，适用普通程序时仍然应当适用共同程序，特别是告知程序、陈述和申辩程序。为此，《行政处罚法》在普通程序的最后一条即第 62 条特别规定："行政机关及其执法人员在作出行政处罚决定之前，未依照本法第四十四条、第四十五条的规定向当事人告知拟作出的行政处罚内容及事实、理由、依据，或者拒绝听取当事人的陈述、申辩，不得作出行政处罚决定；当事人明确放弃陈述或者申辩权利的除外。"

第五节 听证程序

听证程序是指处理案情较复杂或者较重的违法行为应处以较重的行政处罚时，在适用了普通程序的基础上，经当事人要求进一步适用的一种特殊程序。因此，听证程序不是一个单独存在的完整程序，必须依赖于普通程序，是在普通程序上增加适用的一种程序。是否适用听证程序的主动权在当事人，而不在行政机关，只要符合适用听证程序的条件，是否适用听证程序，应由当事人决定。只要当事人要求听证，行政机关就必须进行听证，不能不进行。

听证程序是西方国家行政程序中运用广泛、备受推崇的一个重要程序。最早确立听证制度的是1946年美国的《联邦行政程序法》，这个法律规定，凡行政机关作出涉及公民利害关系的行政决定，包括制定行政规章和行政裁决，都应当给予利害关系人发表意见的机会，除非法律有例外规定。因此，听证程序构成了美国联邦行政程序法的核心内容。美国联邦程序法的颁布，改变了传统行政法的效率优先原则，把保障公民基本权利和对行政权的行使进行控制作为行政法的一个重要原则。随后，许多国家纷纷效仿，都在本国制定的行政程序法律中规定了听证原则。如西班牙1958年的《行政程序法》、德国1976年的《违反秩序法》、日本1993年的《行政程序法》等。听证程序的确立，确实对促进行政的公开化、民主化，保障公民的合法权益，避免行政专断，起到了极其重要的作用。因此，有的学者把听证程序称为现代行政法的核心。但由于听证程序是行政过程中适用的一种类似于司法程序的特别程序，相对来讲，行政效率会受到一定的影响。因此，听证程序只能适用于部分行政行为，如果适用范围过宽，势必会使行政效率大大减低，增加执法成本和纳税人的负担，影响对违法行为的及时处理。因此，许多国家在规定听证程序的时候，也规定了一些例外，允许某些较轻的行政处罚可以不经听证即可作出。

有道是“当政府全力对付一个个人时，公众注意是对专断和不正义的一个有效制约”,[1]然而在我国《行政处罚法》制定过程中,对是否规定听证程序一直存在比较大的分歧。最后经过反复研究,大多数的意见认为,听证程序对提高行政执法的透明度,增强行政执法的公正性,保护当事人的合法权益,确实起到了非常积极的作用。虽然它是西方资本主义国家创造的,但它已经成为人类文明的一部分,是人类社会的共同财富,可以为不同的国家和不同的阶级利用。同时,考虑到我国行政管理范围宽泛,需要给予行政处罚的违法案件较多这一实际情况,比较一致的意见主张对适用听证程序的范围作适当限制,不要太宽。最后,经过反复研究,各方面比较一致地主张适用听证程序的范围应限于决定处以较重的行政处罚案件。因为较重的行政处罚如果出现偏差,会对公民、法人或者其他组织造成比较严重的损害,事后也往往难以得到比较妥当的补救或者补救代价太高。因此,对这类行政处罚应当比较慎重,应当尽量多听取当事人和有关方面的意见,特别是不同意见,以便作出的行政处罚决定能够更加客观、公正、减少失误。

一、听证程序的适用范围

新修订的《行政处罚法》根据我国的实际情况在以往的基础之上,增加规定了六种情况可以适用听证程序。

(1)较大数额的罚款。较大数额的罚款会直接对公民、法人或者其他组织的财产造成损害,因此,必须十分慎重。但多少数额属于较大数额,《行政处罚法》没有明确规定,这是因为我国各地情况差别太大,很难作出统一规定,所以只能由各地可以根据本地的经济发展水平再作出进一步的具体规定。

(2)没收较大数额违法所得、没收较大价值非法财物。

(3)降低资质等级、吊销许可证件。其中,吊销许可证件包括吊销执照,即营业执照和执业资格证照,如企业营业执照、出租汽车运营执照、司机驾驶执照等。有人认为吊照应限于营业执照,吊销执业资格证照不必听证。但就个人而言,吊销执业资格证照所造成的损害往往比吊销营业执照更严重。比如吊销出租汽

[1] [美]迈克尔·D.贝勒斯:《程序正义——向个人的分配》,邓海平译,高等教育出版社2005年版,第21页。

车运营执照，司机还可以重新申请办理新的运营执照，但驾驶执照被吊销，就连重新申请的资格都没有了。律师资格、注册会计师资格、医师资格等也是一样。

(4)责令停产停业、责令关闭、限制从业。

(5)其他较重的行政处罚。如果还有其他行政处罚可以适用听证程序，该款为地方根据本地实际情况自由选择扩大适用听证程序留有余地。所以，一些地方如果条件具备，适当扩大适用听证程序的范围，是可以的，是符合《行政处罚法》精神的。

(6)法律、法规、规章规定的其他情形。

在立法过程中，关于听证程序的适用范围争论比较大的一个问题是，行政拘留是否允许听证。许多人主张允许听证，理由是行政处罚重莫过于限制人身自由，其他处罚可以举行听证，限制人身自由更应该可以听证。这种意见是有道理的。许多国家凡限制人身自由的处罚都必须经过法院审判。但行政拘留时间很短，而且往往需要立即执行，要求举行听证确实很难操作。《治安管理处罚法》对行政拘留已经规定了比较完备的程序，实践证明，按照《治安管理处罚法》的规定办，公民的合法权益是能够得到有效保障的。因此，在 2017 年修订的《行政处罚法》中，第 42 条第 2 款这样规定："当事人对限制人身自由的行政处罚有异议的，依照治安管理处罚法有关规定执行。"与其相对应的《治安管理处罚法》第 107 条规定："被处罚人不服行政拘留处罚决定，申请行政复议、提起行政诉讼的，可以向公安机关提出暂缓执行行政拘留的申请。公安机关认为暂缓执行行政拘留不致发生社会危险的，由被处罚人或者其近亲属提出符合本法第一百零八条规定条件的担保人，或者按每日行政拘留二百元的标准交纳保证金，行政拘留的处罚决定暂缓执行。"有学者认为，近年来的处罚趋势不再局限于《治安管理处罚法》的"治安拘留"、《道路交通安全法》中的"交通拘留"和《海关法》中的"海关拘留"，而是扩展到环保和网络安全等领域，因此，这一立法需求显得更为迫切。[1] 虽然在 2021 年生效的新修订的《行政处罚法》第 64 条删除了对应的表述，但是在其第 63 条第 5 项中规定的内容是行政机关拟作

〔1〕 参见李洪雷：《论我国行政处罚制度的完善——兼评〈中华人民共和国行政处罚法（修订草案）〉》，载《法商研究》2020 年第 6 期。

出其他较重的行政处罚，也应当告知行政相对人听证的权利。也就是说，对于行政拘留这样的限制公民人身自由的处罚是包含在听证程序适用范围内的。

二、听证程序的内容

根据《行政处罚法》的规定，听证程序包含以下内容：

1. 行政机关告知当事人有要求听证的权利

由于我国的听证程序不是普遍适用，因此，什么情况下可以举行听证，行政机关应当告知当事人，否则当事人的听证权就无法得到实现。因此，《行政处罚法》第63条第1款明确规定："行政机关拟作出下列行政处罚决定，应当告知当事人有要求听证的权利，当事人要求听证的，行政机关应当组织听证：……"如果行政机关不告知当事人这一权利，行政处罚决定无效。

2. 当事人提出举行听证要求

当事人在得知可以要求举行听证后，是否提出要求，应当尽快决定，不能长期拖延。根据《行政处罚法》第64条第1项的规定："当事人要求听证的，应当在行政机关告知后五日内提出。"当事人的要求一般应当书面提出，以备查考。如果当事人在行政机关告知的时候当面口头提出要求，行政机关应当记录在案，并视为已经提出要求。

值得研究的一个问题是，如果当事人没有提出要求，行政机关是否可以主动举行听证？对此，《行政处罚法》没有规定。但从立法本意看，一般来说应当是可以的，但如果当事人承认违法事实，并表示愿意接受行政机关给予的行政处罚，不同意举行听证的，行政机关则不应当举行听证。一般来说，行政机关决定举行听证是出于以下四种情况：一是《行政处罚法》没有规定当事人可以要求举行听证，如处以没收非法所得或者非法财物、拘留等处罚，行政机关认为有必要举行听证的；二是案情比较复杂，行政机关认为通过举行听证有利于进一步查清案情的；三是当事人希望举行听证，但没有在行政机关告知可以要求听证的5日内提出要求的，或者当事人意愿表示不太明确的；四是行政机关认为可以通过举行听证扩大宣传，加强法制教育，而当事人不反对举行听证的。

3. 行政机关将举行听证的时间、地点通知当事人

行政机关在当事人要求举行听证后，应当尽快做好准备，并在决定举行听

证的 7 日前，将举行听证的时间、地点通知当事人。

4. 听证一般应当公开举行

公务公开原则源于公民的知情权和监督权。凡国家机关的活动只要允许公开的都应当公开进行，这是现代民主的一个重要内容。公务公开，一方面有利于群众对国家机关的监督，另一方面也有利于对公民进行法制宣传和法制教育，提高公民的守法意识和守法水平。同时，为了维护国家安全和公民、法人或者其他组织的合法权益，对不应当公开的内容则不能公开。因此，《行政处罚法》规定，涉及国家秘密、商业秘密或者个人隐私依法予以保密的，听证不公开举行。是否涉及国家秘密、商业秘密或者个人隐私当事人最清楚，因此，听证不公开举行一般应由当事人提出要求。当事人没有提出要求的，行政机关可以提出建议。如果当事人坚持公开举行，除非确实涉及国家秘密，否则应当公开举行。

5. 非本案调查人员主持听证

为了保证听证的客观、公正，避免先入为主，《行政处罚法》规定听证由非本案的调查人员主持。调查人员只是听证的一方，在听证活动中与当事人处于平等地位，以便当事人没有顾虑地发表意见，这是各国通行的做法。当事人如果认为主持人与本案有直接的利害关系，有权提出回避。主持人应当自觉回避或者由行政机关负责人决定是否回避。所谓直接的利害关系，是指个人之间的直接利害关系，比如有个人恩怨、私人经济关系等，不是指公务上的直接利害关系。

6. 当事人可以亲自参加听证，也可以委托一人至二人代理

代理人可以是近亲属，也可以是律师。代理人在听证活动中的行为视为委托人的行为，由委托人承担法律后果。因此，当事人委托代理人一般应当向听证主持人递交书面委托书，或者在听证会举行前向主持人说明，并记录在案。

7. 当事人及其代理人无正当理由拒不出席听证或者未经许可中途退出听证的，视为放弃听证权利，行政机关终止听证

这是 2021 年生效的《行政处罚法》新增的内容。听证程序的目的是充分保障公民权利，并能促进行政处罚合法性的提高。如果公民明示放弃该项权利，那么根据行政效率的原则，行政机关应当终止听证。

8. 调查人员提出当事人违法的事实、证据和处罚建议，当事人进行申辩和质证

调查人员作为听证的一方根据调查结果，先提出当事人违法的事实、证据和建议给予行政处罚的种类、幅度的意见；然后由当事人针对调查人员提出的违法事实是否存在，证据是否真实，给予的行政处罚意见是否合法和恰当，提出申辩和证明材料。调查人员和当事人是否可以要求证人出席听证会作证，《行政处罚法》没有明确规定，笔者认为，应当允许证人出席听证会作证，至少法律并不禁止。

9. 听证应当制作笔录，交当事人审核无误后签字盖章

听证应当制作笔录是新修订的《行政处罚法》中关于听证制度的重要修改之一，明确了听证笔录作为行政处罚依据这一制度。当事人认为笔录有误的，可以要求更正，并应在更正处盖章或者捺指印。当事人认为笔录无误，应当签字或者盖章，不能不签字或者不盖章。如果当事人坚持不签字或者不盖章，新修订的《行政处罚法》新增了规定，“当事人或者其代理人拒绝签字或者盖章的，由听证主持人在笔录中注明”，这是行政效率原则的体现。

10. 听证结束后，主持人一般应当提出听证结果报告，并提出是否需要改变原处罚决定的意见，然后按照一般程序交由行政机关负责人对调查和听证结果进行审查，根据不同情况分别作出处罚或者不处罚的决定，构成犯罪的，移交司法机关处理

值得注意的是，举行听证后是否可以加重处罚的问题，《行政处罚法》没有明确规定。笔者认为，为了保护当事人的听证权，举行听证不应加重处罚。也就是说，行政机关负责人不应在听证前向当事人宣布的处罚种类、幅度的基础上加重处罚，即不得增加处罚种类和提高处罚幅度，或者改为更重的处罚种类。

为了保证听证程序得到正确的贯彻落实，切实保障当事人的听证权，避免增加当事人的负担，《行政处罚法》明确规定：“当事人不承担行政机关组织听证的费用。”也就是说，行政机关不得向当事人收取组织听证所需的费用，也不能以没有费用为由拒绝举行听证。当事人自己参加听证和委托代理人的费用当然应由当事人自己负担。

第六章　行政处罚的执行

行政处罚的执行其实就是行政处罚的执行程序，是实施行政处罚决定时所应当遵循的程序。“徒法不足以自行”，行政处罚是行政机关代表国家对公民、法人或者其他组织的违法行为作出的行政惩罚。因此，行政处罚一经作出就具有法律效力，由国家强制力保证执行，行政处罚只有得到确实的执行才能达到惩罚违法、教育群众、维护社会公共秩序和公共利益的目的。因此，国家必须有比较强有力的措施保证行政处罚的执行，如果没有足够的权威，缺乏有效的措施保证行政处罚的执行，社会公共秩序和公共利益就得不到保障，建设一个法治的国家就会成为一句空话。同时，执行措施也要适度，以能够保证行政处罚的执行为限，不能过于随意，以免被滥用。根据这一精神，新《行政处罚法》对行政处罚的执行程序作了具体规定。

第一节　行政处罚执行概述

行政处罚的执行是行政处罚决定的实现阶段。行政机关的处罚决定一经作出，即产生法律效力，如果当事人不主动履行，行政机关可以通过执行措施强制其履行。行政处罚的执行程序，是保证行政处罚决定的贯彻，保证行政机关管理社会事务职能的实现。

一、行政处罚决定的有效性

实施行政处罚是行政机关的一种具体行政行为，是行政机关在代表国家进行行政管理活动中作出的,是一种国家意志的体现,而国家意志是具有强制性的,正是这种强制性维系着行政处罚这一具体行政行为的权威性和有效性。依法作出的行政处罚决定的有效性体现在以下几个方面:

(一)具有确定力

行政处罚决定的确定力是指行政处罚依法作出后,非依法律规定的程序不得随意变更与撤销。确定力可以分为形式上的确定力和实质上的确定力。形式上的确定力是指行政处罚决定作出后一定期间内,被处罚的当事人没有表示异议,也没有向复议机关申请行政复议或者向人民法院提起行政诉讼,请求变更或撤销行政处罚决定,在法定的期间过后即认为行政处罚决定合法适当,确定生效,而不能变动。实质上的确定力是指行政处罚决定正式生效后,其内容非依法定程序不能再变动,就作出处罚决定的行政机关而言,不能对同一违法行为,依同一事实和同一法律依据再作出另一次处罚决定;对被处罚的当事人来说,也不能就同一事项请求变更。

(二)具有拘束力

行政处罚决定的拘束力是指行政处罚决定的约束效力。它包括两个方面:一是对行政机关自身的拘束力。行政处罚决定作出后,无论是实施行政处罚的行政机关,还是其上级机关或其他行政机关,在该处罚决定未被合法变更或撤销之前,都要受其拘束。例如,市场监督管理机关依法吊销了某个体工商户的营业执照,实施这一处罚的市场监督管理机关和其他行政机关就不得再以营业者对待被处罚的当事人。二是对被处罚的当事人的拘束力。行政处罚决定是行政机关代表国家作出的行为,所以这一行为所指向的当事人必须服从,必须完全实际地履行行政处罚决定所设定的义务。

(三)具有执行力

行政处罚决定的执行力是指行政处罚决定作出后,行政机关具有依法采取一定的手段,使处罚决定的内容得以完全实现的效力。行政机关实施行政处罚,是为了维持公共秩序,维护公共利益,所以当事人必须严格遵守和执行。在当事人不自觉履行处罚决定时,行政机关可以依法采取强制措施迫使当事人履行,以实现公共秩序、公共利益所要求的状态。

由此可见,行政机关作出的处罚决定是代表国家作出的,具有国家意志性,国家意志高于任何个人的意志，公共利益高于任何个人的利益。所以，行政处罚决定依法作出后，必须得到执行，否则将会损害国家利益和社会公共利益，影响行政执法的威严和行政机关的威信。

二、行政处罚的执行

行政处罚决定依法作出后，必须得到执行。行政处罚的执行，分为广义的执行和狭义的执行两种。狭义的执行就是强制执行，是指国家行政机关、人民法院为了保障行政权的合法有效行使和行政管理活动的正常运行，对不履行行政处罚决定的当事人所采取的一种强制手段，其目的是迫使当事人履行义务。广义的执行包括当事人自觉履行，即行政处罚决定依法作出后，当事人在规定的期限内，主动予以履行以及行政机关、人民法院强制执行两种情况。我们认为，无论是当事人自觉履行，还是行政机关、人民法院强制执行，都是对处罚决定内容的实现，以达到行政管理的目的，所以我们采用广义的行政处罚执行的概念，即行政处罚的执行包括当事人自觉履行和行政机关、人民法院的强制执行。

自觉履行是指行政处罚决定依法作出后，当事人在行政处罚决定的期限内，主动予以履行行政处罚决定所规定的义务。《行政处罚法》第 66 条规定："行政处罚决定依法作出后，当事人应当在行政处罚决定书载明的期限内，予以履行。当事人确有经济困难，需要延期或者分期缴纳罚款的，经当事人申请和行政机关批准，可以暂缓或者分期缴纳。"当事人履行行政处罚决定，应注意把握以下几个问题：

（一）实际履行

行政处罚决定依法作出后，当事人应当以自己的实际行动履行处罚决定所设定的义务，比如，缴纳罚款，主动停产停业，改正违法行为，以实际的作为或不作为履行行政处罚决定。

（二）按时履行

行政处罚决定要求当事人在一定期限内履行，比如，规定当事人应当自收到行政处罚决定书之日起 15 日内，向指定的银行缴纳罚款。当事人接到处罚决定书后，就应当在规定的期限内主动履行缴纳罚款的义务，如果逾期不履行，行政机关就可以采取强制措施迫使其履行。

（三）完全履行

当事人履行处罚决定，应当全面履行处罚决定所规定的内容，不能只履行其中的一部分。比如，处罚决定规定当事人应当缴纳罚款并责令其停产停业，如果当事人只履行了缴纳罚款的义务，而没有履行停产停业的义务，照样进行生产、营业，就是没有完全履行处罚决定。

（四）特殊情况

当事人确有经济困难的，不能按时或者一次性全部缴纳罚款，需要延期或者分期缴纳罚款的，此时当事人应当主动申请并经过行政机关的批准后，可以暂缓或者分期缴纳。

三、在行政复议和行政诉讼中不停止行政处罚的执行

《行政处罚法》第 73 条规定："当事人对行政处罚决定不服，申请行政复议或者提起行政诉讼的，行政处罚不停止执行，法律另有规定的除外。当事人对限制人身自由的行政处罚决定不服，申请行政复议或者提起行政诉讼的，可以向作出决定的机关提出暂缓执行申请。符合法律规定情形的，应当暂缓执行。当事人申请行政复议或者提起行政诉讼的，加处罚款的数额在行政复议或者行政诉讼期间不予计算。"这就明确规定了在行政复议和行政诉讼中不停止行政处罚的执行的基本原则，但也规定了对于特殊情况，法律另有规定的，复议机关和人民法院可以决定或裁定停止行政处罚的执行。与此同时，新修订的《行政处罚法》在充分考虑各方面因素后新增第 2 款和第 3 款，即"当事人对限制人身自由的行政处罚决定不服，申请行政复议或者提起行政诉讼的，可以向作出决定的机关提出暂缓执行申请。符合法律规定情形的，应当暂缓执行。当事人申请行政复议或者提起行政诉讼的，加处罚款的数额在行政复议或者行政诉讼期间不予计算"。

行政复议和行政诉讼都是对行政机关具体行政行为的一种事后救济手段，目的是使公民、法人和其他组织因具体行政行为所受到的损失，通过行政救济和司法救济的途径，及时地予以恢复和补偿。

当事人在受到行政处罚后，如果对处罚决定不服，可以依法申请行政复议

或者提起行政诉讼,但在复议和诉讼过程中,行政处罚决定不能提前停止执行。例如,某化工厂因超标排污,严重污染了周围环境,环保部门对其给予了停产并限期治理污染的行政处罚。该化工厂不服,向复议机关提起行政复议或向人民法院提起行政诉讼,在复议和诉讼期间,该化工厂仍应按照环保部门处罚决定的规定进行停产治理污染,不能以提起行政复议或行政诉讼为借口不履行处罚决定,照样进行生产而不治理污染。我国许多法律都规定了行政复议、行政诉讼不停止执行的原则,例如,原《食品卫生法》规定:"当事人对食品卫生监督机构给予的行政处罚不服的,在接到处罚通知之日起十五日内,可以向人民法院起诉。但是,对食品控制的决定应当立即执行。"

确立在行政复议和行政诉讼中,不停止处罚决定的执行这一原则的原因在于:首先,是由行政职权决定的。行政职权是国家权力的具体体现,行政机关作出的处罚决定是代表国家行使行政管理职权,具有强制力和执行力。在人民法院尚未经审理认定它违法之前,它具有法律效力,不能因被处罚人的复议或起诉而使其失去法律效力,它只能由国家审判机关确定撤销或改变,而不能因被处罚人的起诉权利撤销或改变。其次,由行政管理的特殊性所决定。国家的行政管理具有稳定性、一贯性和连续性的特点。国家行政机关管理社会的活动,具体到行政机关对当事人实施处罚,处罚决定一经作出,就必须连续执行,不经法律决定是不能中断的。最后,是由社会的现实情况决定的。社会秩序能否稳定,很大程度上取决于国家行政管理活动的稳定性,如果行政机关的处罚决定可以随意因复议或诉讼而终止或间断执行,那么行政机关的工作将无法正常进行,这样会使法律秩序处于不稳定状态,导致社会的无序和混乱,公民的权益也得不到保障。

在行政复议或者行政诉讼期间,不停止行政机关的行政处罚决定的执行,这是一个一般性的原则。但在特殊情况下,复议机关和人民法院也可以作出停止执行的决定或裁定。《行政诉讼法》第 56 条第 1 款规定:"诉讼期间,不停止行政行为的执行。但有下列情形之一的,裁定停止执行:(一)被告认为需要停止执行的;(二)原告或者利害关系人申请停止执行,人民法院认为该行政行为的执行会造成难以弥补的损失,并且停止执行不损害国家利益、社会公共利益的;(三)人民法院认为该行政行为的执行会给国家利益、社会公共利益造成重大损害的;(四)法律、法规规定停止执行的。”《行政复议法》第21条规定:“行政复议期间具体行政行为不停止执行;但是,有下列情形之一的,可以停止执行:(一)被申请人认为需要停止执行的;(二)行政复议机关认为需要停止执行的;(三)申请人申请停止执行,行政复议机关认为其要求合理,决定停止执行的;(四)法律规定停止执行的。”根据《行政诉讼法》和《行政复议法》的规定,这些特殊情况包括以下几种:

首先,行政机关认为需要停止执行的。行政机关作出处罚决定后,被处罚人不服,向复议机关或人民法院提起行政复议或行政诉讼,这时行政机关认识到自己作出的处罚决定有明显的违法、不当或者其他原因,继续执行不仅会给被处罚人造成损失甚至是无法挽回的损失,而且会造成人力、物力的浪费,损害行政机关的威信,所以需要停止处罚决定的执行。

其次,复议机关或人民法院决定或裁定停止执行。这种情况必须具备以下条件:第一,由当事人或利害关系人向复议机关、人民法院提出停止执行的申请。第二,行政处罚决定的执行会给当事人造成难以弥补的损失,例如,根据处罚决定,行政机关将没收并销毁被处罚人的某些财物,这样一旦执行了处罚决定,当事人的这些财物就不会再有,即使当事人胜诉,也无法再得到。第三,停止执行不损害国家利益、社会公共利益的,换句话说,如停止执行会损害国家利益、社会公共利益,则不能停止执行。如带有病菌的动、植物必须及时处理,否则一旦传播开来,后果不堪设想,这样的处罚决定(没收并销毁)就不能停止执行。有的物品不及时处理对社会并不构成危害,就可以停止执行。第四,由复议机关、人民法院作出决定或裁定停止执行。

最后,法律、法规规定可以停止执行的。我国有些法律、法规、规章作了停止执行的规定,在行政复议或行政诉讼中就可依照规定办理。例如,《治安管理处罚法》第107条规定:“被处罚人不服行政拘留处罚决定,申请行政复议、提起行政诉讼的,可以向公安机关提出暂缓执行行政拘留的申请。公安机关认为暂缓执行行政拘留不致发生社会危险的,由被处罚人或者其近亲属提出符合本法第一百零八条规定条件的担保人,或者按每日行政拘留二百元的标准交纳保证金,行政拘留的处罚决定暂缓执行。”也就是说,只要当事人或其家属交纳保证金或提供担保,在行政复议或者行政诉讼期间,就可以停止执行行政拘留的处罚决定。

在行政处罚作出后,对于行政处罚所附的加处罚款,在行政复议期间以及行政诉讼期间是否应予以计算的问题,理论界和实务界存在不同的认识。一种观点认为,该加处罚款应当予以计算,因为《行政诉讼法》第 56 条规定:“诉讼期间,不停止行政行为的执行”。同样,在行政复议期间,也不停止行政行为的执行。另一种观点认为,该加处罚款在行政复议以及行政诉讼期间,不予计算。新修订的《行政处罚法》第 73 条第 3 款明确规定:“当事人申请行政复议或者提起行政诉讼的,加处罚款的数额在行政复议或者行政诉讼期间不予计算。”

主要理由如下:

第一,行政处罚的加处罚款,法律性质属于执行罚,系行政强制行为的一种,与行政处罚属于不同的行政行为。加处罚款的法律来源系《行政处罚法》第 72 条规定:“当事人逾期不履行行政处罚决定的,作出行政处罚决定的行政机关可以采取下列措施:(一)到期不缴纳罚款的,每日按罚款数额的百分之三加处罚款,加处罚款的数额不得超出罚款的数额;……”但是,加处罚款的法律性质并非行政处罚行为本身,而应属于执行罚,系行政强制行为的一种。从表面上看,虽然“加处罚款”是针对行政相对人逾期不履行行政罚款处罚行为而设置的一种“处罚”,但就其法律性质而言,“加处罚款”与行政处罚行为本身并非同一类行政行为。行政罚款属于行政处罚,加处罚款则属于执行罚,本质上是行政强制行为。最高人民法院在 2005 年作出的《最高人民法院行政审判庭关于行政处罚的加处罚款在诉讼期间应否计算问题的答复》(〔2005〕行他字第 29 号),其中明确规定:“根据《中华人民共和国行政诉讼法》的有关规定,对于不履行行政处罚决定所加处罚款属于执行罚,在诉讼期间不应计算。”《行政诉讼法》第 56 条规定,“诉讼期间,不停止行政行为的执行”,此处的行政行为,不包括加处罚款这一行政强制行为,仅限于行政行为本身,诸如行政处罚。

第二,行政相对人提起行政复议、行政诉讼并不属于“逾期不履行行政处罚决定”。这是因为行政复议、行政诉讼是行政相对人的合法救济权利。行政复议程序与行政诉讼程序是法律赋予行政相对人救济自身权利的法定途径。是否启动该复议程序或者诉讼程序,取决于行政相对人的选择。因此,在行政复议和行政诉讼程序运行的期间,是法律赋予行政相对人救济权利所占用的必要时间。如若启动了该两种程序,则最终的具体行政行为的法律效果尚未产生,也即不具有约束力。如果在行政相对人依法维权的时间期限内仍然要对其科以更加不利的法律义务,将极有可能出现通过行政复议、行政诉讼维权但却将导致更加不利的法律后果。行政复议、行政诉讼期限越长,则可能对行政相对人越不利。此等司法窘境将与我国《行政处罚法》《行政复议法》《行政诉讼法》等行政法律确立的基本立法精神相悖。只有在行政相对人逾期不履行行政处罚决定时才能适用"加处罚款",即设置"加处罚款"的本意在于对行政相对人逾期不履行行政处罚决定时给予其更加不利的法律义务。行政相对人不服行政机关作出的行政处罚决定而提起行政复议或行政诉讼,不属于逾期不履行行政处罚决定。

第三,行政诉讼制度设置的目的在于对行政行为进行司法审查,虽然行政行为一经作出即具有确定力和执行力,但行政行为一旦纳入行政复议、行政诉讼的司法审查程序中,则在有权机关或司法机关作出最终认定前,其合法性将处于不确定的状态。因此,对于身处行政复议、行政诉讼司法审查程序中,合法性尚未最终确定的行政处罚决定而言,将行政复议、行政诉讼所用时间算作行政相对人"不履行行政处罚决定"的时间并加处罚款也是不合理的。

第二节　行政处罚的强制执行

一、强制执行的条件和性质

行政处罚的强制执行,是指国家行政机关及人民法院为了使行政处罚决定得以实现,对不主动履行行政处罚决定的当事人采取强制措施,迫使其履行处罚决定所规定的义务。

实施行政处罚的强制执行必须要具备一定的法定条件:第一,必须是当事人在规定的期限内拒绝履行行政处罚决定;第二,必须是具有执行权的机关依法实行强制措施,迫使被处罚人履行行政处罚决定。执行权是法律赋予的权力,不具有执行权的机关不能采取执行措施。具有执行权的机关,采取的不是强制措施,而是对被处罚人进行法制教育,要求他们自觉履行义务,也不能称为强制执行。

行政处罚的强制执行是以国家权力所拥有的操纵性和不可违抗性构成的对被处罚的当事人意志和行为的强制。行政处罚强制执行的性质表现在以下几个方面：

第一，行政性。行政处罚的强制执行是行政机关依法定职权而实施的行为，行政处罚的强制执行措施是否采用，以行政机关单方面意思表示即可成立，不需要征得当事人的同意。由于行政处罚的执行发生在行政过程之中，执行的是行政机关的行政处罚决定，实现的是行政管理活动所要达到的目的；尽管某些行政处罚的执行是由人民法院承担的，但是由人民法院承担也是在行政机关申请之下所为，执行的内容仍是行政机关的行政处罚决定，并不因为是法院执行而改变执行内容的性质以及行政法上的权利义务关系，因此，行政处罚的强制执行实现的是一种行政权力，具有明显的行政性。

第二，强制性。行政处罚的强制执行是在被处罚的当事人不主动履行处罚决定的情况下实施的，在此之前，通过非强制手段已不足以解决问题。付诸于强制执行措施，无非是以这种措施所拥有的强制性为依靠的。这里所说的强制性是一种实际上使用的手段，表现为实际操作过程中的直接运用和对当事人的强迫，它所关心的是行政处罚能否实现，而不考虑被处罚人是否接受。例如，行政机关作出的限期停产停业的处罚决定，这一决定一旦生效而被处罚人拒绝履行时，强制执行措施的使用便表现为不受被处罚人意志影响的强行停产停业行为。

第三，执行性。行政处罚强制执行的目的在于促使被处罚人履行行政处罚决定。就行政处罚决定而言，有的是需要执行的，如罚款、责令停产停业、行政拘留等；有的则不需要作出新的行为去执行或者无法执行，如对没有走人行道的行人提出警告，这种警告只是告诫行人以后要遵守交通规则等。行政处罚的强制执行就是针对那些需要执行而当事人不肯主动执行行政处罚决定的，目的在于实现行政处罚决定所需要的状态。例如，根据《治安管理处罚法》第 103 条的规定，对被决定给予行政拘留处罚的人，由作出决定的公安机关送达拘留所执行。这样，行政处罚决定即告实现和执行。可见，执行性是行政处罚的强制执行的又一重要特征，使行政处罚决定的内容得以实现。

行政处罚的强制执行所具有的行政性、强制性、执行性是相互联系的，是一个问题的几个方面，如果缺少任何一个方面，行政处罚的强制执行就难以成立。因此，正是这种行政性、强制性、执行性完整地反映了行政处罚强制执行的本质属性。

二、强制执行的原则

行政强制执行是行政机关在特定条件下采取的最为严厉的行政措施，关系到行政机关和当事人双方的重大权利义务，必须依据一定的原则进行。行政强制执行的原则如下：

（一）依法强制执行原则

依法强制执行原则是行政强制执行中最基本的原则，它是行政机关行使强制权过程中始终如一必须贯彻的原则。这一原则概括地讲就是，行政机关实施强制执行必须有法律依据，行政机关强制执行必须依照法定方式和法定程序进行。

依法强制原则是当今各国行政强制执行都必须遵循的基本原则。这项原则的形成与“行政法治”的原则有着直接的渊源关系。行政法治的原则要求行政机关的所有权力都必须有特别的法律授权或规定，行政权力仅限于在法律所赋予的权力范围内行使。在现代法治国家，依法行政是基本的原则，行政机关非有法律依据不得行使强制执行权。这一原则一方面保证公民不受行政机关违法强制造成的损害，另一方面也确保行政活动中最为严厉的行为不超出法律规定。

（二）合理强制执行原则

行政强制执行的合理原则同样源于行政法中的合理原则，这一原则要求行政机关采取强制措施时应该客观、适度、符合理性。行政法学界认为，合理性原则的存在与行政机关的自由裁量权有密切的联系，例如，在决定是否强制执行，采取何种强制措施等方面，行政机关拥有的自由裁量权尤为突出。合理性原则在行政强制执行中的具体表现有：采取强制措施的动机应符合行政目的，实施强制应建立在正当考量的基础上，强制执行手段应得当。首先，行政强制的目的要合理。行政强制执行的目的只有一个，即迫使当事人履行行政处罚决定，行政机关采取强制执行措施要严格遵守这一原则,不能借强制手段实现其他目的,否则即构成不合理的强制执行。例如,市场监督管理机关不能因某个法人不交纳非法摊派的款项而冻结其资金,查封变卖其财产;税务部门不能因纳税人在法定期限内最晚一天缴纳而冻结并划拨其银行存款。其次,行政强制可以通过多种手段实现,行政机关决定实施强制执行后,必须选择最合理的手段实现强制目的。这在国外许多国家的强制执行法中都有所体现。如奥地利"比例原则",就是强调行政强制措施要和当事人应履行的义务成适当比例,不能过分加重当事人的负担。例如,因当事人拒绝交纳10元罚款而采取50元的执行罚手段显然是不成比例的。行政机关在强制执行时,无论是选择强制措施还是适用强制手段都必须合理妥当。

(三)预先告诫执行原则

行政机关采取强制措施都必须预先告诫当事人,使他们知道如不按期履行行政处罚决定,将会受到不利影响。之所以要确定这一条原则,是因为强制执行不同于其他行政行为,它是违背当事人意愿并对之施加强制力的行为,行政强制执行的结果往往会涉及当事人的人身、财产等重大的宪法权利,为此,必须在强制执行前为当事人留有一定期限,劝说其及时履行处罚决定。因此,也有人把这一原则称为"说服教育与强制执行相结合"原则。

预先告诫执行原则在行政强制执行中占有非常重要的地位,强制执行的目的是实现行政处罚决定,在无须使用强制力的情况下,行政机关应尽量以较轻的手段迫使当事人履行处罚决定,达到行政管理目的。许多国家的强制执行立法都把告诫作为必经程序予以明文规定,如日本《行政代执行法》第3条规定:"为执行行政处罚,应当事先以公文书规定相当的履行期限,在期限内如不履行,则将代为执行予以告诫。"奥地利《行政强制执行法》第5条规定:"执行之前,应先为警告,如有反抗或故意拖延之行为,当事人将蒙受不利。"

(四)目的实现原则

行政强制执行还有一个特殊原则,即目的实现原则。行政强制执行的目的是唯一的,只要当事人及时完全履行处罚决定,强制措施应立即停止。行政机关仅能对不履行处罚决定的当事人实施强制,也只能为实现行政管理的目的强制当事人履行义务。这一原则要求,首先,确定强制执行的唯一的目的就是实现行政处罚决定所规定的内容。行政处罚决定在大多数情况下能得到当事人自觉履行,只有在少数情况下才出现当事人拒绝履行或故意拖延履行的情况,在这种情况下,行政机关为了保证行政处罚决定得到及时、全面的履行,有必要采取强制手段迫使当事人履行处罚决定,实现行政管理的目的。其次,行政处罚决定得到履行后,行政机关应立即停止强制执行,因为行政强制执行的目的就是实现行政处罚决定,使当事人履行行政法上的义务,所以,一旦处罚决定得到履行,行政机关就应该停止适用强制措施,不得将强制措施作为实现其他目的的手段。最后,在法定特殊情况下,行政处罚决定经行政机关确认不能继续履行的,行政强制执行应当终止。原行政处罚决定被复议机关、人民法院撤销或其所依据的法律法规被废止或撤销的,也视为达到了目的,强制执行不再继续执行。

三、强制执行的意义

行政处罚的强制执行,是行政处罚程序的最后完成阶段,它在行政处罚中是不可缺少的一环,否则就不能使行政机关已经作出的产生法律效力的处罚决定真正实现,所以执行在行政处罚中具有重要的意义。

(1)强制执行是维护行政处罚决定严肃性的必要措施。强制执行的规定,告诉人们行政机关作出的行政处罚决定是行使国家执法权的行为,生效的处罚决定是要执行的,违法行为是要受到制裁的,使当事人认识到行政处罚决定的严肃性,如果不按期履行处罚决定的内容,就要被具有执行权的机关强制执行,从而增加履行行政处罚决定的自觉性。

(2)强制执行是保证当事人及时完全履行义务的必要手段。一般来说,公民、法人或其他组织发生违法行为,行政机关对其作出行政处罚决定后,都能自觉履行。但在实际生活中,也有少数被处罚人拒不履行行政机关作出的已经生效的行政处罚决定,所以通过强制执行措施,就可以强制、迫使当事人履行行政处罚决定。例如,在当事人拒不履行罚款的处罚决定时,行政机关可采取加处罚款的手段迫使其履行,很多人由于惧怕不断增加的罚款额带来财产上的更大损失,便开始自觉履行义务。所以通过执行手段可以保证当事人及时完全履行义务,使行政机关的行政处罚决定得以实现,避免给社会利益造成更大的损害。

(3)强制执行是保证行政机关依法行使管理职权,提高工作效率的重要手段。行政机关作出的行政处罚决定生效后,当事人如拒不履行,有执行权的行政机关就可依法强制执行,没有执行权的行政机关就可以向人民法院申请强制执行。这样行政机关合法的行政处罚行为就得以实现,既维护了行政机关的权威,又提高了工作效率。

(4)强制执行是保护公民、法人和其他组织的合法权益的有效途径。行政管理的最终目的在于维护公共利益和社会秩序,保障全体人民的利益。因此,从这个意义上来说,作为行政管理手段之一的执行最终也是保护公民、法人和其他组织的合法权益的重要措施。合法地行使强制执行权,有利于保护当事人权益。行政机关能够依照法定权限、法定程序和方式严格行使执行权,既保证了当事人履行义务,也保护了当事人的其他合法权益不受侵害。事实上,行政强制执行手段并不危险,危险的是非法行使这种具有强制性的权力。没有法律依据或超越法定权限行使强制执行权,最终要损害执行的本意,难以达到保护当事人权益的目的。

四、行政处罚强制执行的机关

行政处罚的执行作为实现行政处罚的必要手段,具有非常重要的作用。要发挥执行的作用,一个重要的条件就是必须要有拥有法定权限的执行主体,即行政强制执行机关。授权哪些机关行使执行权,各国的规定有较大差异。大陆法系国家法律规定,作出行政决定的行政机关拥有对自己所作决定的执行权,而英美法系国家的法律却规定行政决定的执行权应由司法机关行使。我国法律目前尚无统一规定,许多法律、法规规定行政机关在行政处罚决定难以执行时向法院申请执行,还有一些法律、法规规定由行政机关自己执行。为了规范行政处罚的执行,《行政处罚法》确定了我国行政处罚强制执行机关是以人民法院为主体的体制,行政机关的强制执行权要有法律规定,《行政处罚法》第 72 条第 1 款规定:“当事人逾期不履行行政处罚决定的,作出行政处罚决定的行政机关可以采取下列措施:(一)到期不缴纳罚款的,每日按罚款数额的百分之三加处罚款,加处罚款的数额不得超出罚款的数额;(二)根据法律规定,将查封、扣押的财物拍卖、依法处理或者将冻结的存款、汇款划拨抵缴罚款;(三)根据法律规定，采取其他行政强制执行方式；（四）依照《中华人民共和国行政强制法》的规定申请人民法院强制执行。”这就明确说明了人民法院在行政处罚的执行中是居于主导地位的，而行政机关的行政强制执行权是有限的，除了加处罚款的强制执行权外，其他查封、扣押、拍卖、依法处理、冻结划拨等强制执行权必须要有法律规定。根据目前法律的规定，只有公安、海关、税务三个行政部门有查封、扣押、冻结划拨等行政强制执行权。

（一）公安机关的强制执行权

为了及时制止违法行为，维护社会安定，法律赋予了公安机关以行政强制执行权。公安机关的强制执行权主要有：(1)查封。查封是指公安机关对违反治安管理的场所、物品，采取贴封条，就地封存，不准持有人或所有人使用、处分。如查封容留妇女卖淫的旅馆、饭店等。(2)扣押。扣押是指公安机关对违反治安管理的有关物品予以留置、扣留。如扣押交通肇事的车辆、居民身份证等。(3)强制拘留。违反治安管理规定，对拒不履行行政拘留的处罚决定的当事人，公安机关可以采取措施，强制其到指定的拘留所接受拘留，包括必要时依法使用械具。

（二）海关的强制执行权

海关是国家进出境的监督管理机关，根据海关法的规定，海关在执法中可以行使的强制执行权主要有：(1)检查进出境运输工具，查验进出境货物、物品；对违反海关法或者其他有关法律、法规的，可以扣留。(2)在海关监管区和海关附近沿海沿边地区，检查有走私嫌疑的运输工具和有藏匿走私货物、物品嫌疑的场所，检查走私嫌疑人的身体，对走私嫌疑人，经关长批准，可以扣留移送司法机关，扣留时间不超过24小时，在特殊情况下可以延长至48小时。(3)进出境运输工具或者个人违反海关监管逃逸的，海关可以连续追至海关监管区和海关附近沿海沿边规定地区以外，将其带回处理。

（三）税务机关的行政强制执行权

税务机关是执行国家有关税务法律、法规，管理国家税收事务，实现国家职能，依法行使国家行政权力的组织。税务机关的强制执行权主要表现为：在纳税人拒绝履行法定义务的情况下，税务机关可以冻结并划拨纳税人的银行存款，以保证国家税收及时足额入库。

五、行政处罚的强制执行措施

《行政处罚法》第72条规定:"当事人逾期不履行行政处罚决定的,作出行政处罚决定的行政机关可以采取下列措施:(一)到期不缴纳罚款的,每日按罚款数额的百分之三加处罚款,加处罚款的数额不得超出罚款的数额;(二)根据法律规定,将查封、扣押的财物拍卖、依法处理或者将冻结的存款、汇款划拨抵缴罚款;(三)根据法律规定,采取其他行政强制执行方式;(四)依照《中华人民共和国行政强制法》的规定申请人民法院强制执行。行政机关批准延期、分期缴纳罚款的,申请人民法院强制执行的期限,自暂缓或分期缴纳罚款期限结束之日起计算。"这就明确规定了行政机关在当事人逾期不履行行政处罚决定的情况下有权采取的强制执行措施。与此同时,也明确了行政机关批准延期、分期缴纳罚款的,申请人民法院强制执行的期限的起算点,即"自暂缓或者分期缴纳罚款期限结束之日起计算"。

强制执行措施是行政机关、人民法院保证行政处罚决定得以履行的重要手段,直接关系到当事人的权益,因此,《行政处罚法》作了明确规定。在当事人逾期不履行行政处罚决定的情况下,行政机关可以采取以下几种强制执行措施:

(一)加罚

加罚,是指被处罚的当事人在无正当理由逾期不履行行政机关的处罚决定时,行政机关可以在原处罚决定的基础上,增加处罚的幅度,具体是每日按罚款数额的3%加处罚款,原处罚决定仍应执行,但是,加处罚款的数额不得超出罚款的数额。这里应指出的是,加处的罚款是依法采取执行措施收缴的罚款,属于执行罚的范畴,不是一种行政处罚。所谓执行罚,是指当事人不及时履行而他人又不能代为履行的义务时,行政机关可以采用科以财产上新的给付义务的办法,促使其履行义务,如对责令停业的工商企业,对被禁止营业的非法经营者,可以采取罚款这一执行措施来促使其履行不作为的义务。在环保、食品卫生、药品管理等方面采取的限期治理、限期停业整顿、停产治理措施,也可以采取罚款的执行措施来促使当事人履行义务。在这里,罚款已成为一种执行措施,不作为行政处罚对待,所以不适用罚款收缴的执行程序,不在当事人自行到银行缴纳罚款的范围内。

（二）拍卖、依法处理查封、扣押的财物或者划拨冻结的存款、汇款

查封，是指行政机关用封条将被处罚人的财物就地封存，不准任何人转移和处理。扣押，是把被处罚人的财物转移至另外场所，加以扣留，防止被处罚人占有、使用和处分。行政机关在作出处罚决定之后，如果当事人在规定的期限内拒不履行其义务，行政机关可以将查封、扣押的当事人的财物予以拍卖，以拍卖所得款来抵缴罚款，或者通过其他方式依法处理查封、扣押的财物。如果被处罚的当事人在银行或信用合作社设有存款账户或者有其他汇款，在当事人逾期不履行交纳罚款义务的情况下，行政机关还可以采取划拨冻结存款、汇款的执行措施。冻结是针对被处罚人的存款、汇款采取的一种执行措施，是指行政机关认为需要冻结被处罚人的存款、汇款时，发出协助执行通知书，由有关的银行或者信用合作社冻结被处罚人的财产，不准其提取和转移。在当事人逾期不交纳罚款时，行政机关可以通知银行或信用合作社从当事人的账户内划拨支付。必须指出，实施这一措施，必须要有法律依据，即要由法律明确规定的行政机关才可以实施，执行条件和程序也要依法进行。

（三）采取其他行政强制执行方式

这是本次修订新增之处。其目的是与《行政强制法》相衔接，完善行政处罚的强制执行程序，规定当事人逾期不履行行政处罚决定的，作出行政处罚决定的行政机关可以根据法律规定实施行政强制执行。值得注意的是，采取其他行政强制执行方式，一定要根据现行法律规定。

（四）申请人民法院强制执行

根据我国现行法律、法规的规定，只有公安、海关、税务等少数行政机关有强制执行权，大多数行政机关还没有强制执行权。没有强制执行权的行政机关认为需要强制被处罚人履行行政处罚决定时，可以向人民法院提出执行申请。《行政处罚法》规定，当事人逾期不履行行政处罚决定的，行政机关可以依法申请人民法院强制执行。

人民法院行政强制执行的程序包括以下内容：

（1）申请。行政机关的申请是人民法院强制执行的前提和第一个环节，人民法院只有在收到行政机关的执行申请后，才开始决定是否执行。行政机关申请强制执行时，必须向人民法院提交申请执行书、据以执行的行政处罚决定以

及其他必须提交的材料。在执行书中,应说明要求强制执行的法律根据和事实根据、执行对象和执行标的等,以便接受司法机关的审查。

(2)审查。人民法院在收到行政机关的执行申请书及其他必备材料后,应从法律和事实两个方面进行审查。前者如行政处罚决定的内容是否合法,行政处罚决定是否已经产生执行力,后者如行政处罚决定据以处罚当事人的事实是否清楚等。经审查后,认为行政处罚决定正确,执行申请合法的,人民法院应立案并作出强制执行的决定,并将决定通知申请机关。如果认为确有错误或违法的,经人民法院院长批准,作出不予立案的决定,并将执行申请书退回申请机关。

(3)命令当事人限期履行。人民法院作出强制执行决定后,应向当事人发出强制执行通知书。命令当事人在一定的期限内履行处罚决定。如果当事人经过法院的告诫仍拒不履行,则由人民法院强制执行。

(4)执行。执行由人民法院负责主持,必要时可以请有关单位予以协助。执行完毕后,人民法院应将执行结果书面通知申请执行的行政机关。还应当指出,追求行政效率是行政管理的一个特点,而司法机关为保证司法公正,从程序上要有必要的保证,这样,行政机关与司法机关可能出现矛盾。我们认为,一方面,司法机关经审核,认为行政机关的决定是正确的,就应当尽快执行,以保证行政机关的行政管理效率;另一方面,行政机关也应当正确对待司法机关的审核,司法机关的审核可以更全面地保证行政的公正,避免错误,更好地维护行政机关的权威,维护公共利益和社会秩序,维护全体人民的利益。

此外,在国外的行政处罚法中还规定有一种行政强制措施,学理上称为易科。易科是指由于某种原因,当事人不能执行行政机关先行科处的处罚种类时,行政机关可以在法律、法规规定的处罚种类内,给予其他行政处罚。易科在我国现行的法律规范中出现很少,只在《外国人入境出境管理法实施细则》中有所规定。易科一般是在以下两种情况下采用:(1)被处罚的当事人由于客观上的原因无力履行原处罚决定,行政机关可以改为其他程度上相近的处罚种类。如《外国人入境出境管理法实施细则》第48条第2款规定:“外国人无力缴纳罚款的,可以改处拘留。”(2)被处罚的当事人由于主观上的原因拒绝履行处罚决定,行政机关可以在法律、法规规定的对该违法行为的处罚种类内,从重给予其他行政处罚。如奥地利《行政处罚法》第13条规定:“被判处住宅禁足者,应宣誓保证勿离其住宅,违反誓言时应就其禁止期间执行拘留。”考虑到易科在我国现行的法律规范中出现得很少,易科制度也在不断完善之中,许多问题还待进一步研究,所以行政处罚法没有对易科作出规定。

行政强制措施的实行,必然会涉及公民的人身权、财产权,以及法人和其他组织的财产权等重大的宪法权益,所以行政机关必须严格依法实行行政强制措施。对于违法实行行政强制措施或执行措施的,《行政处罚法》规定了法律责任,《行政处罚法》第81条规定:“行政机关违法实行检查措施或者执行措施,给公民人身或者财产造成损害、给法人或者其他组织造成损失的,应当依法予以赔偿,对直接负责的主管人员和其他直接责任人员依法给予处分;情节严重构成犯罪的,依法追究刑事责任。”

第三节 行政处罚中罚款决定的执行

《行政处罚法》第67条第1款规定:“作出罚款决定的行政机关应当与收缴罚款的机构分离。”这就明确规定了罚款的决定与收缴相分离的制度。

一、实行作出罚款决定的行政机关与收缴罚款的机构相分离制度的意义

罚款是对违反法律、法规,不履行法定义务的当事人的一种经济上的处罚。由于罚款既不影响被处罚人的人身自由及合法活动,又能起到对违法行为的惩戒作用,因此成为行政处罚中应用最广泛的一种。在治安管理处罚、市场监督管理处罚、环境保护管理处罚、财政金融管理处罚等许多方面都有罚款的规定,罚款这种行政处罚方式成为各行政机关进行管理使用最多的手段,也是最容易失控、出现问题最多的手段,也就成为人民群众反映最多、意见最大的行政处罚方式。目前罚款这种行政处罚方式已经产生了许多弊端,如滥罚款,将罚款的收入与行政执法机关的办公经费挂钩,甚至把罚款作为一些行政机关、事业单位创收的手段,以此增加奖金、福利,滥施处罚,产生腐败,破坏了党和政府的形

象,破坏了党和政府与人民的关系。罚款收缴制度的不完善,是产生这些弊病的原因之一。根据目前法律、法规的规定,我国的行政罚款收缴制度的模式是:一个行政机关查处了违法案件,作出罚款的处罚决定,然后再由这个行政机关负责收缴罚款。收受罚款与决定执行罚款没有分工,处罚决定机关又是执行机关更是收受罚款的机关,这种“一条龙”的制度是不科学的。虽然法律规定“罚款必须全部上缴国库”,但罚款又与行政经费挂钩,或多或少或明或暗地予以返还,从制度上就留下了产生腐败的漏洞。

对于滥罚款这一严重问题,国家曾多次发文予以制止,要求执法部门将罚款收入全部上缴国库。1986 年 12 月 31 日财政部发布了《罚没财物和追回赃款赃物管理办法》,规定了罚没收入与执法机关的行政经费、办案经费开支分开,罚没收入全部上缴财政,行政执法机关所需经费由财政部门另行拨给的制度。同时规定,执法机关依法收缴的罚款、赃款和没收物资、赃物的变价款一律作为“国家罚没收入”或“追回赃款和赃物变价收入”,如数上缴国库。任何机关都不得截留、坐支。对截留、坐支或者拖交的,财政机关有权扣发其机关经费或通知银行从其经费存款中扣交。除因错案可予以退还外,财政机关不得办理收入退库。1993 年 10 月 9 日,中共中央办公厅、国务院办公厅转发了财政部关于对行政性经费、罚没收入实行预算管理的规定,再次强调罚没收入必须全部上缴财政,严禁搞任何形式的提留、分成和收支挂钩,对罚没收入实行预算管理。这些文件虽然对滥罚款起到了一定的制止作用,但并没有从制度上堵塞罚款收缴中的漏洞,因而不能从根本上解决问题。要有效地阻止执法机关和执法人员滥罚款,实行处罚机关与收缴罚款的机构相分离的制度是有效的办法之一,即行政机关依法作出罚款的行政处罚后,被处罚人应持行政处罚决定书到指定的金融机构缴纳罚款。目前,从有些地方实行这一制度的情况来看,效果是明显的。过去罚款由处罚机关直接收取以及由此产生的种种弊端,在许多被处罚人中引起反感和抵触,认为行政机关罚款是为了发奖金、搞福利,行政机关行使罚款权时,往往遇到被处罚人与处罚机关讨价还价或者与处罚机关发生争执的现象。现在由被处罚的当事人直接到银行缴纳罚款,对处罚比较容易接受,对被处罚人来说也是一次守法教育。所以,确立处罚机关与收缴罚款的机构相分离的制度是行政处罚中的一大举措。

二、当事人自行到银行或者通过电子支付系统缴纳罚款的范围与程序

《行政处罚法》第 67 条第 2、3 款规定："除依照本法第六十八条、第六十九条的规定当场收缴的罚款外，作出行政处罚决定的行政机关及其执法人员不得自行收缴罚款。当事人应当自收到行政处罚决定书之日起十五日内，到指定的银行或者通过电子支付系统缴纳罚款。……"这就明确规定了当事人自行到银行缴纳罚款的范围与程序。

（一）当事人自行到银行或者通过电子支付系统缴纳罚款的范围

根据《行政处罚法》的规定，当事人自行到银行或者通过电子支付系统缴纳罚款的范围，即除了当场收缴的罚款和依法采取执行措施收缴的罚款外，当事人都必须到指定的银行或者通过电子支付系统缴纳罚款，不能由行政执法人员代收。这就确定了当事人自行到银行或者通过电子支付系统缴纳罚款的范围是除了当场收缴的罚款以外的罚款，它大体包括以下四种情况：

第一，依法给予 100 元以上的罚款。100 元以下的罚款，因为数额比较小，执法人员可以当场收缴；而 100 元以上的罚款，相对来讲处罚程度比较重，对当事人自身权益的影响也比较大，一旦处罚不当，即使事后加以纠正，也会给当事人的权益造成损失。所以 100 元以上的罚款，当事人应当自行到指定的银行或者通过电子支付系统缴纳罚款。

第二，非边远、水上地区和交通比较方便的地区，当事人向指定的银行或者通过电子支付系统缴纳罚款没有困难的。在非边远、水上地区和交通方便的城镇地区，银行网点比较密集，网络信号比较通畅，当事人自行到指定的银行或者通过电子支付系统缴纳罚款比较方便，没有什么困难，在这种情况下，当事人应自行到银行或者通过电子支付系统缴纳罚款。

第三，在边远、水上、交通不便地区，当事人没有提出要求要当场缴纳罚款的。根据《行政处罚法》第 69 条的规定，在边远、水上、交通不便地区，行政机关及其执法人员依照简易程序或一般程序作出处罚决定后，当事人到指定的银行或者通过电子支付系统缴纳罚款确有困难，经当事人提出，行政机关及其执法人员可以当场收缴罚款。反之，如果当事人没有提出要求要当场缴纳罚款，行政机关及其执法人员就不能当场收缴罚款，而只能由当事人自行到银行或者通

过电子支付系统缴纳罚款。

第四,当事人能够证明自己身份的,行政机关在对当事人进行罚款的处罚时,如该当事人随身携带了身份证、工作证、学生证等证件,能够证明自己的身份;或当事人是在本行政区域内常住的人员、固定摊贩,对这些身份比较确定的当事人,行政机关即使不对他们当场收缴罚款,事后也能找到他们,兑现处罚决定。从当事人的角度来说,自己的身份已被行政机关所知,想逃避处罚是不可能的,在这种情况下,当事人一般也能自觉到银行或者通过电子支付系统缴纳罚款。

(二)当事人自行到银行缴纳罚款的程序

行政机关查处违法行为,作出处罚决定后,一方面将处罚决定书送达被处罚的当事人,另一方面将处罚决定书副本及收缴罚款通知函送达指定的银行。处罚决定书上应当写明受处罚人向哪个银行缴纳罚款。被处罚的当事人应当自收到罚款决定书之日起 15 日内,向指定的银行缴纳罚款。银行收取罚款后,应向被处罚的当事人开具财政部门统一制发的专用票据,收据一式四联,其中一联由银行交给作出罚款决定的行政机关存档。

(三)银行的责任和义务

《行政处罚法》规定,银行应当收受罚款,并将罚款直接上缴国库。这就规定了银行作为国家的金融机构,在实行处罚机关与收缴罚款的机构相分离制度中的责任和义务,即银行有责任配合行政机关的执法,在行政机关查处了违法行为,对违法的当事人作出罚款的处罚决定后,银行应当收受当事人缴纳的罚款,并将罚款直接上缴国库。

具有罚款权的行政机关应当在辖区范围内确定收缴罚款的银行网点,并与被确定的银行签定收缴罚款协议。被处罚人持行政处罚决定书按时到指定的银行缴纳罚款,银行收到罚款后,应开具由省政府财政主管部门统一制作的专用票据,票据一式四联,其中一联由银行交给作出罚款决定的行政机关存档。从实践情况来看,实行处罚机关与收缴罚款的机构相分离制度不但是必要的,而且是可行的,银行可以承担起收缴罚款的责任,并开展好这项业务。

三、罚款的当场收缴

《行政处罚法》第 68 条规定:“依照本法第五十一条的规定当场作出行政处

罚决定,有下列情形之一的,执法人员可以当场收缴罚款:(一)依法给予一百元以下罚款的;(二)不当场收缴事后难以执行的。”该法第69条规定:“在边远、水上、交通不便地区,行政机关及其执法人员依照本法第五十一条、第五十七条的规定作出罚款决定后,当事人到指定的银行或者通过电子支付系统缴纳罚款确有困难,经当事人提出,行政机关及其执法人员可以当场收缴罚款。”该法第70条规定:“行政机关及其执法人员当场收缴罚款的,必须向当事人出具国务院财政部门或者省、自治区、直辖市人民政府财政部门统一制发的专用票据;不出具财政部门统一制发的专用票据的,当事人有权拒绝缴纳罚款。”该法第71条规定:“执法人员当场收缴的罚款,应当自收缴罚款之日起二日内,交至行政机关;在水上当场收缴的罚款,应当自抵岸之日起二日内交至行政机关;行政机关应当在二日内将罚款缴付指定的银行。”这就明确规定了当场收缴罚款的范围、程序及当场收缴的罚款上缴程序。

从行政处罚的现状看,当场收缴罚款的现象较为普遍,造成对罚款情况很难监督,出现滥罚款、罚款不给收据以及罚款被截留、挪用、贪污等现象,影响了廉政建设和执法队伍的形象。为有效地抑制这种现象,《行政处罚法》规定了处罚机关与收缴罚款的机构相分离的制度。但这并不等于要完全取消当场收缴罚款,在某些情况下,当场收缴罚款还是必要的,这主要是基于以下因素的考虑:一是当场收缴罚款能够节省行政执法成本费用;二是当场收缴罚款可以提高行政效率,减轻行政机关和金融机构不必要的负担,同时也方便在边远、水上即交通不便这些特殊地区的当事人;三是存在一些当场必须收缴罚款的情形,主要是指流动性大、身份不易确认的违法人员,不当场收缴罚款事后就难以执行。所以,《行政处罚法》规定了在三种情况下,执法人员可以当场收缴罚款。

(一)当场收缴罚款的范围

根据《行政处罚法》的规定,在下列三种情形下,执法人员可以当场收缴罚款。

(1)依法给予100元以下罚款的。100元以下的罚款,一则从罚款的数额上说比较少,二则这一类罚款,在行政执法机关的处罚中,量也是比较大的,可以说是很经常性的处罚,比如随地吐痰、乱扔烟头等很轻微的违法行为,一般给予100元以下的罚款。对于这一类罚款,要求当事人到指定的银行去缴纳,一方面增加程序的复杂性,另一方面也增加银行的工作量。所以依法给予100元以下的罚款的,执法人员可以当场收缴。

(2)不当场收缴事后难以执行的,主要指不在本行政区域内常住的流动人员、流动摊贩,如不当场收缴罚款,以后就难以找到当事人收缴罚款。这种情况,各地人民政府应当根据本地区的实际情况明确规定“不当场收缴事后难以执行”的具体范围并予以公布。

(3)在边远、水上、交通不便地区,当事人向指定的银行或者通过电子支付系统缴纳罚款确有困难的,经当事人提出要求,行政机关及其执法人员可以当场收缴罚款。边远、水上、交通不便地区,由于地理上的特殊性,银行网点比较稀少,网络信号不通畅,当事人不会使用电子支付系统,或是交通不便,比如山区、草原牧区等,要求当事人到指定的银行或者通过电子支付系统交纳罚款确实有很大困难。特别是在一些水上地区发生的违法行为,行政机关及其执法人员作出罚款的决定后,被处罚的当事人有时要经过一段较长的时间后,才能回到岸上,如要求他们在收到处罚决定书后的15日内,就到指定的银行缴纳罚款确实有很大困难。所以从方便当事人的角度,对于在这些地区发生的违法行为,如当事人提出要求要当场缴纳罚款,行政机关及其执法人员可以当场收缴罚款。这里应当指出的是,当事人提出要求要当场缴纳罚款,是当场收缴罚款的一个必备条件,如果当事人没有提出当场缴纳罚款的要求,即便是在边远、水上、交通不便地区发生的违法行为,行政机关及其执法人员也不能当场收缴罚款。这是因为《行政处罚法》的这一规定就是从方便边远、水上、交通不便地区的当事人的角度出发的,所以当事人是否提出要求,就成了行政机关及其执法人员能否当场收缴罚款的一个前提条件。

(二)当场收缴罚款的程序

根据《行政处罚法》的规定,行政机关及其执法人员当场收缴罚款的,必须向当事人出具国务院财政部门或者省、自治区、直辖市人民政府财政部门统一制发的专用票据;不出具财政部门统一制发的专用票据的,当事人有权拒绝缴纳罚款。这一规定主要是针对目前有些执法人员当场罚款不向被处罚的当事人出具票据或出具自行印制的票据的做法而作出的。因为罚款不给票据或出具自行印制的票据,很容易导致滥罚款以及罚款被截留、挪用、贪污等问题,严重损害了行政执法队伍的形象,破坏了廉政建设,所以必须采取相应的、有针对性的措施予以制止。之所以规定由国务院或者省、自治区、直辖市人民政府财政部门统一制发专用票据,主要是为了对行政机关或者有行政处罚权的组织的罚款情况进行财政监控。无论是执法人员当场收缴罚款,还是当事人自行到银行去缴纳罚款,最终这些罚款都是要全部上缴财政的,所以通过由人民政府财政部门统一制发专用票据,可以对罚款进行严格控制,制止滥罚款及罚款被截留、挪用、贪污等现象,促进廉政建设,改善执法队伍的形象。对于不使用专用票据或者使用非法定部门制发的专用票据的,《行政处罚法》第 77 条规定了法律责任:“行政机关对当事人进行处罚不使用罚款、没收财物单据或者使用非法定部门制发的罚款、没收财物单据的,当事人有权拒绝,并有权予以检举,由上级行政机关或者有关机关对使用的非法单据予以收缴销毁,对直接负责的主管人员和其他直接责任人员依法给予处分。”

这里还应指出的是,行政机关及其执法人员依照《行政处罚法》第 68 条的规定,即在依法给予 100 元以下的罚款、不当场收缴事后难以执行这两种情形之下进行的当场收缴罚款,应当按照简易程序,即当场处罚的程序进行。根据《行政处罚法》第 51 条的规定,适用简易程序的法定条件是:违法事实确凿并有法定依据,对公民处以 200 元以下、对法人或者其他组织处以 3000 元以下罚款或者警告的行政处罚的,可以当场作出行政处罚决定,但是,法律另有规定的,从其规定。也就是说,在一般情况下(边远、水上、交通不便地区的特殊情况除外)只有适用简易程序当场作出行政处罚决定的,才能当场收缴罚款;不是当场作出行政处罚决定的,都不能当场收缴罚款。所以当场收缴罚款的,首先应当依照简易程序作出行政处罚决定,对其中符合当场收缴罚款条件的,行政机关的执法人员才可以收缴罚款。

对于《行政处罚法》第 69 条规定的当场收缴罚款,即在边远、水上和交通不便地区发生的违法行为,行政机关及其执法人员可以应当事人的要求当场收缴罚款。这里的当场收缴罚款,其在决定程序上适用的是两种程序,即简易程序或者普通程序,这就与前面第 68 条规定的当场收缴罚款在适用的决定程序上有所不同。第 68 条规定的当场收缴罚款,其适用的决定程序必须是简易程序,即必须是行政机关可以当场作出处罚决定的情况下,而第 69 条规定的当场收缴罚款,其适用的决定程序除简易程序外,还包括普通程序。这是因为,第 69 条规定的当场收缴罚款,其出发点在于方便边远、水上、交通不便这些特殊地区的当事人,而不是像第 68 条规定的那样,从罚款的数额、事后是否能执行等方面考虑,这样行政机关在查处发生于边远、水上、交通不便地区的违法行为时,如作出的罚款决定是对公民处以 200 元以上的罚款,对法人或者其他组织处以 3000 元以上的罚款,按照《行政处罚法》的规定,就应当适用普通程序作出处罚决定。

(三)当场收缴的罚款上缴程序

《行政处罚法》第 71 条规定:"执法人员当场收缴的罚款,应当自收缴罚款之日起二日内,交至行政机关;在水上当场收缴的罚款,应当自抵岸之日起二日内交至行政机关;行政机关应当在二日内将罚款缴付指定的银行。"根据这一规定,执法人员当场收缴的罚款,应当及时交至所在的行政机关,再由行政机关及时缴付指定的银行。

执法人员当场收缴罚款,是一种代收罚款的行为,是由于特殊情况,无法由金融机构直接收缴罚款,而由执法人员代收。所以执法人员代收罚款后,应当及时缴付所在的行政机关,再由行政机关统一在 2 日内缴付指定的银行,否则很容易造成所罚款项流入执法机关的"小金库"或者一些执法人员个人的腰包,导致罚款被截留、挪用甚至大量流失。对于被处罚的当事人一方来说,也容易对处罚产生抵触情绪。所以,针对这些问题,《行政处罚法》规定执法人员当场收缴的罚款,应当及时缴付所在的行政机关,再由行政机关在收到后 2 日内缴付指定的银行。这里应当指出的是,按照财务制度的规定,财会人员应当将所收的现金,在当日缴付金融机构,比照这一规定,代收罚款的行政执法人员应当在当日就将罚款交至指定的金融机构,但现实情况是行政执法人员负担的执法任务比较重,工作量也比较大,要求他们在代收罚款的当日就交付银行,可能有困难,特别是一些边远的农村、山区、草原牧区等,交通不便,银行网点较少,执法人员在当日到银行交付所代收的罚款,困难会更大。所以考虑到以上因素,《行政处罚法》将罚款缴付银行的期限适当放宽,规定执法人员当场收缴的罚款,应当在 2 日内交至所在的行政机关,再由行政机关在 2 日内缴付至指定的银行。

为了确保执法人员当场收缴的罚款能够及时、全部缴付银行，具有罚款权的行政机关应在辖区范围内确定收缴罚款的银行网点，并在银行建立罚款专户，将收缴的罚款存放专户，集中上交国库。行政机关不得以任何理由动用罚款。银行也应当对执法人员代收罚款的情况进行经常性的检查，若发现代收罚款的执法人员或有关机构违法收缴罚款的，应向其所在机关或其上级行政机关及有关部门反映，由相关的有权机关追究其违法责任。

四、罚款的暂缓履行和分期履行

《行政处罚法》第66条第2款规定："当事人确有经济困难，需要延期或者分期缴纳罚款的，经当事人申请和行政机关批准，可以暂缓或者分期缴纳。"这就明确规定了当事人在确有经济困难，需要延期或者分期缴纳罚款的情况下，可以暂缓或者分期履行罚款的义务。在正常的行政处罚的罚款收缴程序之外，可能出现受处罚人因有特殊经济困难，需要延期或者分期缴纳罚款的情况，如受处罚人因遭受水灾、火灾等灾害造成财产损失，无法如期缴纳罚款，需要延期或者分期缴纳罚款。在这种情况下，受处罚人不是主观上拒交罚款，而是客观上有经济困难，没有如期履行罚款义务的能力，因此，必须与受处罚的当事人故意拒绝或者拖延缴纳罚款的行为区别开来，允许有特殊经济困难的当事人暂缓或者分期履行缴纳罚款义务。对于当事人有能力履行罚款决定，却故意不履行，或者拖延履行的，行政机关应当采取执行措施，如根据法律规定，将查封、扣押的财物拍卖、依法处理或者将冻结的存款、汇款划拨抵缴罚款；或每日按罚款数额的3%加处罚款等，强制其履行。而对于确有经济困难的当事人，则可以批准其暂缓或者分期履行罚款。

当事人申请暂缓或分期履行罚款义务的程序是：受处罚的当事人确有经济困难，需要延期或者分期缴纳罚款的，应当向作出罚款决定的行政机关提出申请，阐述不能按期缴纳罚款的原因和理由，并提出申请延期的期限或者需分几次缴纳罚款。行政机关在收到当事人的申请后，应当进行严格审查，调查当事人目前的财产状况，从而确定其是否有履行罚款的能力。如果行政机关经过审查，认为当事人的申请理由不成立的，予以驳回申请；认为申请理由成立的，应作出批准允许延期或者分期缴纳的决定。行政机关作出批准延期或分期缴纳罚款的决定后,应当制作决定书,银行依照行政机关的决定收缴罚款。

行政机关在执行此条规定的时候,应当严格把握两点:

其一,对当事人的申请一定要严格审查,对当事人当前的财产状况及是否有履行能力一定要调查清楚,否则,将会严重影响行政机关执法的严肃性,放纵违法行为。

其二,暂缓履行或分期履行并不等于不履行。对确有经济困难的当事人,经过行政机关批准,可以暂缓或分期履行缴纳罚款的义务,一旦当事人有了履行能力,就应当按照行政处罚决定的要求,履行罚款义务。行政机关也应当督促当事人在有了履行能力的情况下,及时履行缴纳罚款的义务,否则就会影响行政机关执法严肃性。《行政处罚法》没有规定行政机关可以撤销已经作出的罚款决定的行政处罚,这是因为行政处罚具有的确定性,行政处罚依法作出后,非经法律规定的程序不得随意变更与撤销。

五、对依法没收的违法所得、非法财物及所罚款项的处理

《行政处罚法》第 74 条规定:“除依法应当予以销毁的物品外,依法没收的非法财物必须按照国家规定公开拍卖或者按照国家有关规定处理。罚款、没收的违法所得或者没收非法财物拍卖的款项,必须全部上缴国库,任何行政机关或者个人不得以任何形式截留、私分或者变相私分。罚款、没收的违法所得或者没收非法财物拍卖的款项,不得同作出行政处罚决定的行政机关及其工作人员的考核、考评直接或者变相挂钩。除依法应当退还、退赔的外,财政部门不得以任何形式向作出行政处罚决定的行政机关返还罚款、没收的违法所得或者没收非法财物拍卖的款项。”这就明确规定了对所罚款项及没收的违法所得、非法财物的处理办法。

罚款、没收违法所得、没收非法财物都属于财产罚。财产罚,是指使被处罚的当事人的财产权利和利益受到损害的行政处罚,主要是对当事人的财产权予以剥夺,并不影响违法者的人身自由和进行其他活动的权利。财产罚的形式主要表现为没收其不合法占有的财物和金钱,或使其缴纳一定数额的金钱,即没收违法所得、没收非法财物和罚款。财产罚主要适用于以下三种情况:(1)有经济收入的公民或者有固定资产的法人或者组织所实施的违法行为;(2)在从事

以营利为目的的经营活动中实施的违法行为;(3)行为人实施违法行为所造成的危害后果,可以通过剥夺其财产予以补偿,对这种违法行为可适用财产罚。财产罚必须以制裁违法行为为目的,依法适用,否则滥用财产罚必然会产生种种弊端,因此,必须依法适用财产罚,不能滥用和乱用。

(一)对依法没收的非法财物的处理

没收非法财物,是指行政机关对违法当事人的物品收归国有的处罚方式。可成为没收对象的是:(1)当事人非法所得的财物。就性质来讲,这些财物不属于当事人所有,而是被其非法占有。(2)财物虽系当事人所有,但因其用于非法活动而被没收。如用作赌资的金钱等。(3)违禁品。违禁品是国家法律、法规明文禁止生产、加工、保管、运输、销售的物品及在某些场所禁止携带的物品,如在车、船、飞机上查出的易燃易爆物品、黄色书刊、黄色录音带录像带等淫秽物品、毒品、内容反动的宣传品等。

对于这些没收的非法财物,根据《行政处罚法》的规定,除依法应当予以销毁的物品以外,其他物品必须按照国家规定公开拍卖或者按照国家有关规定处理。依法应当予以销毁的物品,主要是指违禁品、劣质腐烂的食品等,这些物品对社会具有危害性,一旦传播开来,后果不堪设想,所以这些物品一经发现,必须予以没收销毁。对于其他物品,行政机关应当按照国家规定公开拍卖或者按照国家有关规定处理,严禁内部私分或者低价处理。拍卖,是指以公开竞价的形式,将特定物品或者与财产权有关的权利转让或者出让给最高应价者的买卖方式。拍卖是一种特殊的商品流通方式,具有竞争性强、透明度高等特点。自改革开放以来,我国拍卖业发展较快,拍卖市场已初具规模。由于拍卖活动是公开进行的,所以行政机关将依法没收的物品通过拍卖的方式进行处理,有利于公众对行政机关进行监督,促进廉政建设。具体做法是,行政机关决定对依法没收的非法财物,应当首先委托所在地的县级以上人民政府指定的拍卖企业进行拍卖,并与拍卖企业签订委托拍卖合同,委托拍卖合同应当载明以下事项:(1)委托人与拍卖人的名称、住所;(2)拍卖标的;(3)拍卖标的保留价;(4)拍卖的时间、地点;(5)拍卖标的交付或者转移的时间、方式;(6)佣金及其支付的方式、期限;(7)价款的支付方式、期限;(8)违约责任;(9)双方约定的其他事项。合同签订以后,由拍卖企业进行拍卖。对于鲜活的物品和其他易腐烂、易变质的物品，可以委托当地农副产品批发市场或者集贸市场出售。拍卖成交后所得的拍卖款项，由行政机关全部上缴国库，不准以任何形式截留、私分或者变相私分。

（二）对罚款、没收违法所得或者没收非法财物拍卖的款项的处理

罚款是对违反法律、法规，不履行法定义务的当事人的一种经济上的处罚，是指行政机关强制违法者承担一定的金钱给付义务的处罚方式。没收违法所得，是指由行政机关实施的将违法当事人的违法收入收归国有的处罚方式，如海关没收当事人走私所得的钱财就是没收违法所得。没收非法财物拍卖的款项，是指行政机关将依法没收的非法财物委托给拍卖企业进行拍卖后所得的款项。

《行政处罚法》第 74 条第 2、3 款规定："罚款、没收的违法所得或者没收非法财物拍卖的款项，必须全部上缴国库，任何行政机关或者个人不得以任何形式截留、私分或者变相私分。罚款、没收的违法所得或者没收非法财物拍卖的款项，不得同作出行政处罚决定的行政机关及其工作人员的考核、考评直接或者变相挂钩。除依法应当退还、退赔的外，财政部门不得以任何形式向作出行政处罚决定的行政机关返还罚款、没收的违法所得或者没收非法财物拍卖的款项。"自 20 世纪 80 年代实行财政体制改革以来，一些地方为了解决行政机关经费不足的问题，采取了行政机关在执行法律、法规规定的职责时，将罚没收入与财政分成的制度，这一制度的实行，虽然解决了执法机关行政经费不足的矛盾，却由此产生了一个很严重的负面效应，那就是行政机关罚款、没收违法所得越多，自己的收入越多，罚款、没收违法所得成了执法机关创收的手段，滥罚款、罚款被截留、私分或者变相私分的问题则由此产生。此外，还有一些地方将罚款、没收违法所得或者没收非法财物拍卖的款项同作出行政处罚决定的行政机关及其工作人员的考核、考评直接或者变相挂钩，这使得滥罚款现象更加泛滥。针对上述问题，国家在 20 世纪 80 年代中期确定了罚没收入与执法机关行政经费"收支两条线"政策，即罚没收入全部由执法机关上交财政，执法机关所需经费由财政部门另行拨付。这一制度从理论上说是可行的，但在实际执行中却又产生了另外一个问题，那就是行政机关虽然把罚没收入上缴了财政，但财政部门却以种种形式向行政机关返还罚款或者返还拍卖款项，而且行政机关上缴的

罚没款越多,财政部门返还的也越多。这样一来,行政机关照样可以以罚没款创收,“收支两条线”形同虚设。究其原因,就在于罚没收入是由执法机关上交财政,因而上交罚没收入的多少成了罚款机关与财政部门讨价还价的筹码。而财政部门也愿意以返还的形式刺激行政机关多上交罚没收入。财政部门与执法机关利益一致,这种行为其他机关是难以发现和制止的。所以为了抑制财政部门将执法部门上交的罚没款变相返还的问题,《行政处罚法》规定,除依法应当退还、退赔的外,财政部门不得以任何形式向作出行政处罚决定的行政机关返还罚款、没收的违法所得或者返还没收非法财物的拍卖的款项,并在第 78 条规定,“行政机关违反本法第六十七条的规定自行收缴罚款的,财政部门违反本法第七十四条的规定向行政机关返还罚款、没收的违法所得或者拍卖款项的,由上级行政机关或者有关机关责令改正,对直接负责的主管人员和其他直接责任人员依法给予处分”,第 79 条第 1 款规定,“行政机关截留、私分或者变相私分罚款、没收的违法所得或者财物的,由财政部门或者有关机关予以追缴,对直接负责的主管人员和其他直接责任人员依法给予处分;情节严重构成犯罪的,依法追究刑事责任”,这就从法律制度上解决了滥罚款的问题,确保执法机关将罚没款全部上缴国库。

第七章　法律责任

行政处罚法法律责任这一章节规定的目的在于防止行政权力的滥用，反促行政处罚权规范行使，维护社会秩序与公民、法人或其他组织的合法权益。不同于其他章节，法律责任这一章节的设置是通过对权力的限制，维护权利的实现，避免行政权的肆意扩张，维护行政机关的权威。

前文已经比较系统地论述了行政处罚的种类、实施机关、管辖和适用、决定程序及执行，目的在于从职权角度阐述如何合法、合理地作出行政处罚，而法律责任这一章节主要是通过职责角度阐述行政机关违反上述规定应当承担的责任，承担责任的人员为行政机关主管人员和直接责任人员的责任。

第一节　法律责任的概念与形式

一、法律责任的概念

《布莱克法律词典》对于法律责任的解释指出："法律责任是因某种行为而产生的受处罚的义务以及对引起的损害予以赔偿或用别的方法予以补偿的义务。"[1]根据这一理解，行政处罚中法律责任是指行政机关在行使行政处罚权力中，因自身违法行为而产生承受责任的义务并对其造成的损害予以赔偿的责任。这里的法律责任涵盖刑事、民事、行政三个方面，且责任承担的对象为行政机关及其工作人员。

---

〔1〕 See Black's Law Dictionary (7^{th}ed. 2006), p. 703.

一般认为行政处罚是行政机关或经法律授权的组织对行政相对人违反行政管理秩序的行为所实施的减益行为。目的在于将社会秩序恢复至正常的状态,进而保障保护公民、法人和其他组织的合法权益。公权力天然具有扩张性与肆意性,如何规范公权力的行使是行政法永恒的课题。如果说《行政处罚法》前六章是关于如何正向规范行政权的行使,那么第七章法律责任则是从反向促使行政权规范行使。其目的在于防止行政处罚权的滥用,起到督促作用,继而保障公民、法人和其他组织的合法权益,实现依法行政的目的。

二、法律责任的形式

行政机关及其工作人员行使行政处罚权力违反法律规定或造成损失的,应当承担相应的法律责任。此处的责任可划分为两类,即内部责任——行政处分;外部责任——政务处分、刑事责任、行政赔偿责任。

(一)内部责任——行政处分

行政处分是行政机关工作人员因违反行政法律规范所应承担的一种行政惩戒措施。《国家公务员暂行条例》颁布之前,实施行政处分的法律依据主要由两部法律构成,即1957年国务院颁布的《关于国家行政机关工作人员的奖惩暂行规定》与1988年国务院颁布的《国家行政机关工作人员贪污贿赂行政处分暂行规定》。《国家行政机关工作人员贪污贿赂行政处分暂行规定》着重规定了对贪污贿赂行为的行政处分,其本质是对《关于国家行政机关工作人员的奖惩暂行规定》部分内容的修改和补充。随着改革开放,市场经济快速发展带来的冲击,法治观念的不断革新,以及依法行政的要求,《关于国家行政机关工作人员的奖惩暂行规定》已经不能适应当下的法治要求。1993年8月14日,国务院颁布了《国家公务员暂行条例》,该条例对行政处分的种类和行政处分的适用作了规定;经过十多年的发展,《公务员法》终于在2005年4月27日第十届全国人民代表大会常务委员会第十五次会议通过;随着2017年、2018年《公务员法》的两次修改,其与《行政机关公务员处分条例》最终成为对行政机关工作人员实施行政处分的主要法律依据。

(二)外部责任——政务处分、刑事责任、行政赔偿责任

1. 政务处分。政务处分是指对违法的公职人员依法作出的政务上的惩戒

措施，主要法律依据为《监察法》与《公职人员政务处分法》，其处分的来源是监察权。2018 年之前，对于行政机关工作人员的主要处分依据为公务员法、行政机关公务员处分条例、行政监察法等，随着《监察法》《中华人民共和国公职人员政务处分法》出台，监察体制的改革，法律赋予了监察机关对行政机关公务人员因违法而处以政务处分的权能。随之，处分也划分为两种形式，即行政处分——来源于行政权；政务处分——来源于监察权。这种二分的形式，目的在于对行政机关公务人员进行全方位的监督，继而保障公务人员的廉洁性，两者功能互补，目的一致。

2. 刑事责任。刑事责任是指行政机关工作人员在行使行政处罚权时，违反刑法的有关规定，所应受到的刑事处罚。行政机关工作人员作为行使国家行政权力的工作人员，由于其特殊的地位，其违法行为比一般公民的违法具有更大的社会危害性。因此，对行政机关工作人员的违法行为要依法予以制裁，其违法行为性质和情节严重的，依法应当追究其刑事责任。《行政处罚法》只是在第 81 条、第 82 条、第 83 条予以笼统的规定。具体的指向主要是《刑法》及其司法解释。

3. 行政赔偿责任。行政赔偿责任是指行政机关及其工作人员在实施行政处罚的过程中，违法行使职权，造成公民、法人和其他组织的合法权益损害的，所应承担的行政赔偿责任。《行政处罚法》第 6 条规定了公民、法人或者其他组织因行政机关违法给予行政处罚受到损害的，有权依法提出赔偿要求。此外，第 80 条规定了行政机关使用或者故意损毁查封扣押的财物的赔偿责任；第 81 条规定了行政机关违法实行强制措施或者执行措施给公民人身或者财产造成严重损害，给法人或者其他组织造成重大损失的赔偿责任。根据《国家赔偿法》的规定，行政赔偿的义务机关是行使职权侵犯公民、法人和其他组织的合法权益的行政机关，赔偿义务机关赔偿损失后，应当责令有故意或者重大过失的工作人员或者受委托的组织和个人承担部分或者全部费用。行政机关承担行政赔偿责任的主要法律依据是《国家赔偿法》。

第二节　行政处分

一、行政处分的种类

根据《公务员法》第56条的规定，行政处分分为六种：警告、记过、记大过、降级、撤职、开除。

1. 警告。对违反行政纪律的行为主体提出告诫，使之认识应负的行政责任，以便加以警惕，使其注意并改正错误，不再犯此类错误。这种处分适用于违反行政纪律行为轻微的人员。

2. 记过。记载或者登记过错，以示惩处之意。这种处分，适用于违反行政纪律行为比较轻微的人员。

3. 记大过。记载或登记较大或较严重的过错，以示严重惩处的意思。这种处分，适用于违反行政纪律行为比较严重，给国家和人民造成一定损失的人员。

4. 降级。降低其工资等级。这种处分，适用于违反行政纪律，使国家和人民的利益受一定损失，但仍然可以继续担任现任职务的人员。

5. 撤职。撤销现任职务。这种处分适用于违反行政纪律行为严重，已不适宜担任现任职务的人员。

6. 开除。取消其公职。这种处分适用于犯有严重错误已丧失国家工作人员基本条件的人员。

二、违反《行政处罚法》给予行政处分的情形

行政处罚法对给予行政处分对情形进行了明确的分类，其中包括：(1)没有法定的行政处罚依据而实施行政处罚；(2)擅自改变行政处罚种类、幅度作出行政处罚；(3)违反法律规定的行政处罚程序实施行政处罚；(4)行政机关违反本法第20条关于委托处罚规定的；(5)执法人员未取得执法证件的；(6)不使用罚款、没收财物单据或者使用非法定部门制发的罚款、没收财物单据的；(7)自行收缴罚款以及财政部门违法向行政机关返还罚款或者拍卖款项的；(8)截留、私分或者变相私分罚款、没收的违法所得或者财物的；(9)执法人员利用职务上的

便利,索取或收受他人财物、收缴罚款据为已有,情节轻微,不构成犯罪的;(10)使用或者损毁查封、扣押的财物的;(11)违法实行检查措施或者执行措施,给公民人身或者财产造成损害,给法人或者其他组织造成损失,情节轻微,不构成犯罪的;(12)行政机关对应当依法移交司法机关追究刑事责任的案件不移交,以行政处罚代替刑罚的;(13)行政机关对应当予以制止和处罚的违法行为不予制止、处罚,致使公民、法人或者其他组织的合法权益、公共利益和社会秩序遭受损害的,情节轻微,不构成犯罪的。具体适用情形如下:

(一)没有法定的行政处罚依据而实施行政处罚

任何行政权力的行使都应当有法律上的依据,行政处罚权的行使也不例外。行政处罚的实施对行政相对人造成的结果通常是减益性的,任意实施行政处罚必然会损害公民、法人或者其他组织的合法权益,继而导致社会秩序的不稳定。行政机关所依据的法律依据主要为:法律、法规或者规章。法律、法规或者规章没有规定行政处罚的,行政机关不得对公民、法人或者其他组织实施行政处罚。行政机关在没有法定的行政处罚依据而实施处罚的,由上级行政机关或者有关机关责令改正,可以对直接负责的主管人员和其他直接责任人员依法给予处分。

(二)擅自改变行政处罚种类、幅度作出行政处罚

行政处罚种类与幅度的设置是规范行政机关正确实施行政处罚权,保护行政相对人合法权益的重要方式。行政机关擅自改变行政处罚种类、幅度本质上是一种滥用职权的行为,其行政处罚的行为也因违法而无效。

行政处罚种类和幅度的设定,反映了法律对不同违法行为不同的评价。本质上适用何种处罚、处罚幅度的轻重是根据行政相对人违法行为所决定的,是为过罚相当的处罚原则。合理的处罚种类与处罚幅度是法治重要的体现,是对行政相对人的正向引导。法不畏严,而畏不公,不公则序不齐。行政机关根据不同的时间、地点、条件、相对人的过错承担,可以选择不同的处罚种类,并在确定的处罚类型中选择相对应的处罚幅度,这是公平的需要,也是行政机关执政水平的体现。但是,不能任意选择处罚种类与幅度,否则就是行政权力的滥用。

现行的法律法规对行政相对人因违法而承担相应的行政处罚后果作出了具体的规定,并且对行政处罚的种类与幅度作出了相应的规定。行政机关在行

使行政处罚权时,应严格遵守法律的规定,作出行政处罚决定不得违反法律规定的种类和幅度。否则,行政机关及其工作人员应当由上级行政机关或者有关机关令改正,并由直接负责的主管人员和其他直接责任人员承担处分责任。

(三)违反法律规定的行政处罚程序的

对行政相对人作出行政处罚不仅要严格依照法律、法规,并在法定处罚的种类和幅度进行处罚,还应当遵守作出行政处罚的法定程序,即行政处罚应当实体上合法,程序上也应当合法。英国对于行政程序主要依据为自然公正原则,它包括两个方面的规则:不能做自己案件的法官;听取对方意见。其中听取对方意见又包含三项内容:公民拥有在合适的期间获得不利损害通知的权利,即被告知的权利;公民有了解行政机关作出行政决定的内容和依据的权利,即行政机关有说明理由的义务;公民有为自己辩护的权利。[1] 我国虽然没有在立法上引入上述原则,但是在实践中对于上述原则是认同的。根据《行政处罚法》第4条之规定,行政机关实施行政处罚应当依据行政处罚法规定的程序实施。该法第五章对行政处罚的法定程序进行了详细的规定,其中包括简易程序的适用、一般程序的适用。无论适用简易程序还是适用一般程序,行政机关及其执法人员在作出行政处罚决定之前,必须向当事人告知行政处罚的内容及事实、理由和依据,听取当事人的陈述、申辩、并告知其听证的权利。行政机关在实施行政处罚时,违反法律规定的行政处罚程序的,由上级行政机关或者有关机关责令改正,对直接负责的主管人员和其他直接责任人员依法给予处分。

(四)行政机关违反本法第20条关于委托处罚规定的

行政机关违反委托处罚规定的情形主要有以下几种:(1)行政机关没有法律、法规或者规章依据自行委托其他组织实施行政处罚的;(2)行政机关委托不符合法定条件的组织或者个人实施行政处罚的;(3)受委托组织再委托其他组织或者个人实施行政处罚的。行政机关违反行政处罚法关于委托处罚的规定,由上级行政机关或者有关机关责令改正,可以对直接负责的主管人员和其他直接责任人员依法给予处分。

(五)执法人员未取得执法证件进行执法的

行政执法证件的取得是行政机关执法人员身份的证明,没有取得行政执法

---

[1] 应松年主编:《比较行政程序法》,中国法制出版社1998年版,第10页。

证件的行政机关执法人员不具有执法资格，最终结果是行政处罚决定作出的无效。《行政处罚法》第52条和第55条分别规定了执法人员在调查或者进行检查时，应当主动向当事人或者有关人员出示执法证件。执法人员不出示执法证件的，当事人或者有关人员有权拒绝接受调查或者检查。执法人员未取得执法证件的，上级行政机关或者有关机关责令改正，可以对直接负责的主管人员和其他直接责任人员依法给予处分。

（六）不使用罚款、没收财物单据或者使用非法定部门制发的罚款、没收财物单据的

行政机关对于行政相对人不遵守行政法的行为，视情况可以依法作出罚款、没收财物的行政决定，是一种经济上的处罚。作出上述处罚之后，行政机关有义务向行政相对人作出正式的书面处罚决定，并依法开具相应的单据。罚款、没收财物单据不仅是财务收支的法定凭证，也是部门核算中最重要的原始凭据，并且是稽查部门稽查的重要依据。《财政票据管理办法》《罚没财物管理办法》等相关法律法规对罚款、没收单据作出了规范性的规定，罚款、没收财物单据由省、自治区、直辖市财政部门统一制发，由各级财政部门发放、管理，其他任何个人、组织都无权印制。并且在行政处罚中，罚款、没收财物不使用罚款、没收财物票据或者使用非法定部门制发的罚款、没收财物单据，可能造成财政部门无法收取行政机关应上缴国库的罚款和没收财物拍买所得款项，造成国家财产流失。因此，《行政处罚法》第70条对罚款、没收单据的使用作出了具体的规定，以保证行政处罚的规范性。行政机关工作人员在行政处罚过程中不使用罚款、没收财物单据或者使用非法定部门制发的罚款、没收财物单据的，当事人有权拒绝处罚，并有权予以检举，由上级行政机关或者有关部门对使用的非法单据予以收缴，对直接负责的主管人员和其他直接责任人员依法给予处分。

（七）自行收缴罚款以及财政部门违法向行政机关返还罚款或者拍卖款项的

实践中，有的地方为了解决行政机关的经费不足，将行政机关的罚款、没收违法所得和没收非法财物的收入按一定比例返还给行政机关，作为行政经费。这样，行政处罚对处罚机关来说有利可图，行政机关罚得越多，它的经费也越

多,形成收支挂钩、互相推动的利益格局。这种利益格局促使行政机关争相处罚,造成现实中的滥施处罚。为此,1986年12月31日财政部颁布了《罚没财物和追回赃款赃物管理办法》,规定了罚没收入与执法机关的行政经费、办案经费开支分开,罚没收入全部上缴财政,行政执法机关所需经费由财政部门另行拨给的制度;1993年10月9日,中共中央办公厅、国务院办公厅转发了财政部关于行政性经费、罚没收入实行预算管理的规定,再次强调罚没收入必须全部上缴财政,严禁任何形式的提留、分成和收支挂钩。但是,这些规定并没有从根本上解决收支挂钩的问题。为了保证行政机关不为经济利益所驱动,能够公正地实施行政处罚,《行政处罚法》第74条第1款规定:"除依法应当予以销毁的物品外,依法没收的非法财物必须按照国家规定公开拍卖或者按照国家有关规定处理"。自行收缴罚款以及财政部门违法向行政机关返还罚款或者拍卖款项的可以分为两种情形:

1. 违法自行收缴罚款的

行政处罚实行的早期,行政处罚机关或组织实施的是自行收缴罚款制度,执法机关和执法人员缺少必须的监督,致使部分行政机关将罚款作为创收的一种手段,并且罚款数额与本单位的奖金和福利挂钩。基于上述情形,行政处罚的行使与经济利益所挂钩,部分行政机关为了追求部门利益滥施处罚,侵犯了公民、法人或者其他组织的合法权益,侵蚀了执法人员的廉洁性,破坏了人民群众与政府的关系。为解决上述问题,我国出台了《罚没财物和追回赃款赃物管理办法》等规定,但实践中,却又产生了另一个问题,那就是行政机关虽然把罚没收入上缴了财政,但财政部门却以种种形式向行政机关返还罚款或者返还拍卖款项,而且行政机关上缴的罚没款越多,财政部门返还给行政部门的也越多。行政机关照样可以以罚没款来创收,"收支两条线"形同虚设。

为了避免上述问题的出现,新《行政处罚法》修订了这一内容,行政机关违反法律规定自行收缴罚款的,由上级行政机关或者有关机关责令改正,对直接负责的主管人员和其他直接负责人员依法给予处分。

2. 财政部门违法向行政机关返还罚款或者拍卖款项的

《行政处罚法》第74条规定,除依法应当予以销毁的物品外,依法没收的非法财物必须按照国家规定公开拍卖或者按照国家有关规定处理。并且罚没的财物必须全部上缴国库,财政部门不得向行政机关返还。财政部门向行政机关返还罚款、没收违法所得或拍卖款项的,应由上级行政机关或有关部门责令改正,并对直接负责的主管人员和其他直接责任人员给予处分。

(八)截留、私分或者变相私分罚款、没收的违法所得或者财物的

罚款、没收的违法所得或者没收的非法财物应该归国家所有,截留私分或者变相罚款都是严重违反法律规定的行为。根据《行政处罚法》第79条的规定,截留、私分或者变相私分罚款、没收的违法所得或者财物,情节轻微,不构成犯罪的,由财政部门或者有关部门予以追缴,对直接负责的主管人员和其他直接责任人员依法给予处分。

(九)执法人员利用职务上的便利,索取或收受他人财物、收缴罚款据为己有,情节轻微,不构成犯罪的

行政机关执法人员代表行政机关行使行政处罚的权力,权力天生容易滋生腐败,因此执法人员更容易被各种诱惑所侵蚀,为了保障执法人员的廉洁性,保证执法的公正性,《行政处罚法》第79条规定,执法人员利用职务上的便利,索取或收受他人财物、将收缴罚款据为己有,是贪污、受贿行为,构成犯罪的,依法追究刑事责任;情节轻微,不构成犯罪的,依法给予处分。

(十)使用或者损毁查封扣押的财物的

查封、扣押属于行政强制措施,属于一种保全措施,在行政处罚法中对其法律责任予以规定,是因为行政处罚多数情况下不是立即作出的,适用上述强制措施是为了保护证据、防止损害扩大、防止被执行人转移、隐匿、毁坏证据或者可供执行的财产。对于被扣押的财产,行政机关应妥善保管,不得使用或者损毁。《行政处罚法》第80条规定,行政机关使用或者损毁扣押的财物,给当事人造成损失的,应当依法予以赔偿,对直接负责的主管人员和其他直接责任人员依法给予处分。

(十一)违法实行检查措施或者执行措施,给公民人身或者财产造成损害,给法人或者其他组织造成损失,情节轻微,不构成犯罪的

行政检查是行政机关维护社会秩序、发现违法行为、收集违法行为证据的主要方式,并且行政检查行为关系到行政处罚、行政许可、行政奖励的后

续事宜。[1] 行政执行措施一般出现在行政相对人拒不执行的情形，是对行政处罚决定最终的执行措施。上述两种行为都会对行政相对人的权益会造成巨大的损害，行政机关在采取行政检查措施和行政执行措施时，必须按照法律规定的权限和程序。因此，《行政处罚法》第 81 条规定，行政机关违法实行检查措施或者执行措施，给公民人身或者财产造成损害，给法人或者其他组织造成损失的，应当依法予以赔偿，对直接负责的主管人员和其他直接责任人员依法给予处分。

（十二）行政机关对应当依法移交司法机关追究刑事责任的案件不移交，以行政处罚代替刑罚的

行政机关在行政执法过程中，所处理的案件性质并非从一开始就能分辨明晰，随着办案时间的深入，有部分案件因为违法情节严重继而转化为刑事案件，而由行政执法程序专向刑事司法程序的过程，被称为“行刑衔接”。但实践中，行政执法人员出于各种原因，采取了以行政处罚代替刑事处罚的方式，使犯罪嫌疑人逃脱了刑法的制裁，造成了社会秩序的不稳定。

行政执法人员代表国家行使行政权，应当公正、合法。在行使行政处罚权的过程中，应当遵守行政处罚法关于管辖的规定，对属于司法机关查处的案件，应当移送有管辖权的司法机关，不得以行政处罚代替刑罚，包庇纵容违法行为。因此，新修订的《行政处罚法》第 82 条规定，行政机关对应当依法移交司法机关追究刑事责任的案件不移交，以行政处罚代替刑罚，由上级行政机关或者有关机关责令改正，对直接负责的主管人员和其他直接责任人员依法给予处分。并且，此次修改删除了“为谋取本单位私利”这一表述，将“行政处分”修改为“处分”，使得监察权的介入有了相应的法律依据。

（十三）行政机关对应当予以制止和处罚的违法行为不予制止、处罚，致使公民、法人或者其他组织的合法权益、公共利益和社会秩序遭受损害的，情节轻微，不构成犯罪的

行政处罚法的立法目的在于为了规范行政处罚的设定和实施，保障和监督

---

〔1〕 曹盛：《“放管服”改革背景下行政检查监管目标实现研究》，载《中共中央党校（国家行政学院）学报》2020 年第 3 期。

行政机关有效实施行政管理,维护公共利益和社会秩序,保护公民、法人或者其他组织的合法权益。行政机关不作为或者乱作为都会对社会秩序带来冲击。因此,《行政处罚法》第 83 条规定,行政机关对应当予以制止和处罚的违法行为不予制止、处罚,致使公民、法人或者其他组织的合法权益、公共利益和社会秩序遭受损害,情节轻微,不构成犯罪的,应依法给予处分。

三、行政处分的程序

对公务员给予行政处分,必须严格依照法定程序。其目的是行政处分行为的客观性和公正性,保障公务员的合法权益。《公务员法》第 63 条规定,对公务员的处分,应当事实清楚、证据确凿、定性准确、处理恰当、程序合法、手续完备。《行政机关公务员处分条例》第 39 条规定:"任免机关对涉嫌违法违纪的行政机关公务员的调查、处理,按照下列程序办理:(一)经任免机关负责人同意,由任免机关有关部门对需要调查处理的事项进行初步调查;(二)任免机关有关部门经初步调查认为该公务员涉嫌违法违纪,需要进一步查证的,报任免机关负责人批准后立案;(三)任免机关有关部门负责对该公务员违法违纪事实做进一步调查,包括收集、查证有关证据材料,听取被调查的公务员所在单位的领导成员、有关工作人员以及所在单位监察机构的意见,向其他有关单位和人员了解情况,并形成书面调查材料,向任免机关负责人报告;(四)任免机关有关部门将调查认定的事实及拟给予处分的依据告知被调查的公务员本人,听取其陈述和申辩,并对其所提出的事实、理由和证据进行复核,记录在案。被调查的公务员提出的事实、理由和证据成立的,应予采信;(五)经任免机关领导成员集体讨论,作出对该公务员给予处分、免予处分或者撤销案件的决定;(六)任免机关应当将处分决定以书面形式通知受处分的公务员本人,并在一定范围内宣布;(七)任免机关有关部门应当将处分决定归入受处分的公务员本人档案,同时汇集有关材料形成该处分案件的工作档案。受处分的行政机关公务员处分期满解除处分的程序,参照前款第(五)项、第(六)项和第(七)项的规定办理。任免机关应当按照管理权限,及时将处分决定或者解除处分决定报公务员主管部门备案"。

四、行政处分的时限

《公务员法》第 63 条第 3 款规定,处分决定机关认为对公务员应当给予处分的,应当在规定的期限内,按照管理权限和规定的程序作出处分决定。处分决定应当以书面形式通知公务员本人。《行政机关公务员处分条例》也对期限作出了相应的规定。给予行政机关工作人员行政处分,一般应该从发现错误之日起 6 个月内处理完毕,对于情况复杂,办案期限可以延长,但是最长不得超过 12 个月。

五、行政处分的适用

(一)《公务员法》第 63 条第 1 款规定,对公务员的处分,应当事实清楚、证据确凿、定性准确、处理恰当、手续完备。

1. 事实清楚是对违法的公务员进行处分的基础。只有案件事实是真实确定的,才能确定违法行为是否存在,继而保证作出正确的行政处分。

2. 证据确凿是指证明案件事实的证据全面、准确、充分。在确定对公务员进行行政处分的过程中,应当坚持“重证据,轻口供”的原则,对公务员的行政处分应坚持证据确凿、充分,否则不应当作出行政处分的决定。

3. 定性准确是指案件基本事实清楚,证据确凿的基础上,依据相关法律、法规,对违法行为作出正确的定性。

4. 处理恰当就是以事实为根据,以法律、法规为准绳,按照违法行为的性质、情节和社会危害程度,作出恰当的处罚。

5. 手续完备是指对公务员作出处分决定应当履行法定的手续。

(二)给予国家公务员行政处分,依法应当由任免机关决定。其中给予开除处分的,应当报上级机关备案;县级以下行政机关开除公务员,必须报县级人民政府批准。给予公务员行政处分,应该按照管理权限,由任免机关或者行政监察机关决定,其他任何机关不得任意处分公务员。

(三)公务员受开除处分以外的行政处分,分别在半年至两年内由原处理机关解除行政处分。但是,解除降级、撤职处分不视为恢复原级别、原职务。公务员在受处分期间,有特殊贡献的可以提前解除行政处分,解除行政处分后,晋升职务、级别和工资档次不再受原行政处分的影响。

（四）行政处分决定和解除行政处分的决定应当以书面形式通知本人。行政处分以书面形式通知本人，一是体现了行政处分的严肃性；二是让受处分人明白自己所犯的错误，使其今后引以为戒。行政处分决定以书面形式通知本人，由本人签署意见，并由本人保存一份。有关材料要整理立卷，交档案室保存。一般来说，行政处分归档可分为三份：一份由办案单位保存；一份由审批机关保存；一份装入受处分人档案。

第三节 政务处分

政务处分主要是指监察机关对有违法违规行为的行使公权力的公职人员依法作出的处分。其主要依据为《监察法》第 11 条，即监察委员会依照《监察法》和有关法律规定履行监督、调查、处置职责。《监察法》第 45 条中对政务处分的类型进行了列举，即警告、记过、记大过、降级、撤职、开除等政务处分决定。而且此次《行政处罚法》的修改中，将“行政处分”改为“处分”，这符合了监察全覆盖的要求，具体适用情形与行政处分的情形相重合，此处不再过多赘述，但应当注意《公务员法》第 61 条第 2 款规定：“对同一违纪违法行为，监察机关已经作出政务处分决定的，公务员所在机关不再给予处分”。

第四节 行政赔偿责任

根据《行政处罚法》的规定，行政机关因实施行政处罚的行为而违法的，应当承担赔偿责任，具体有以下几种情形：

一、行政机关使用或者故意损毁查封扣押的财物，给当事人造成损失的

查封扣押是行政机关强制扣留被执行人的财产，限制被执行人占有、使用和处分其财产的措施。扣押后，被扣押的财产一般由采取扣押措施的行政机关

保管，也可以由行政机关委托有关单位和个人保管。扣押是法律、法规赋予行政机关的一种行政强制措施，行政机关行使扣押权必须有法律依据。对于被扣押的财产，行政机关应妥善保管，不得使用或者损毁。根据《国家赔偿法》第4条的规定，行政机关及其工作人员在行使职权时违法对财产采取查封、扣押、冻结等行政强制措施的，受害人有取得赔偿的权利；《行政处罚法》第80条明确了行政机关使用或者损毁查封扣押的财物，对当事人造成损失的，应当依法予以赔偿的责任。

二、行政机关违法实行检查措施或者执行措施，给公民人身或者财产造成损害，给法人或者其他组织造成损失的

查明事实是行政机关实施行政处罚的前提。行政机关为查明事实而采取一般方式主要有调查、检查，行政机关在行使检查权时，因其具有强制性，是对行政相对人的权益有明显的限制性。执行措施是为了保障行政处罚决定的实施，其目的就是对行政相对人的权益予以课减，必然受到当事人内心的抵抗，行政机关在违背法律程序的前提下，必然会给行政相对人带来更大损害。因此，《行政处罚法》第55条规定了相应的检查措施。此外，《海关法》也规定，对走私罪嫌疑人，经关长批准，可以扣留移送司法机关等。

依据现行法律的规定，只有公安、海关、税务等少数行政机关具有行政强制权，对无权采取强制措施和执行措施的，行政机关应当请求人民法院执行，否则，则构成行政违法。根据《行政处罚法》第81条的规定，行政机关违法实行检查措施或者执行措施，给公民人身或者财产造成损害，给法人或者其他组织造成损失的，应当依法予以赔偿，对直接负责的主管人员和其他直接责任人员依法给予处分，情节严重构成犯罪的，依法追究刑事责任。

第五节　刑事责任

一、刑事责任的种类

行政处罚法规定的国家公务员的刑事责任涉及刑法规定的贪污罪、受贿

罪、玩忽职守罪、徇私枉法罪、非法拘禁罪等罪名。

二、适用刑事责任的情形

(一)行政机关将罚款、没收的违法所得或者财物截留、私分或者变相私分的,对直接负责的主管人员和其他直接责任人员依法追究刑事责任

《行政处罚法》第 74 条第 2、3 款规定:“罚款、没收违法所处得或者没收非法财物拍卖的款项,必须全部上缴国库,任何行政机关、组织或者个人不得以任何形式截留、私分或者变相私分;罚款、没收的违法所得或者没收非法财物拍卖的款项,不得同做出行政处罚决定的行政机关及其工作人员的考核、考评直接或者变相挂钩。除依法应当退还、退赔的外,财政部门不得以任何形式向作出罚款决定的行政机关返还罚款或者返还没收非法财物的拍卖的款项”。

罚款、没收违法所得和没收非法财物拍卖的款项,属于公共财产,应当全部上缴国库。行政机关将罚款、没收的违法所得或者财物截留、私分或者变相私分的,由财政部门和有关机关予以追缴,并应当根据刑法的有关规定,对直接负责的主管人员和其他直接责任人员依法追究刑事责任。《刑法》第 382 条规定,国家工作人员利用职务上的便利,侵吞、窃取、骗取或者以其他手段非法占有公共财物的,是贪污罪。受国家机关、国有公司、企业、事业单位、人民团体委托管理、经营国有财产的人员,利用职务上的便利,侵吞、窃取、骗取或者以其他手段非法占有国有财物的,以贪污论。第 383 条对犯贪污罪的根据情节轻重,分别依照下列规定处罚:

1. 贪污数额较大或者有其他较重情节的,处三年以下有期徒刑或者拘役,并处罚金。

2. 贪污数额巨大或者有其他严重情节的,处三年以上十年以下有期徒刑并处罚金或者没收财产。

3. 贪污数额特别巨大或者有其他特别严重情节的,处十年以上有期徒刑或者无期徒刑,并处罚金或者没收财产;数额特别巨大,并使国家和人民利益遭受特别重大损失的,处无期徒刑或者死刑,并处没收财产。对多次贪污未经处理的,按照累计贪污数额处罚。犯第一款罪,在提起公诉前如实供述自己罪行、真诚悔罪、积极退赃,避免、减少损害结果的发生,有第一项规定情形的,可以从

轻、减轻或者免除处罚;有第二项、第三项规定情形的,可以从轻处罚。犯第一款罪,有第三项规定情形被判处死刑缓期执行的,人民法院根据犯罪情节等情况可以同时决定在其死刑缓期执行二年期满依法减为无期徒刑后,终身监禁不得减刑、假释。

(二)执法人员利用职务上的便利,将索取或收受他人财物的、收缴罚款据为己有构成犯罪的,依法追究刑事责任

《刑法》第 385 条第 1 款规定,国家工作人员利用职务上的便利索取他人财物的,或者非法收受他人财物为他人谋取利益的,是受贿罪。所以行政执法人员利用职务上的便利,索取或收受他人财物的,构成受贿罪。对犯受贿罪的,根据受贿数额及情节,依照《刑法》第 383 条贪污罪的处罚规定处罚。

执法人员收缴罚款据为己有构成犯罪的,依照《刑法》第 383 条的规定处罚。《刑法》第 382 条规定,国家工作人员利用职务上的便利,侵吞、窃取、骗取或者以其他手段非法占有公共财物的,是贪污罪。受国家机关、国有公司、企业、事业单位、人民团体委托管理、经营国有财产的人员,利用职务上的便利,侵吞、窃取、骗取或者以其他手段非法占有国有财物的,以贪污论。对犯贪污罪的,按照《刑法》第 383 条的规定,根据情节轻重,分别予以处罚。

(三)行政机关违法实行检查措施或者执法措施,给公民人身或者财产造成损害,给法人或者其他组织造成损失,情节严重构成犯罪的,依法追究刑事责任

行政检查权和行政强制执行权都是行政权的组成部分。法律赋予行政机关行政检查和行政强制执行的权力,是为了行政机关更好地履行其法定职责,维护社会秩序,保护公民、法人和其他组织的合法权益。行政机关在行使这些职权的时候,应该严格遵守法律规定的权限和程序。对其无权采取的检查措施和强制执行措施的,应当请求人民法院执行。由于行政检查措施和行政强制执行的对象主要是公民的人身和财产以及法人和其他组织的财产。所以,行政机关应合法地行使行政检查措施权和行政强制执行权。行政机关违法实行检查措施或者执行措施,给公民人身或者财产造成损害,给法人或者其他组织造成损失,情节严重构成犯罪的,依照刑法的有关规定,对直接负责的主管人员和其他直接责任人员依法追究刑事责任。此条涉及的具体刑事责任,可参见《刑法》。

(四)行政机关对应当依法移交司法机关追究刑事责任的案件不移交,以行政处罚代替刑罚,徇私舞弊,包庇违法行为的,比照《刑法》第188条的规定追究刑事责任

行政权与司法权是独立的两种权力,行政不得干预司法,司法不可代替行政,以行政处罚代替刑罚必然会对社会秩序带来冲击。因此,为了规范行政权的行使,避免行政僭越司法,《行政处罚法》第25条规定,违法行为构成犯罪的,行政机关必须将案件移送司法机关,依法追究刑事责任,不得以行政处罚代替刑事处罚。《行政处罚法》第82条明确规定不予移交的刑事责任,行政机关对应当依当移交司法机关追究刑事责任的案件不移交,以行政处罚代替刑罚,由上级机关和有关机关责令改正;行政执法人员徇私舞弊,对应当移交司法机关追究刑事责任的案件不移交,以行政处罚代替刑罚,包庇违法行为的,属于犯罪行为,应当按照《刑法》第399条的规定追究刑事责任。具体规定为:司法工作人员徇私枉法、徇情枉法,对明知是无罪的人而使他受追诉、对明知是有罪的人而故意包庇不使他受追诉,或者在刑事审判活动中故意违背事实和法律作枉法裁判的,处五年以下有期徒刑或者拘役;情节严重的,处五年以上十年以下有期徒刑;情节特别严重的,处十年以上有期徒刑。在民事、行政审判活动中故意违背事实和法律作枉法裁判,情节严重的,处五年以下有期徒刑或者拘役;情节特别严重的,处五年以上十年以下有期徒刑。在执行判决、裁定活动中,严重不负责任或者滥用职权,不依法采取诉讼保全措施、不履行法定执行职责,或者违法采取诉讼保全措施、强制执行措施,致使当事人或者其他人的利益遭受重大损失的,处五年以下有期徒刑或者拘役;致使当事人或者其他人的利益遭受特别重大损失的,处五年以上十年以下有期徒刑。司法工作人员收受贿赂,有前三款行为的,同时又构成本法第385条规定之罪的,依照处罚较重的规定定罪处罚。第399条之一规定,依法承担仲裁职责的人员,在仲裁活动中故意违背事实和法律作枉法裁决,情节严重的,处三年以下有期徒刑或者拘役;情节特别严重的,处三年以上七年以下有期徒刑。

（五）行政机关对应当制止和处罚的违法行为不予制止、处罚，致使公民、法人或其他组织的合法权益、公共利益和社会秩序遭受损害的，对直接负责的主管人员或者其他直接责任人员依法追究刑事责任

行政机关代表国家行使行政职权，应当严格地按照法律的规定，履行法定职责。行政机关玩忽职守，对应当予以制止、处罚的违法行为不予制止、处罚，致使公民、法人或其他组织的合法权益、公共利益和社会秩序遭受损害，情节严重构成犯罪的，对直接负责的主管人员或者其他直接责任人员，应依法追究刑事责任。《刑法》第 397 条规定："国家机关工作人员滥用职权或者玩忽职守，致使公共财产、国家和人民利益遭受重大损失的，处三年以下有期徒刑或者拘役；情节特别严重的，处三年以上七年以下有期徒刑。本法另有规定的，依照规定。国家机关工作人员徇私舞弊，犯前款罪的，处五年以下有期徒刑或者拘役；情节特别严重的，处五年以上十年以下有期徒刑。本法另有规定的，依照规定"。玩忽职守罪在客观上表现为执法人员不履行或不正确履行自己的法定职责，致使公共财产、国家和人民利益遭受重大损失。如果没有造成重大损失的，则不构成玩忽职守罪，应该给予行政处分。

第八章　行政处罚复议、诉讼与赔偿

第一节　行政处罚救济概述

一、有权利必须有救济

行政处罚对公民人身权、财产权利的限制或剥夺，有潜在的侵权风险，因此法律对涉及的权利从实体与程序两个方面进行了保护性规定，其本质是对可能被侵犯的权利设定救济。行政处罚法对当事人的权利作了规定，主要有：第一，陈述权和申辩权；第二，申请行政复议或提起行政诉讼权，当事人对行政处罚不服，可以依法申请行政复议或者提起行政诉讼；第三，要求行政赔偿权，公民、法人或者其他组织认为行政机关违法给予行政处罚受到损害的，有权依法取得赔偿。陈述权和申辩权赋予当事人事前救济权；申请行政复议或提起行政诉讼权及必然带来的要求行政赔偿权，赋予了当事人事后救济权。行政处罚的创设、实施和救济是行政处罚的三个主要环节。救济是行政处罚三个环节中的第三个环节，是保证行政处罚结果合法、公正的事后补救措施。立法虽然力图公平分配行政机关与相对一方的权利和义务，但受主客观条件的影响，不能保证行政机关实施处罚的活动，完全符合法律规定。因此，为了纠正行政机关实施处罚阶段的违法行为，平衡处罚实施过程中行政机关与相对一方因明显不对等的法律地位造成的巨大反差，保护相对一方的合法权益，必须建立行政处罚的救济制度。

以救济行政处罚为主要内容的行政诉讼制度的全面建立，标志着我国行政法制开始步入成熟，趋向完备。美国著名法学家伯纳德·施瓦茨认为："一个成熟的行政法体系应当包括三个必需的部分:(1)可以赋予行政机关的权力范围和坚持限制在行使上述权力时的越权行为;(2)在处理公民与行政机关之间的关系时必须公平对待;(3)必须有这样一个原则:行政机关对其行为无最后发言权,并且公民能够通过一个独立的法庭对行政机关的行政之合法性提出异议。”施瓦茨的这段话实际上简要地概括了行政实体法和行政诉讼法两个部分的核心内容和主要作用。并且他进一步对后者的重要性作了充分论述:“对行政行为进行独立审查是所有行政法律体系的最后个实质要素。在许多方面,这是行政法最为重要的要求。如果行政机关对于是否已经执行了其他要求拥有最终发言权,那么所有其他要求不过成了冠冕堂皇的高调。如果没有独立的审查,那么在实践中唯一的制约便是行政官员的自我制约。这样一个结果足以与法治本身相矛盾。这里不禁使人想起了以前被认为是出自拿破仑的评论:如果仅仅凭借行政决定就可以剥夺一个人的财产,那么,我们看不出在法国还怎么能有财产所有者。”同理,如果仅仅凭借行政决定就可以剥夺一个人的权利,那么,我们看不出还怎么能有个人权利。实际上,这也就是行政法理论中所推崇的一句名言“有权利必有救济”,“无救济的权利是无保障的权利”。

二、行政处罚救济的主要方式:行政复议和行政诉讼

行政处罚的救济包括行政复议救济和行政诉讼救济两种方式,尤以行政诉讼救济最为公正和重要。救济的实质在于确立了公民的诉权,建立了由专门机关审查行政处罚行为的机制。一个公理性的论断认为:没有诉权,就没有权利。权利的救济重于权利的宣告,权利的实现重于权利的设定。

如同公民实体权利一样,公民诉权的确立也经历了一个漫长而曲折的历史过程。资产阶级革命带来了诉权的革命性变革,诉权在形式上成了每一个公民的平等权利,任何人和任何机构均不能对其加以剥夺或限制。随着诉权的范围从刑事诉讼、民事诉讼扩大到行政诉讼领域,诉权的地位逐步提高,成了公民抗衡行政权、保护实体权的最重要的法律手段。诉权的发展过程充分表明诉权的获得既是商品经济发展的必然要求,也是民主政治发展的必然结果。我国1989年制定的《行政诉讼法》第一次全面确认了公民对违法具体行政行为的起诉权。该法第2条规定:“公民、法人或者其他组织认为行政机关和行政机关工作人员

的具体行政行为侵犯其合法权益,有权依照本法向人民法院提起诉讼。”接着该法第11条又将行政处罚列为受案范围。2015年修订后的《行政诉讼法》继承了这些内容。1990年国务院制定的《行政复议条例》则进一步规定了公民、法人或其他组织不服行政处罚及其他具体行政行为的申请复议权,使对行政处罚等行为不服的救济,多了一条救济途径,尤其是对于涉及行政技术的,行政复议作用明显。1999年在此基础上制定实施《行政复议法》并于2009年、2017年进行了修正。

与行政处罚实施阶段不同的是,在行政处罚的救济阶段,只有被处罚的当事人依法享有起诉权和撤诉权,处罚机关只能作为恒定的被告,没有起诉权和反诉权。在举证责任方面,若处罚机关不能提供作出具体行政行为的主要证据和法律依据,则须承担败诉的法律后果,并规定被告在诉讼期间不得自行取证;而对原告则没有作出上述不利规定。在权利义务转移方面,行政诉讼法规定原告的诉权可以转移:有权提起诉讼的公民死亡,其近亲属可以提起诉讼;有权提起的法人或其他组织终止,承受其权利的法人或其他组织可以提起诉讼。被告的义务也可以依法转移,处罚机关被撤销或合并的,继续行使其职权的行政机关是被告,并承担相应的义务。行政处罚救济阶段处罚机关与被处罚人一方法律地位的变化,反映了其保障重心的改变:保护公民权,控制行政权。

三、行政处罚救济问题上应注意的两个问题

(一)告知权利

行政机关及其工作人员在实施行政处罚时,应当告知当事人有获得救济的权利。这一点,目前在我国显得尤为重要,因为,在法制水平不高的现状下,有利于当事人正确及时地行使自己的权利,有利于我国法制化的进程。因此,行政处罚法规定,执法人员当场作出行政处罚决定的,应当向当事人表明执法身份,告知当事人作出行政处罚的事实和依据以及当事人依法享有的权利,并填写预定格式、编有号码的行政处罚决定书,当场交付当事人。行政机关按照普通程序给予行政处罚,应当制作行政处罚决定书。行政处罚决定书应当载明申请行政复议或者提起行政诉讼的途径和期限。

(二)救济期间行政行为不停止执行

行政处罚法规定,行政处罚决定依法作出后,当事人应当在行政处罚决定

的期限内，予以履行。当事人对行政处罚决定不服申请行政复议或者提起行政诉讼的，除法律另有规定的外，行政处罚不停止执行。

行政诉讼法规定，诉讼期间，不停止行政行为的执行，但被告认为需要停止执行的；原告申请停止执行，人民法院认为该行政行为的执行会造成难以弥补的损失，并且停止执行不损害社会公共利益，裁定停止执行的；法律、法规规定停止执行的，可以停止行政行为的执行。

行政复议法规定，复议期间行政行为不停止执行，但被申请人认为需要停止执行的；复议机关认为需要停止执行的；申请人申请停止执行，复议机关认为其要求合理，裁决停止执行的；法律、法规和规章规定停止执行的，可以停止执行。

"救济期间行政行为不停止执行"原则的理论出发点有二：一是行政行为的效力先定特权。所谓"效力先定特权"，是指行政机关的行政行为一经作出后，就假定其合法，对行政机关本身和管理相对人产生拘束力。据此观点，接受复议和诉讼审查的行政行为，在复议和诉讼决定或裁判没有作出之前，该行为仍具有法律效力。二是行政法律秩序稳定论。该观点认为，如果行政行为在复议过程中停止执行，将使行政法律秩序处于不稳定状态，国家和公共利益将不可避免地受到损害。这两个出发点，归根结底是为了维护行政管理活动的有序进行。

四、行政复议与行政诉讼的衔接关系

在我国，公民、法人及其他组织对行政行为不服，如何在行政复议和行政诉讼中进行选择，并非只有一种形态或模式。这与美国的"用尽救济"原则即全部复议前置不同；也与许多国家的复议与诉讼任意选择也不同。我国行政复议与行政诉讼的衔接关系比较复杂，有以下几种情形：

(1)自由选择型。行政相对人可选择先复议后诉讼，或不复议直接诉讼，只要法律不限制。凡是属于复议范围又属于行政诉讼受案范围的案件，而法律、法规没有明确规定属于其他情况的，均应认为属于此种。

(2)选择复议终局型。在复议和诉讼之间自由选择，但选择复议后不得提起诉讼。《中国公民出境入境管理法》和《外国人入境出境管理法》属于这种模式。

(3)复议前置型。即必须先复议后诉讼,不复议不允许诉讼。《行政复议法》第30条第1款规定,公民、法人或者其他组织认为行政机关的具体行政行为侵犯其已经取得的土地、矿藏、水流、森林、山岭、草原、荒地、滩涂、海域等自然资源的所有权或者使用权的,应当先申请行政复议;对行政复议决定不服的,可以依法向人民法院起诉。我国《专利法》和《税收征收管理法》等都有此规定。

(4)复议后选择裁决终局型。《行政复议法》第14条规定,对国务院部门或者省、自治区、直辖市人民政府的具体行政行为不服的,向作出该具体行政行为的国务院部门或者省、自治区、直辖市人民政府申请行政复议。对行政复议决定不服的,可以向人民法院提起行政诉讼;也可以向国务院申请裁决,国务院依照本法的规定作出最终裁决。

(5)复议终局型。这种类型分两种情况:一种是属于行政复议范围而不属于行政诉讼法受案范围的案件;另一种是既属于行政复议又属于行政诉讼的案件,如《行政复议法》第30条第2款规定,根据国务院或者省、自治区、直辖市人民政府对行政区划的勘定、调整或者征用土地的决定,省、自治区、直辖市人民政府确认土地、矿藏、水流、森林、山岭、草原、荒地、滩涂、海域等自然资源的所有权或者使用权的行政复议决定为最终裁决。

第二节　行政处罚复议

行政复议制度并非我国现代的新兴产物,早在封建社会时期,我国就存在与今天的行政复议制度相类似的御史台制度,它是中国古代帝王监督文武百官的行政司法制度。[1] 但这并非纯粹的行政复议制度,不能与现代的行政复议制度同日而语。

---

〔1〕 参见应松年、刘莘主编:《中华人民共和国行政复议法讲话》,中国方正出版社1999年版,第28页。

《行政复议法》于 1999 年 4 月 29 日第九届全国人民代表大会常务委员会第九次会议通过,自 1999 年 10 月 1 日起施行。根据 2009 年 8 月 27 日第十一届全国人民代表大会常务委员会第十次会议《关于修改部分法律的决定》第一次修正;根据 2017 年 9 月 1 日第十二届全国人民代表大会常务委员会第二十九次会议《关于修改〈中华人民共和国法官法〉等八部法律的决定》第二次修正。

一、行政处罚复议概述

(一)行政处罚复议的概念

行政处罚复议,是指公民、组织认为行政机关的行政处罚行为侵犯其合法权益,按照法定的程序和条件向作出该行政处罚行为的上一级行政机关或法定机关提出申请,由受理申请的机关对该行政处罚行为进行复查并作出复议决定的活动。行政处罚复议概念包括以下几层含义:

(1)行政处罚复议只能由作为行政相对人的公民、组织提起。行政复议是一种依申请的行为。没有公民、法人或其他组织对行政行为的不服并依法向有关行政机关提出申请,就不可能产生行政复议,行政机关不能主动作出行政复议行为。在行政复议中,作出行政处罚行为的行政机关只能作为被申请人。

(2)行政处罚复议权只能由法定机关行使。行政复议是在行政机关内部解决行政争议,出于公正的考虑,行政复议原则上采取由上一级复议的原则,只有在某些特殊情况下才由原行为机关复议。

(3)行政处罚复议对于公民、组织是维护其合法权益的一种程序性权利,不得被非法剥夺,但公民、组织可以自主处分自己的程序性权利,既可以提起行政复议,也可以放弃行政复议的权利。

(4)行政处罚复议的对象原则上只能是行政机关作出的行政处罚行为。原则上行政相对人对行政机关制定的具有普遍约束力的规范性文件不服,只能在对行政处罚行为提起行政复议申请时一并提出,而不能单独对抽象行政行为提起行政复议,要求行政复议机关予以审查。而且,对抽象行政行为附带要求审查,也只能是针对某些特定的规范性文件,而不是全部抽象行政行为。

(5)行政处罚复议以书面审理为主要方式。即行政复议机关在审查行政复议请求时,原则上只审查案件的书面材料。特殊情况下行政复议机关可以采用其他方式,如听取申请人、被申请人或第三人的意见。

(6)行政处罚行政复议适用的程序是一种特定的程序。它既不同于一般的行政行为程序,也不同于法院的司法程序,而是具有行政与司法的混合特征。

(7)行政处罚、行政复议既审查行政处罚行为是否合法,也审查行政处罚行为是否合理。行政复议机关对行政处罚行为明显不当的,应依法撤销或变更。

对行政处罚行为的争议可以通过两条途径:司法途径和行政途径。行政途径就是行政复议。

按照传统法学的一般原理和国家机关的职能分工,裁决纠纷应当是司法机关的职能,行政机关的职能是对国家公共事务进行组织和管理,它们分别承担不同的职能。从这个意义上说,社会生活中产生的所有纠纷,不论它是产生于公民与公民之间,还是产生于公民与行政机关之间,都应当由司法机关进行裁决。这是法治社会的一个基本原则。但是,行政复议的存在也有其必要性。行政复议的存在主要在于行政纠纷的特殊性。其特殊性表现在以下两个方面:

第一,行政纠纷起因于行政机关的行政活动。行政机关是一个层级节制的体系,上级行政机关对下级行政机关负有指挥、监督的职责,它可以撤销、改变下级行政机关违法、不当的行政决定。监督权是维护统一的行政所必需的。监督权的存在,一方面使行政争议与其他纠纷相区别,另一方面也为行政复议的存在提供了可能和条件。

第二,行政纠纷涉及一定的专业技术知识。行政管理的诸多领域都涉及专业、技术知识,如环境保护、食品卫生、医药管理等,在这些领域产生的行政纠纷与专业技术知识有着不可分割的联系,因而解决这些行政纠纷也必然涉及一系列复杂的专业技术问题。例如,排放污水中污染元素的测定,食品添加剂中危害人体健康成分的确定等,这些问题需要由拥有专家的行政机关进行裁决。

(二)行政复议的目的

行政复议制度的建立是加强民主,建立法治国家的重要举措,建立这一制度的目的可以概括为三个方面:

1. 保护公民、组织的合法权益

行政处罚复议是公民、组织认为行政机关的行政处罚行为侵犯其合法权益时向上级行政机关申请复议，请求复议机关依法保护其合法权益的法律制度。行政处罚权力的运作具有广泛性，行政机关总是处于主动的强有力的地位，而公民、组织则处于被管理者的地位，因而其合法权益有可能受到损害，行政处罚行政复议制度则可以为公民、组织在认为自己的合法权益受到侵害时提供保护。

在保护公民、组织合法权益的两类主要救济制度中，行政复议较之行政诉讼具有受案范围广、效率高、不收费等特点，而且由于在行政系统内部有层级监督作保障，可能更易于为公民、法人组织接受。因此行政复议可能成为公民、组织乐于选择的救济制度。

2. 防止和纠正违法或不当的行政处罚行为

保护公民、组织的合法权益与防止和纠正违法或不当的行政处罚行为，实际上是行政复议制度的两面。公民、组织之所以要向行政机关申请复议，是由于认为其合法权益受到了行政机关行政行为的侵犯，也就是认为行政机关的行政处罚行为存在违法或不当，自己的合法权益受到损害。行政处罚复议是为了保护公民、组织的合法权益，这一目的只有在纠正违法或不当行政处罚行为时才能达到。

通过行政复议，上级行政机关能够查明违法或不当的行政处罚行为产生的原因，作出相应的撤销或变更决定，这样，既能在行政系统内部纠正违法或不当的行政处罚行为，同时，也能防止在今后的执法活动中再出现类似的问题。

3. 监督和保障行政机关依法行使行政处罚职权

行政处罚复议的最后结果无非两种：一是行政处罚行为合法、适当，予以维持；二是行政处罚行为违法、不当，应予纠正或改变。如果复议决定维持行政处罚行为，说明行政处罚行为可能是正确的，从而可以保障原行政处罚行为的实施；如果复议决定是撤销或改变行政处罚行为，说明申请人的复议请求是正确的，通过撤销或改变原行政处罚行为达到监督行政机关依法行使职权的目的。

（三）行政复议的原则

行政处罚复议的基本原则，是指贯穿整个行政处罚复议活动之中，决定和调整行政复议主体全部行为的基本准则。行政复议原则集中体现《行政复议法》的基本精神和实质,突出表达复议制度本质的特征。行政处罚行政复议的基本原则不但可以用来解释行政复议条文的含义,而且在行政复议法对某些具体问题缺乏明确规定时,可以依据基本原则体现的精神加以处理和解决。根据《行政复议法》第 4 条的规定,行政复议的基本原则主要有以下几个:

1. 合法原则

依法行政是行政活动的根本原则。行政复议也不例外。合法原则,是指行政复议权的行使必须合法。包括两个方面的内容:其一是依据法律,即复议机关进行复议活动应当依据法律、法规的规定;其二是符合法律,复议机关不仅要依据法律,而且要符合法律;不仅要符合程序法的规定,而且要符合实体法的规定,即主体合法、依据合法、程序合法。

2. 公正原则

公正原则,是指复议机关在行使复议权时应当公正地对待复议双方当事人,不能有所偏袒。行政复议是解决行政争议的活动,对于解决纠纷来说,公正是其价值、生命所在,尤其是行政复议是在行政系统内部解决行政争议,特别要强调公正原则。贯彻公正原则要求复议机关在处理与下级机关的关系时把握合理的分寸,不能有意、无意地偏袒下级机关,真正体现复议机关对下级机关的监督和控制,纠正行政管理中的各种违法偏私活动。回避、陈述、质辩等都是公正的内容。

3. 公开原则

公开原则,是指行政复议活动应当公开进行,复议案件的受理、调查、审理、决定等一切活动,都应该尽可能地向当事人及社会公开,使社会各界了解复议活动的基本情况,避免因“暗箱操作”可能导致的不合理,甚至腐败现象。

行政复议的司法性是其必须公开的主要原因。公开才可能公正,行政复议虽然实行书面复议,但行政复议中的主要案卷都应当对当事人公开,复议机关不得无故隐瞒。被申请人应当提出书面答复,并提交当初作出行政处罚行政行为的全部证据、依据和其他有关材料,申请人有权了解,复议机关不得拒绝,即依据公开、过程公开、结果公开。

4. 及时原则

行政复议作为行政的一种,必须符合行政的一般要求,其中包含了及时的要求。与行政诉讼相比，行政复议可能更重视效率，作为行政诉讼的前置程序，尽可能快地处理是其内含的要求。及时原则主要包括以下内容：(1)受理复议的申请应当及时。复议机关收到复议申请书后，应当及时对申请进行审查，以明确是否符合法定条件，如符合法定条件应及时受理。(2)复议案件的审理要按照审理期限审结案件。(3)作出复议决定应当及时。复议案件经审理后，复议机构应迅速拟订复议决定书，并报复议机关法定代表人尽速签发。(4)对复议当事人不履行复议决定的情况，复议机关应当及时处理，对作出行政处罚行为的行政机关不履行复议决定的，复议机关应责成其履行，并追究或建议追究有关人员的行政责任。

5. 便民原则

便民原则，是指复议机关在复议的一切环节和步骤上应当因地制宜，方便于民，尽最大可能使行政复议制度真正成为人们日常生活中保护自己合法权益的经济、实用、卓有成效的救济手段。复议制度的设立是为了便利公民、组织依法维护其合法权益，因此，在具体的复议中，复议机关应当尽可能地为复议申请人提供便利条件，如在复议申请人无能力书写复议申请书的情况下，复议工作人员应当把复议申请人的口述内容记录在案，请复议申请人签名或盖章，形成书面材料。在能够通过书面审理解决问题的情况下，尽量不采用其他方式审理行政复议案件，避免让复议当事人不必要地耗费时间、财力和精力。另外，转送制度、选择管辖、复议不收费也都体现了便民原则。

二、行政复议机构

《行政复议法》第3条规定："依照本法履行行政复议职责的行政机关是行政复议机关。行政复议机关负责法制工作的机构具体办理行政复议事项，履行下列职责：(一)受理行政复议申请；(二)向有关组织和人员调查取证，查阅文件和资料；(三)审查申请行政复议的具体行政行为是否合法与适当，拟订行政复议决定；(四)处理或者转送对本法第七条所列有关规定的审查申请；(五)对行政机关违反本法规定的行为依照规定的权限和程序提出处理建议；(六)办理因不服行政复议决定提起行政诉讼的应诉事项；(七)法律、法规规定的其他职责。行政机关中初次从事行政复议的人员，应当通过国家统一法律职业资格考试取得法律职业资格。”行政复议机构是负责具体办理行政复议事项的组织机构,包括代表行政机关拟定复议决定书与出庭应诉。

在行政复议制度运行实践中,没有独立、统一的行政复议机构,处理行政复议案件的法制机构设立在行政机关内部,不具有独立的法律地位和行政复议决定权。行政复议机构由各级政府及其工作部门根据需要设立,没有形成统一的管理体系。另外,尽管有的地区对行政复议人员的资格认定作了规定,有的地区对行政复议人员的任职资格提出要求,[1]但实践中仍存在行政复议工作人员专业素质和工作能力参差不齐等问题,直接影响了行政复议工作的质量和效果。并且,由于行政机关不独立,容易出现“官官相护”等问题,导致复议结果缺乏公信力,不能有效保护当事人的合法权益。行政复议制度的具体施行验证了该制度本身存在的一系列问题和缺陷,我们正面临着一次巨大的制度变革和挑战。

2007 年 9 月 12 日北京市人民政府决定设立北京市人民政府行政复议委员会。[2] 2008 年 9 月 16 日,国务院法制办公室决定确定北京、黑龙江、江苏、山东、河南、广东、海南、贵州 8 个省、直辖市为行政复议委员会试点单位,并指出其他有条件的省、自治区、直辖市也可结合本地区实际情况,探索性地展开相关工作。[3]

三、行政复议的范围

行政复议的范围,是指复议机关受理行政复议案件的主管权限和界限,简称受案范围。行政复议的受案范围涉及三个基本问题:其一,公民或组织可以就哪些事项向行政机关申请复议;其二,如何确定行政机关与其他国家机关解决行政争议的分工;其三,行政机关内部如何确定复议的权限,在行政机关内部,什么样的机构有权审理行政案件。行政复议范围即行政复议机关受理复议

---

〔1〕《辽宁省行政复议规定》第 6 条;《云南省行政复议条例》第 4 条;《贵州省行政复议条例》第 5 条。

〔2〕《北京市人民政府关于进一步加强本市行政复议工作的意见》(京政发〔2007〕5 号)。

〔3〕《国务院法制办公室关于在部分省、直辖市开展行政复议委员会试点工作的通知》(国法〔2008〕71 号)。

案件的权限,决定着哪些行政行为可以成为行政复议的对象,因而关系到行政监督和行政救济的深度和广度。我国行政复议的范围与行政诉讼的范围大致相同,但也存在区别。在确定受案范围的方式上,行政复议同样采用概括加列举相结合。

(一)行政复议的肯定范围

我国《行政复议法》通过概括加列举相结合的方法确定了行政复议受案范围,即部分具体行政行为和部分抽象行政行为。部分具体行政行为在这里就是指行政处罚行为。

1. 行政处罚行为

行政处罚行为是具体行政行为之一,具体是指行政机关作出的警告、通报批评、罚款、没收、责令停产停业、暂扣或吊销执照、行政拘留等行政处罚行为。若公民、组织对该行政处罚决定不服而提起行政复议,即是所论的行政处罚行政复议。行政处罚法明确规定了行政机关设定和实施行政处罚的权限、原则、程序适用等要求。行政机关违法或不当实施行政处罚,侵犯公民、法人或其他组织合法权益的,均属于行政复议法规定的行政复议范围,受害人均可以依法申请行政复议,复议机关应当受理。

2. 与行政处罚相关的部分抽象行政行为

行政复议的范围,原则上限于具体行政行为,对行政相对人申请的关于抽象行政行为的复议不予受理。但是,现实生活中,由于行政机关作出具体行政行为所依据的规定本身不合法,行政机关依据其作出具体行政行为时,虽然形式上合法,但在实质上构成对行政相对人合法权益的侵害。因此,在规范性文件本身不合法的情况下,行政机关直接适用该规定作出的具体行政行为,在实质上构成行政违法行为。

根据《行政复议法》第7条的规定,可提起行政复议的规定的内容包括以下几个:

1. 国务院部门的规定

国务院各部、委员会可以根据法律和行政法规、决定、命令,在本部门的权限内,制定行政规章和发布命令、指示等规范性文件。公民、组织可以对规章以外的规范性文件和非规范性文件提起复议。

2. 县级以上地方各级人民政府及其工作部门的规定

根据本条的规定，除对有规章制定权的地方人民政府制定规章不能提起复议外，对地方各级人民政府，包括省一级人民政府的其他规范性文件、各级人民政府工作部门的规范性和非规范性文件即“规定”均可提起复议。

3. 乡、镇人民政府的规定

乡、镇人民政府根据地方组织法的规定，执行本级人民代表大会决议和上级行政机关的决定和命令，发布决议和命令。对乡、镇人民政府发布的任何决议、命令或其他“规定”均可提起复议。

结合行政处罚案件，在行政处罚行政复议中能被附带审查的部分抽象行政行为即“规定”只能是以下几个：

(1)部委根据法律和行政法规、决定、命令，在本部门的权限内，制定部门规章和发布命令、指示等规范性文件。

(2)省、自治区、直辖市厅局发布的规范性和非规范性文件即“规定”。

(3)市、县行政机关发布的规范性和非规范性文件即“规定”。

另外，应对“规定”进行全面理解。这里的“规定”不仅包括“规范性文件”，而且包括介于具体行政行为和抽象行政行为之间的“非规范性文件”，“规定”是“规范性文件”和“非规范性文件”的总和。因此，除对具有“规章”制定权的行政机关依照法定程序遵守法定权限制定颁布的“规章”不得提起行政复议之外，其他任何形式的“规定”“决定”“命令”“指示”“指令”“决议”“通知”“办法”“告示”等都在“规范性文件”和“非规范性文件”之列，只要与行政相对人的合法权益有直接的利害关系，就有权与具体行政行为一并纳入行政复议范围。[1]

(二)行政复议的排除范围

行政复议的排除范围，即不在行政复议范围内、复议机关不能受理的行政争议。对于这些事项，申请人不得提出复议申请。行政复议的排除事项有以下几种类型：

---

〔1〕 参见王成栋、张兴祥：《中华人民共和国行政复议法精解》，中国政法大学出版社 1999 年版，第 84 页。

1. 不服行政机关行政处分及其他人事处理决定的

《行政复议法》规定，不服行政机关作出的行政处分或者其他人事处理决定的，依照有关法律、行政法规的规定提出申诉。行政处分是行政机关对其工作人员作出的惩戒行为。行政机关对其工作人员作出的其他人事处理决定包括录用、考核、奖励，职务升降、辞职、辞退，职务任免等决定。工作人员对行政处分不服的，可以向行政监察机关申诉，对于人事处理决定不服的，可以在接到处理决定后向原处理机关申请复核，或者向同级人民政府人事部门申诉。

行政处分及人事处理决定，通常称为内部行为。内部行为之所以排除在行政复议范围之外，主要是因为内部行为涉及的是行政机关的内部事务，对此，我国法律已规定有其他救济途径，如果纳入行政复议范围，则会出现行政复议与人事、监察部门职权重叠、交叉现象，不易解决此类争议。按照《行政监察法》的规定，公务员和国家行政机关任命的其他人员对主管行政机关作出的行政处分决定不服的，可以向监察机关提出申诉；按照《公务员法》的规定，行政机关对工作人员作出的有关任免、录用、考核、调动等人事处理决定，公务员或其他国家工作人员可以向原机关申请复核或者向同级人民政府人事部门申诉，还可以向设置在县以上人事部门的人事争议仲裁委员会或人事仲裁庭提起仲裁申请。因此，不再提起行政诉讼。

2. 不服行政机关对民事纠纷作出的调解和其他处理的〔1〕

我国行政机关在处理民事纠纷时除行使行政处罚权外，还经常采用调解的方式，即在行政机关的主持下，通过说服教育的方法，促使当事人友好协商达成协议，从而解决纠纷。

对行政机关进行的调解和处理民事纠纷的行为不能申请复议，是因为这类调解处理行为是行政机关针对平等主体之间的民事纠纷居间作出的行为，这类纠纷原本可以由仲裁机关或人民法院处理，只是行政机关的先行调解或处理起到了过滤或提高效率的作用，这类纠纷最终仍要由仲裁或法院处理解决，所以在行政机关调解处理后，如果允许对此类调解处理申请行政复议，复议机关也只能就原调解处理是否合法、适当作出判断，不能最终解决调解处理所针对的

〔1〕 这里的“其他处理的”是类似调解的行为或实质上是调解，但形式上不以调解名义表现的。

民事纠纷。

四、行政复议的程序

行政复议是行政机关裁决行政争议的一种活动。为了保证能够客观、公正、正确地解决争议,行政复议必须按照一定的程序进行。从总体上看,行政复议程序应当比法院的司法程度更为简便、灵活,更能适应行政活动的需要。行政复议一般包括复议申请、审理和裁决等几个阶段:

第一,申请。公民、法人或者其他组织有权在知道具体行政行为之日起15日内向有管辖权的行政机关提出申请复议。因不可抗力或者其他特殊情况耽误法定申请期限的,在障碍消除后的10日内,可以申请延长期限。但是,公民、法人或者其他组织向人民法院起诉,人民法院已经受理的,不得申请复议。

申请复议应当符合下列条件:(1)申请人是认为具体行政行为直接侵犯其合法权益的公民、法人或者其他组织;(2)有明确的被申请人;(3)有具体的复议请求和事实根据;(4)属于申请复议范围;(5)属于受理复议机关管辖。

复议申请书应当载明下列内容:(1)申请人的姓名、性别、年龄、职业、住址等(法人或者其他组织的名称、地址、法定代表人的姓名);(2)被申请人的名称、地址;(3)申请复议的要求和理由;(4)提出复议申请的日期。

第二,审理。行政复议实行书面复议制度,但复议机关认为有必要时,可以采取其他方式审理复议案件。复议机关应当在受理之日起7日内将复议申请书副本发送被申请人。被申请人应当在收到复议申请书副本之日起10日内,向复议机关提交作出具体行政行为的有关材料或者证据,并提出答辩书。逾期不答辩的,不影响复议。复议机关审理复议案件,以法律、行政法规、地方性法规、规章,以及上级行政机关依法制定和发布的具有普遍约束力的决定、命令为依据。

行政复议证据规则:[1]行政复议证据既具有一般性,也具有特殊性。作为

---

〔1〕 我国《行政复议法》对行政复议证据规则未作规定是一个遗憾,这里主要参照《行政诉讼法》的相关规定。

特殊的证据制度,行政复议证据有以下特点:

其一,举证责任的分担。在行政复议案件的审理中,实行被申请人对行政处罚行为负担举证责任的举证规则,即被申请人要在行政复议机关要求的时限内提供作出行政处罚行为所依据的事实和规范性文件,不能提供的,就面临着行政处罚行为被复议机关撤销或确认为违法或不当的危险。

其二,证明要求。行政复议的证明要求集中在被申请的行政处罚行为的合法性和适当性上,不同于行政诉讼的证明要求集中在被诉的行政处罚行为的合法性上,也不同于民事诉讼的证明要求侧重于原、被告双方当事人主张的合法性上。

其三,证据的收集。在复议过程中,被申请人不得自行向申请人和其他有关组织或个人收集证据,即行政复议中的证据限于行政处罚行为作出以前收集到的证据。根据"先取证,后裁决"的原则,行政机关在作出行政行为以前必须收集足够的证据,作出行政处罚行为后不能再收集证据,否则复议机关不予采纳。

第三,决定。复议机关经过审理,分别作出以下复议决定:

(1)具体行政行为适用法律、法规、规章和具有普遍约束力的决定、命令正确,事实清楚,符合法定权限和程序的,决定维持;

(2)具体行政行为有程序上不足的,决定被申请人补正;

(3)被申请人不履行法律、法规和规章规定的职责的,决定其在一定期限内履行;

(4)具体行政行为有下列情形之一的,决定撤销、变更,并可以责令被申请人重新作出具体行政行为:①主要事实不清的;②适用法律、法规、规章和具有普遍约束力的决定、命令错误的;③违反法定程序影响申请人合法权益的;④超越或者滥用职权的;⑤具体行政行为明显不当的。

复议机关应当在收到复议申请书之日起2个月内作出决定。

第四,告知诉讼权利。除法律规定终局的复议外,申请人对复议决定不服的,可以在收到复议决定书之日起15日内,或者法律、法规规定的期限内向人民法院起诉。

第三节 行政处罚诉讼

一、行政处罚诉讼概述

1989年4月4日，第七届全国人民代表大会第二次会议通过了我国第一部《行政诉讼法》，它的问世，标志着我国法制建设进入了一个新的阶段，无论对于保护公民的合法权益，还是促进国家民主政治的发展都具有重大的现实意义。

随着法治观念的不断深入人心，社会主义市场经济的发展，劳动者、劳动组织和广大人民群众为了维护属于自己的，为全社会所认可的价值、权利和利益，客观上要求政府机关转变职能，克服官僚主义；要求依法惩处滥用职权，以权谋私，为政不廉等腐败现象；要求人民法院监督行政权的正确行使，要求确认公民或组织与政府之间法律上的双向的对等的权利义务关系，转变官重民轻、官贵民贱、官尊民卑以及官本位、权力本位、上级本位的封建观念，强化民众的权利意识。以上这一切都是我国行政诉讼法得以产生和发展的社会基础。[1]

自1982年《民事诉讼法(试行)》第3条第2款规定行政诉讼制度以来，30多年来，行政法与行政诉讼法律制度有了飞速的发展。1989年《行政诉讼法》、1995年《国家赔偿法》、1996年《行政处罚法》、1999年《行政复议法》、2000年《立法法》、2003年《行政许可法》的相继颁布和实施，体现了我国民主法治的进步。依法治国建设法治国家已经成为中国的治国纲领，完善的法律制度和市场经济的社会环境为实现民主法治提供了坚实的基础。2015年修订后的《行政诉讼法》正式生效实施，中国行政诉讼进入了一个新时代。

行政诉讼是民主法治社会必需的救济手段。行政诉讼是公民、法人或者其他组织等行政相对人对行政行为不服获得救济的另一条渠道，也是最重要、最公正的一条渠道。《行政处罚法》第7条规定，公民、法人或者其他组织对行政

---

〔1〕 参见姜明安主编：《行政法学》，法律出版社1998年版，第251～253页。

机关给予的行政处罚,享有陈述权、申辩权;对行政处罚不服的,有权依法申请行政复议或者提起行政诉讼。

行政诉讼具有以下特点:

(1)行政诉讼的原告,只能是作为行政管理的相对人。[1] 相对人包括公民、组织。在这里的"公民"应包括中国公民、外国公民、无国籍人;"组织"包括中国法人、非法人组织及有关的外国组织、外国法人。行政诉讼由行政相对人提起,行使职权的行政机关不能成为原告。行政诉讼是审查裁判行政机关行政行为合法性的一种司法监督活动,它是以行政机关行使职权的行为为审查监督对象的,这种性质决定了行政机关应成为被诉的并受到司法审查的一方,如果以公民、组织为被告就不符合行政诉讼的监督性质,也正因如此,作为被告的行政机关不能反诉原告而使自己转为原告的地位。从行政机关行政职权的强制性讲,在我国,行政机关的行政职权是一种具有自身强制力的权力,在一般情况下,它可以向法院申请强制执行。在特殊情况下,即在法律、法规有明确规定时,可以依法自行强制执行;也即行政机关自己完全能凭借这一权力强迫相对人服从自己的意志,由此,行政机关无须作为原告向法院对公民、组织提起诉讼。反之,公民、组织一方却缺乏要求行政机关服从自己意愿的能力,他们只能作为原告向法院对行政机关提出行政诉讼,请求司法机关运用司法权监督行政权的行使,寻求司法保护。与世界各国一样,我国法院也采取不告不理的方式受理行政案件。至于行政机关能否作为原告出现在行政诉讼中,这是一个可以探讨的问题。一般认为,当一个行政机关成为其他行政机关职权管辖的对象(行政相对人)时,如果该机关认为其他行政机关的行政行为侵犯了自己的权利,该机关也可以作为原告起诉。它此时的法律地位就是原告。

(2)行政诉讼的被告,只能是行使国家行政权力、作出行政行为的行政机关。虽然作出行政行为是通过个别的公务人员的行为表现的,但是他们的行为是代表行政机关而行使的行为,因而,个别公务人员的行政行为有过错,侵犯了

[1] 这里的"相对人"既包括行政行为的直接承受者,又包括行政行为的间接承受者——利害关系人。

公民的合法权益,也只能由他们所在的行政机关承担责任。

(3)行政诉讼的诉讼标的是公民、组织不服的,由行政机关及其公务人员所作的行政行为。如各种行政处罚等行政处理决定。不服行政机关抽象行政行为而引起的行政争议,不能提起行政诉讼。

(4)必须是我国法律、法规明文规定可以向法院起诉的行政争议案件,并且符合起诉条件的,法院才能受理。我国《行政诉讼法》第 12 条具体规定了法院的受案范围,也就是说第 12 条规定了可以向法院提起行政诉讼的行政争议案件范围。

(5)法院是行政诉讼的主持者和裁判者。依照法律规定,法院在法律允许的范围内对行政机关行使职权的行为进行监督,并不是所有的行政争议都能通过行政诉讼解决。但是,属于法院受案范围的行政案件就只能在法院的主持下解决,这是司法权的必然要求。

二、《行政诉讼法》的目的

我国《行政诉讼法》第 1 条规定:"为保证人民法院公正、及时审理行政案件,解决行政争议,保护公民、法人和其他组织的合法权益,监督行政机关依法行使职权,根据宪法,制定本法。"根据这一条规定,《行政诉讼法》的目的有以下几项:

1. 保证法院正确、及时审理行政案件

行政诉讼是法院通过诉讼途径保护公民、组织的合法权益,监督行政机关依法行使行政职权,解决行政争议。行政诉讼法是调整行政诉讼活动和行政诉讼法律关系的基本程序法。因此,行政诉讼法的任务首先是为了保证法院审理行政案件。

保证法院审理行政案件,包括两层意思。第一,正确审理行政案件,就是要求法院在查明事实的基础上,正确适用法律,作出正确的裁判。查明事实,主要是查明作出行政行为所依据的事实和行政争议的事实。正确适用法律,包括正确适用实体法和程序法。实体法是指规定公民、组织权利和义务关系的法律。如我国《商标法》规定:"经商标局核准注册的商标为注册商标。商标注册人享有商标专用权,受法律保护。"程序法是指为保证实体法所规定的权利和义务得以实现而制定的程序性法律。行政诉讼法就是规定行政诉讼程序的法律。法院审理行政案件,应当依照行政诉讼法规定的程序进行,应当依照实体法规定的权利义务作出裁判。第二,及时审理行政案件,就是要求法院在行政诉讼的各个阶段,都要依照行政诉讼法规定的期间审理案件。例如,法院一般应当在立案之日起6个月内作出第一审判决;在收到上诉状之日起3个月内作出终审判决。这是为了避免对行政案件久拖不决,使具体行政行为的合法性得到及时确认,一方面保障公民、组织的合法权益得到及时恢复或者补救,另一方面保障行政管理工作的效率。

2. 解决行政争议

行政争议是行使行政权力的主体在行使公权力过程中与相对人之间发生的、依据公法可以解决的争议。行政争议是一种具体的法律争议,它作为公法争议的一种,不同于行使行政权力的主体以民事主体的身份而与相对人发生的民事争议。

从一定角度讲,行政诉讼就是解决行政争议问题的法律活动:以行政争议为诉讼客体是行政诉讼的一大特点,也决定了行政诉讼与其他诉讼制度的不同。通过行政诉讼解决的行政争议,实际上已经由行政机关解决过,诉讼中的争议不是没有解决过的“争议”,而是对行政机关对该“争议”的处理、解决不服。这就决定了法院在行政诉讼中不但要面对争议本身的事实,也要面对行政机关解决过这一争议的事实,即法院不但要对事实进行审查,同时也要对行政机关在解决这一争议的过程中的职权行为进行审查。近年来,又开始倡导实质性解决行政争议,真正实现案结事了。

3. 保护公民、法人及其他组织的合法权益

在我国,人民享有管理国家事务和社会事务的权利,享有保障个人生存和维持正常生活所必需的权利。保护公民、组织的合法权益是《行政诉讼法》的根本任务之一。这是因为在现实生活中,行政机关的行政管理活动涉及政治、经济、文化、科学以及社会生活的各个方面,直接关系着公民、组织的合法权益。行政权还具有强制性,如果公民、组织不遵守行政法律规范,不履行依法应履行的义务,行政机关可以运用行政处罚、行政强制措施等手段,促使他们遵守或者履行。行政权具有广泛的强制性,它对于国家行政管理是十分必要的。

但是,如果行政机关和行政机关公务人员在行使行政权时带有主观性、随意性,就有可能侵犯公民、组织的合法权益。事实上现在有些行政机关和行政机关公务人员滥用职权,以权谋私,侵犯公民、组织的合法权益,有的甚为严重。有了《行政诉讼法》,公民、组织就有了维护自己合法权益的法律武器。当公民、组织认为自己的合法权益受到行政机关的不法侵犯时,有权依法提起行政诉讼。法院应当依法保护他们的合法权益。我国《行政诉讼法》《刑事诉讼法》《民事诉讼法》的一个共同任务都是为了保护公民、组织的合法权益。不同点在于,行政诉讼是由法院通过纠正行政机关的违法行政行为,达到保护的目的。

4. 监督行政机关依法行使行政职权

行政诉讼是排除行政障碍,提高行政效率,强化行政管理职能,保障行政机关依法行使职权的重要保障。行政诉讼法的目的之一是监督行政机关严格依法行使职权。所谓对行政机关及其公务人员的监督,就是法律规定的具有监督权限的主体依法对行政机关的行政行为或者行政机关工作人员的职务行为,以监察、督促、纠正等方式进行的判断和控制的行为。在我国,对行政机关及其公务人员的行政行为是否合法、是否适当的监督有多种渠道,监督主体也具有一定的广泛性。其中由法院通过审判活动对行政机关和行政机关公务人员的具体行政行为实行法律监督,即司法监督,具有特殊的作用。因为司法监督较之其他形式的监督更为有效、终局。

三、行政诉讼受案范围

(一)受案范围确定的行政案件

公民、组织对具有行政处罚职权的机关和组织及其工作人员的行政处罚行为不服,依法提起诉讼的,属于法院行政诉讼的受案范围。

根据《行政诉讼法》第 12 条的规定,下列行政行为属于法院受案范围,公民、组织不服可以提起行政诉讼:

"(一)对行政拘留、暂扣或者吊销许可证和执照、责令停产停业、没收违法所得、没收非法财物、罚款、警告等行政处罚不服的;

(二)对限制人身自由或者对财产的查封、扣押、冻结等行政强制措施和行政强制执行不服的；

（三）申请行政许可，行政机关拒绝或者在法定期限内不予答复，或者对行政机关作出的有关行政许可的其他决定不服的；

（四）对行政机关作出的关于确认土地、矿藏、水流、森林、山岭、草原、荒地、滩涂、海域等自然资源的所有权或者使用权的决定不服的；

（五）对征收、征用决定及其补偿决定不服的；

（六）申请行政机关履行保护人身权、财产权等合法权益的法定职责，行政机关拒绝履行或者不予答复的；

（七）认为行政机关侵犯其经营自主权或者农村土地承包经营权、农村土地经营权的；

（八）认为行政机关滥用行政权力排除或者限制竞争的；

（九）认为行政机关违法集资、摊派费用或者违法要求履行其他义务的；

（十）认为行政机关没有依法支付抚恤金、最低生活保障待遇或者社会保险待遇的；

（十一）认为行政机关不依法履行、未按照约定履行或者违法变更、解除政府特许经营协议、土地房屋征收补偿协议等协议的；

（十二）认为行政机关侵犯其他人身权、财产权等合法权益的。

除前款规定外，人民法院受理法律、法规规定可以提起诉讼的其他行政案件。”

“其他人身权、财产权”是指本法第 12 条第 1 ~ 12 项规定的有关人身权、财产权以外的其他人身权、财产权。如人身权方面还有姓名权、肖像权、名誉权、婚姻自由权等；财产权方面还有专利权、商标权、著作权等。总之，凡是公民、组织受法律保护的人身权、财产权，行政机关都负有保护责任，不得非法侵犯，否则即属于违法行为。因此，人民法院受理公民、组织“认为行政机关侵犯其他人身权、财产权”而提起的诉讼。

（二）受案范围排除的行政案件

根据《行政诉讼法》第 13 条的规定，以下行政案件，法院不予受理。

1. 国防、外交等国家行为

国家行为，是指国务院、中央军事委员会、国防部、外交部等根据宪法和法律的授权，以国家的名义实施的有关国防和外交事务的行为，以及经宪法和法律授权的国家机关宣布紧急状态、实施戒严的总动员等行为。国家行为主要有两种：(1)国防方面的国家行为，如有关战争、军费、军需、军事设施等的决定、命令等；(2)外交方面的国家行为，如依据国家对外政策而进行的各种外事活动的决定、决议、命令等行为。此类行为，人民法院不予受理，其主要原因是，国务院及有关部门的国防、外交等国家行为，只因全国人民代表大会及其常务委员会提出的质询而受到审查，不能因公民、组织提起诉讼而受审查。

2. 行政法规、规章或者行政机关制定、发布的具有普遍约束力的决定、命令

“具有普遍约束力的决定、命令”，是指行政机关针对不特定对象发布的能反复适用的行政规范性文件。我国法律没有赋予法院撤销或者改变抽象行政行为的权力。因此，凡是控告行政机关制定的法规、规章或者其他有普遍约束力的决定、命令的，法院不能受理，可以告知控告人向制定该文件的行政机关的上一级行政机关或者其同级权力机关提出。

3. 行政机关对行政机关工作人员的奖惩、任免等决定

对行政机关工作人员的奖惩、任免等决定，是指行政机关作出的涉及该行政机关公务员权利义务的决定。[1] 根据《公务员法》及有关规定，行政机关对行政机关工作人员工作成绩突出、有特殊贡献的，有权予以表彰。同时，对行政机关工作人员的工作失职、过失、造成公私利益损失的处以一定的处分。处分包括警告、记过、记大过、降级、撤职、开除等。另外，由于行政工作需要，行政机关经常要对其工作人员的职务适当调整，这就涉及工作人员职务的任免。行政机关对其工作人员实施的这些行为是对其内部工作人员进行管理的一种工作方式。这是行政机关进行行政管理过程中采取的必要保证手段之一。行政机关工作人员对奖惩、任免等行政决定不服的，只能向行政机关或上一级行政机关申诉解决。因为法院无权干涉行政机关对其内部行政机关工作人员的奖惩、任免决定。

---

〔1〕 参见最高人民法院《关于执行〈中华人民共和国行政诉讼法〉若干问题的解释》(2000 年)第 4 条。

4. 法律规定由行政机关最终裁决的行政行为

对法律规定由行政机关最终裁决的行政行为不服提起的诉讼,法院也不予受理。法律以外的其他规范性文件一律不许授权行政机关最终裁决。这里的"法律",是指全国人民代表大会及其常务委员会制定和通过的规范性文件。因此,依照法律规定,行政机关对某种行政争议有最终决定权,即使公民对该争议的处理决定不服而提起诉讼,法院也不予受理。当然,向法院请求保护的起诉权是公民、组织的一项重要诉讼权利,除法律有特别规定外,任何组织或者个人无权剥夺公民、组织的这一民主权利。即便法规或规章规定行政机关对某些事项可以作"最终裁决",而公民、法人不服行政机关依据这些法规或规章作出的"最终裁决",如果依法向法院提起诉讼的,法院应予受理。

除以上案件外,根据司法解释规定如下案件法院也不能受理:

5. 公安、国家安全等机关依照刑事诉讼法的明确授权实施的行为

我国公安、国家安全等具有刑事司法职能的行政机关实施的刑事司法行为,不属于法院行政诉讼的受案范围。因为根据我国的司法体制,公安、国家安全等具有刑事司法职能的机关依照刑事诉讼法的授权而实施的行为是司法行为,而非行政行为。

6. 调解行为以及法律规定的仲裁行为

调解行为,是指行政机关居间对双方当事人的民事争议,在尊重当事人各方意愿的基础上所作的一种调停行为。当事人对于调解行为不服,可以通过民事诉讼的方式解决,在此诉讼中原、被告是民事争议的双方当事人,而不是以行政机关为被告。

仲裁行为,是指行政机关或法律授权的组织,以中立者的身份对平等主体之间的民事纠纷依照一定的程序作出的具有法律约束力的行为。对于这类仲裁行为已经规定了司法救济途径,行政诉讼法当然也就没必要把它纳入受案范围了。

7. 不具有强制力的行政指导行为

行政指导是行政机关在行政管理活动中,以倡议、示范、建议和咨询等方式引导相对人自愿作出或不作出某行为以实现行政管理目的的行为。对于行政指导而言,相对人可以自由选择,既可以遵从也可以不遵从,遵从与否完全取决

于相对人的意愿,并且也不会因此而承担相关的法律后果。正因为行政指导不具有强制性和法律拘束力,我国行政诉讼法没有将其纳入行政诉讼的受案范围。值得注意的是,行政机关如果以指导之名而作出的具有强制力的行为,公民、组织不服的,法院应当受理。

8. 驳回当事人对行政行为提起申诉的重复处理行为

重复处理行为又称第二次行政行为,是指行政机关依据相对人的申请,以原有行政行为为基础,作出的没有改变原行政行为及其所确认的权利义务关系的行为。

9. 对行政相对人的权利义务不产生实际影响的行为

一般认为,实际影响是指行政相对人的权利义务因为行政行为的存在而发生增加或者减少,得到或者失去的变化。不产生实际影响当然不具有诉讼意义。

四、行政诉讼程序

(一)起诉和受理

公民、法人或者其他组织认为行政机关和行政机关工作人员的行政行为侵犯其合法权益而向人民法院提出诉讼请求,要求人民法院行使国家审判权予以保护的诉讼行为,称为起诉。人民法院对起诉进行审查,对符合法定起诉条件的予以立案的诉讼行为,称为受理。在起诉和受理这两方面的诉讼行为都具备的情况下,才能引起行政案件审理程序的开始。当事人不起诉,或者当事人提起的诉讼不具备法定的起诉条件,人民法院不予受理的,就谈不上审理。公民、法人或者其他组织提起的行政诉讼,经人民法院审查、受理后,人民法院就具有对这一行政案件进行审判的权力和义务。同时,诉讼双方的当事人也取得了原告和被告的诉讼地位,享有诉讼权利,并承担诉讼义务。

提起诉讼应当符合下列条件:

第一,原告是认为行政行为侵犯其合法权益的公民、法人或者其他组织包括利害关系人;

第二,有明确的被告;

第三,有具体的诉讼请求和事实根据;

第四,属于人民法院受案范围和受诉人民法院管辖。

人民法院在接到起诉状时对符合本法规定的起诉条件的,应当登记立案。对当场不能判定是否符合本法规定的起诉条件的,应当接收起诉状,出具注明收到日期的书面凭证,并在7日内决定是否立案。不符合起诉条件的,作出不予立案的裁定。裁定书应当载明不予立案的理由。原告对裁定不服的,可以提起上诉。

(二)开庭审理前的准备及开庭审理

人民法院应当在立案之日起5日内,将起诉状副本发送被告。被告应当在收到起诉状副本之日起15日内向人民法院提交作出行政行为的有关材料,并提出答辩状。人民法院应当在收到答辩状之日起5日内,将答辩状副本发送原告。被告不提出答辩,或逾期不作出答辩的,不影响人民法院对案件的审理,这是保证开庭审理顺利进行的必要的规定。

行政诉讼法规定,人民法院公开审理行政案件,但涉及国家秘密、个人隐私和法律另有规定的除外。即把公开审理作为审理案件的原则,把不公开审理作为一种例外。

法庭调查是对证据进行核对审查的过程。作为诉讼当事人,有权对证据提出疑问。当事人经法庭许可,可以向证人、鉴定人、勘验人发问。当事人可以要求重新进行鉴定、调查或者勘验,是否准许,由人民法院决定。

法庭调查结束后,由审判长宣布进入法庭辩论阶段,当事人和诉讼代理人有权对有争议的事实和理由进行辩论。法庭辩论应按下列顺序进行:原告及其诉讼代理人发言;被告法定代表人及其诉讼代理人答辩;双方互相辩论。辩论结束后,由审判长依原告、被告的顺序征询双方的最后意见,这时,当事人可以对辩论中未尽的意见向法庭提出,同时,原告就自己的诉讼请求表达最后的意见,被告就是否接受原告的诉讼请求表明最后的意见。

(三)行政诉讼证据

1. 行政诉讼证据的概念与特征

行政诉讼证据,是指能够证明行政案件真实情况的一切事实。行政诉讼证据与其他诉讼证据相比,具有许多特殊性。在行政诉讼中,被告负有举证责任,应当提供作出行政行为的证据和所依据的规范性文件。

行政诉讼证据作为证据的一种也是指能够证明案件真实情况的一切事实。在审判实践中当事人举出的或者人民法院调查收集到的证据，并不一定都是真实可靠的，有的可能是虚假的，有的可能是伪造的，不一定都能用来作为定案的证据。能够用来作定案依据的证据，必须具备下列三个条件：证据必须具有客观性；证据必须具有相关性；证据必须具备合法性。

行政诉讼证据与其他诉讼证据相比，具有如下特征：[1]

第一，行政诉讼证据的形式具有多样性。

第二，行政诉讼的证据来源具有特定性。

第三，行政诉讼证据往往具有技术性、广泛性、即时性和将来性的特点。

第四，行政诉讼证据的提供、运用和审查具有特殊性。

2. 行政诉讼证据的种类

根据我国《行政诉讼法》第 33 条的规定，行政诉讼证据有以下几种：

(1)书证。书证是指记载或表达人们的思想或行为，以其内容证明案件事实的文字、符号、图画等材料。如文书、文件、电话号码、罚款决定书等。书证的特点是以文书记载的内容或含义来证明案件事实。

(2)物证。物证是指以物品的外形、质量、特征来证明案件事实的物品、痕迹。物证本身不具有任何思想内容，是不带主观性、思想性的物品，以其客观存在证明待证的事实。如海关扣押的走私货物、查禁物品等。

(3)视听资料。视听资料是指能够用来证明案件事实的录音带、录像带以及从电子计算机中提取的资料。

(4)电子数据。广义的电子证据是指以电子形式表现出来的用以证明案件事实的一切材料。这里的电子必须具有电的、数字的、磁性的、无线电的、光学的、电磁的，以及类似的特性。生活中其表现形式一般必须借助于计算机和其他类似设备生成、记录、存储、传递。常见的电子证据分为三类：一是电子通信中的电子证据。如电报、电话、传真资料。二是封闭计算机系统中的电子证据。如单位内部局域网中的电子文件、数据库、传统电子数据交换等。三是开放计算机系统中的电子数据。如因特网中的电子邮件、开放式电子数据交换、电子

---

〔1〕 参见杨解君主编：《行政诉讼法学》，法律出版社 2000 年版，第 142 ~ 143 页。

公告板、电子聊天资料等。

(5)证人证言。证人证言是指了解案件有关情况的非本案诉讼当事人关于证明案件事实的陈述。

(6)当事人的陈述。当事人的陈述是指当事人在诉讼中向法院所作的关于案件事实情况的叙述。

(7)鉴定意见。鉴定意见是指人民法院指定具有专门知识的人运用专业技术对案件事实中需要解决的专门性问题进行鉴定后做出的意见。

(8)勘验笔录、现场笔录。勘验笔录是指法院的审判人员对双方当事人争议的标的物,即现场或物品进行勘查检验、测量、绘图、拍照,并将情况和结果如实地记录下来而制作的笔录。勘验笔录的特点在于它是其他一些证据和情况的综合反映和再现。

现场笔录是指行政机关对违反行政法的行为当场给予处罚或处理而作的文字记载材料。行政机关制作的现场笔录,通常就成为它作出处理决定的依据;法院如果将行政机关制作的现场笔录作为定案的证据应当审查其真实性。

3. 举证责任

举证责任,是法律假定的一种后果,即承担举证责任的当事人应当提出自己的主张,证明自己的主张,否则将承担败诉的法律后果。〔1〕《行政诉讼法》第34条规定:“被告对作出的行政行为负有举证责任,应当提供作出该行政行为的证据和所依据的规范性文件。被告不提供或者无正当理由逾期提供证据,视为没有相应证据。但是,被诉行政行为涉及第三人合法权益,第三人提供证据的除外。”

通说认为,行政诉讼的举证责任,是指当事人对法律规定的事项或者当事人自己提出的主张,应当举出证据加以证明,否则将承担败诉的风险或者不利法律后果的制度。〔2〕行政诉讼原则上被告对作出的行政行为负有举证责任。因为行政诉讼的核心问题是审查行政行为的合法性。在行政诉讼中,由被告行政机关对被诉的行政行为负举证责任,但这并不意味着被告对行政诉讼的一切

〔1〕参见应松年主编:《行政诉讼法学》,中国政法大学出版社1999年版,第153页。

〔2〕参见胡建淼主编:《行政诉讼法学》,复旦大学出版社2003年版,第133页。

方面都要负举证责任，而只是在确定行政行为的合法性时，必须由被告承担举证责任。原告在某些情况下也要承担举证责任。根据《行政诉讼法》的规定，“原告可以提供证明行政行为违法的证据。原告提供的证据不成立的，不免除被告的举证责任。”“在起诉被告不履行法定职责的案件中，原告应当提供其向被告提出申请的证据。”“在行政赔偿、补偿的案件中，原告应当对行政行为造成的损害提供证据。因被告的原因导致原告无法举证的，由被告承担举证责任。”

(四)适用法律

行政诉讼的基本原则是审查行政行为的合法性。合法性审查的原则要求在对被诉行政行为审查时，必须有明确的法律规范标准，这种法律规范标准即是人民法院审理行政案件的依据，也称为人民法院在行政诉讼中对法律的适用。据此，行政诉讼中的法律适用，是指导人民法院按照法定程序，将法律、法规(或参照规章)具体适用于各种行政案件中，从而对行政机关作出的行政行为是否合法进行审查的活动。《行政诉讼法》第 63 条规定，人民法院审理行政案件，以法律和行政法规、地方性法规为依据。地方性法规适用于本行政区域内发生的行政案件。人民法院审理民族自治地方的行政案件，并以该民族自治地方的自治条例和单行条例为依据。人民法院审理行政案件，参照规章。

王汉斌同志在关于行政诉讼法(草案)的说明中指出：“对符合法律、行政法规的规章，法院要参照审理，对不符合或不完全符合法律、行政法规原则精神的规章，法院可以有灵活处理的余地。”由此可见，人民法院对规章的适用审查比对法规的适用审查具有更多的自主性。主要表现在：其一，对符合法律的法规人民法院必须作为审判依据，无选择适用权；但对符合法律的规章，人民法院在有明确的法律、法规依据时可以不予参照，有选择适用权。其二，法规只有与法律明显抵触时才不被适用；而规章只要与法律、法规的原则精神不一致即可不予适用。其三，行政判决必须严格依据法规的有关条款作出，不得与其有任何冲突；而对规章审查合格后也只是参照适用，不是行政判决的依据。

(五)作出判决

行政诉讼判决，是指人民法院根据当事人的诉讼请求，经过全面审理，就被诉行政行为的合法性及相关争议依法作出的实体性处理决定。行政诉讼法规定，人民法院经过审理，根据不同情况，分别可以作出判决驳回原告诉讼请求；

判决撤销或者部分撤销；判决被告重新作出行政行为；被告不履行或者拖延履行法定职责的，判决其在一定期限内履行；判决被告履行给付义务；确认违法与确认无效；对行政处罚明显不当的，可以判决变更。

1. 驳回原告诉讼请求判决

《行政诉讼法》第 69 条规定，行政行为证据确凿，适用法律、法规正确，符合法定程序的，或者原告申请被告履行法定职责或者给付义务理由不成立的，人民法院判决驳回原告的诉讼请求。

2. 撤销判决

行政处罚的撤销判决，是人民法院经审查认为行政处罚决定违法而否定其法律效力的一种裁判方式。它既可表现为全部撤销，也可表现为部分撤销，还可表现为撤销但同时责令被告重新作出行政行为。由于要求撤销违法的具体行政行为是公民、法人或者其他组织主要的诉讼请求，因此，撤销判决是在整个行政诉讼中原告请求最多、适用范围最广、保护公民、法人和其他组织的合法权益最有效、监督行政机关和纠正违法行政行为最有力的种方式。《行政诉讼法》第 70 条规定："行政行为有下列情形之一的，人民法院判决撤销或者部分撤销，并可以判决被告重新作出行政行为：（一）主要证据不足的；（二）适用法律、法规错误的；（三）违反法定程序的；（四）超越职权的；（五）滥用职权的；（六）明显不当的。"

主要证据不足是撤销判决和决定适用的首要条件。所谓主要证据，是指行政机关赖以作出行政行为时必不可少的事实及其证明形式。主要证据应是被告作出行政行为时所依据的证据，而不是诉讼阶段重新收集的证据。主要证据应是在一审前或庭审中提供的证据，而不是此后提供的证据。

适用法律、法规错误是人民法院适用撤销判决的第二项法定条件。如果说主要证据不足解决的是事实根据问题，那么适用法律、法规错误则解决的是法律准绳问题。所谓适用法律、法规错误，是指行政机关在实施行政处罚和其他行政行为时适用了不应适用的法律、法规，或错误地适用了法律、法规中的具体条款。

超越职权，其主要特点是，不论行为主体主观上是出于故意还是过失，行为动机、目的是否合法、正当，只要所实施的行为客观上超越了法定权限，即构成超越职权。人民法院对超越职权的行政处罚应着重从两个方面进行审查:首先,要对实施处罚的主体资格实施审查,看其是否属合法成立、能独立对外行政使职权的行政机关或经法律法规授权或经行政机关委托的组织或个人。否则,其所实施的行政处罚无效,依法应予撤销。其次,应对合法的行政主体是否有权实施某项行政处罚进行审查。凡实施超越职权范围实施行政处罚的,均属无效处罚,依法应予撤销。

滥用职权,是世界各国司法机关控制行政自由裁量权的最基本手段,也是我国人民法院对行政行为适用撤销判决的最后一项法定条件。如果说规定前四项标准是为了对羁束行政行为进行合法性审查,那么规定第五项标准则是为了对自由裁量行政行为进行合理性审查。具体来说,它是指行政主体实施的行政行为虽然在形式上合法,但在实质上却不符合法律的目的、精神和原则。

3. 重新作出行政行为判决

人民法院在作出撤销判决时,如果认为被告对于被诉行政行为所涉及的一些事项还应当作出后续处理,可以在撤销的同时责令被告重新作出行政行为。原告将行政机关告上法庭是因为对行政行为不服,而人民法院对于行政争议的审查标准是该行政行为是否合法,原告的诉求是主观的,而法院的审理是客观的,这种主客观的矛盾反映到诉讼结果中就有可能出现公平的审理却无法解决争议的现象出现。出于有效解决行政争议,依法履行法定职责的考量,法律规定了人民法院在作出撤销判决的同时,可以责令被告重新作出行政行为。在实践中,全部或者部分撤销后发回就是判决被告重新作出行政行为的意思。《行政诉讼法》第 71 条规定,人民法院判决被告重新作出行政行为的,被告不得以同一的事实和理由作出与原行政行为基本相同的行政行为。

4. 履行作为义务判决

履行作为义务判决,是指人民法院认定被告负有法定职责无正当理由而拒不履行或拖延履行的,责令被告限期履行法定职责的判决。《行政诉讼法》第 72 条规定,人民法院经过审理,查明被告不履行法定职责的,判决被告在一定期限内履行。

5. 履行给付义务判决

一般给付判决是指人民法院根据原告要求行政机关履行一定给付义务的

诉讼请求，对行政机关是否依法具有给付义务、拒绝或拖延履行给付义务是否具有正当理由等情形进行审查之后作出的要求被告在一定期限内履行给付义务的判决形式。《行政诉讼法》第73条规定，人民法院经过审理，查明被告依法负有给付义务的，判决被告履行给付义务。

6. 确认违法与确认无效判决

广义的确认判决包括确认合法判决、确认违法判决、确认无效判决，[1]根据现行法律的规定，我国的确认判决只有确认违法与无效判决，确认合法判决被驳回诉讼请求判决取代。根据行政行为效力理论，违法的行政行为根据其违法的程度不同划分为：轻微的违法行为、一般的违法行为、严重的违法行为三种。在违法行为效力的对应上，分别是：轻微的违法行为属于行政行为瑕疵，经补正实现其效力；一般的违法行为属于经审查由专业人员判断的行为，属于可撤销行政行为；而严重的违法行为，因其严重一般人就能判断，故属于无效行政行为。[2] 行政诉讼法所确定的确认违法与确认无效判决正基于此。

《行政诉讼法》第74条规定："行政行为有下列情形之一的，人民法院判决确认违法，但不撤销行政行为：（一）行政行为依法应当撤销，但撤销会给国家利益、社会公共利益造成重大损害的；（二）行政行为程序轻微违法，但对原告权利不产生实际影响的。行政行为有下列情形之一，不需要撤销或者判决履行的，人民法院判决确认违法：（一）行政行为违法，但不具有可撤销内容的；（二）被告改变原违法行政行为，原告仍要求确认原行政行为违法的；（三）被告不履行或者拖延履行法定职责，判决履行没有意义的。"

《行政诉讼法》第75条规定："行政行为有实施主体不具有行政主体资格或者没有依据等重大且明显违法情形，原告申请确认行政行为无效的，人民法院判决确认无效。"第76条规定："人民法院判决确认违法或者无效的，可以同时判决责令被告采取补救措施；给原告造成损失的，依法判决被告承担赔偿责任。"

7. 变更判决

变更判决是人民法院对被诉行政行为直接予以改变的判决。通常，人民法

---

〔1〕 参见应松年、马怀德主编：《行政法与行政诉讼法学》，高等教育出版社2017年版，第536页。

〔2〕 参见张弘、郭胜鳌：《行政行为瑕疵辨析与补救》，载《辽宁大学学报（哲学社会科学版）》2007年第2期。

院经审查认为行政处罚行为明显不当而改变原处罚决定,或者对涉及款额的改变对款额的额定、认定。所谓“明显不当”,是指行政处罚行为在形式上虽然没有违反法定罚则和幅度,但却明显不符合理性、客观、适度的原则。

《行政诉讼法》第77条规定:“行政处罚明显不当,或者其他行政行为涉及对款额的确定、认定确有错误的,人民法院可以判决变更。人民法院判决变更,不得加重原告的义务或者减损原告的权益。但利害关系人同为原告,且诉讼请求相反的除外。”

(六)二审程序

我国行政诉讼法根据我国的审判实践,参考外国立法,规定了二审程序,其目的是通过二审程序纠正一审判决与裁定的错误,保证人民法院裁判的正确、合法,保护公民、法人或者其他组织的合法权益,保障国家行政机关依法行使行政权。同时,规定二审程序也便于上级法院监督和指导下级法院的审判工作,提高办案水平和办案效率,保证法院正确行使国家审判权。

法律规定,当事人不服人民法院第一审判决的,有权在判决书送达之日起15日内向上一级人民法院提起上诉。当事人不服人民法院第一审裁定的,有权在裁定书送达之日起10日内向上一级人民法院提起上诉。逾期不提起上诉的,人民法院的第一审判决或者裁定发生法律效力。

人民法院对上诉案件,应当组成合议庭,开庭审理。经过阅卷、调查和询问当事人,对没有提出新的事实、证据或者理由,合议庭认为不需要开庭审理的,也可以不开庭审理。

人民法院审理上诉案件,应当对原审人民法院的判决、裁定和被诉行政行为进行全面审查。

人民法院审理上诉案件,应当在收到上诉状之日起3个月内作出终审判决。有特殊情况需要延长的,由高级人民法院批准,高级人民法院审理的上诉案件需要延长的,由最高人民法院批准。

《行政诉讼法》第89条规定:“人民法院审理上诉案件,按照下列情形,分别处理:

(一)原判决、裁定认定事实清楚,适用法律、法规正确的,判决或者裁定驳回上诉,维持原判决、裁定;

（二）原判决、裁定认定事实错误或者适用法律、法规错误的，依法改判、撤销或者变更；

（三）原判决认定基本事实不清、证据不足的，发回原审人民法院重审，或者查清事实后改判；

（四）原判决遗漏当事人或者违法缺席判决等严重违反法定程序的，裁定撤销原判决，发回原审人民法院重审。

原审人民法院对发回重审的案件作出判决后，当事人提起上诉的，第二审人民法院不得再次发回重审。

人民法院审理上诉案件，需要改变原审判决的，应当同时对被诉行政行为作出判决。”

第四节　行政赔偿

建立行政诉讼制度的目的之一，是要使公民、法人和其他组织被行政机关或者行政机关工作人员侵犯的合法权益得到补救。如果赔偿问题得不到解决，人民法院的一些判决无法执行，公民、法人和其他组织被侵犯的权益就不能得到恢复和赔偿，也就不能达到建立行政诉讼制度的目的。

因此，《行政处罚法》第7条规定，公民、法人或者其他组织因行政机关违法给予行政处罚受到损害的，有权依法提出赔偿要求。

一、行政赔偿的概念

行政机关及其工作人员在执行职务的过程中，侵犯公民、法人和其他组织的合法权益造成损害，应当承担赔偿责任，这种赔偿就是行政赔偿。行政赔偿的方式有金钱赔偿、恢复原状、返还原物、消除影响、恢复名誉、赔礼道歉等。行政赔偿产生的原因是行政侵权，实施行政侵权的主体是行政机关及其工作人员本身，也包括被授权为某种行政行为的组织和个人。行政机关的非职务活动的侵权通常属于民事侵权，属于民事责任的范围。行政赔偿与行政补偿不同，行政赔偿通常是由于行政机关及其工作人员的违法行政行为引起的，而行政补偿则是由于行政机关及其工作人员的合法行为引起的。

行政赔偿责任的构成,必须有以下几个条件:

第一,必须是行政机关及其工作人员的行为。行政机关是指各级人民政府和所属的工作部门。城市的居民委员会和农村的村民委员会是基层群众性自治组织,不是行政机关。行政机关工作人员是指行政机关中行使行政职权的人员。

第二,必须是行使行政职权的行为。也就是说是行政机关对外行使行政职权的行为。行政机关必须是在自己的职权范围内活动。行政机关工作人员与行使职权无关的个人行为不构成行政赔偿责任。

第三,必须是违法行使职权行为。公民、法人和其他组织的财产权利及公民的人身自由是由于行政机关工作人员的违法行为受到侵害的,才可以请求国家赔偿,这是国家赔偿的一个原则问题。国家赔偿必须以行政机关工作人员行使行政职权的违法为先决条件。

第四,必须有损害结果的发生。行政机关工作人员违法行使行政职权,必须有侵犯公民、法人和其他组织的财产权或者公民人身权的损害结果,才可以要求国家赔偿,才可以提起行政赔偿诉讼。损害结果的发生,如果是因公民、法人和其他组织自己的行为致使,国家赔偿法规定,行政机关及其工作人员在行使行政职权时,则不构成行政赔偿责任。

国家赔偿法规定,行政机关及其工作人员在行使行政职权时,违法拘留或者违法采取限制公民人身自由的行政强制措施的;违法实施罚款、吊销许可证和执照、责令停产停业、没收财物等行政处罚的;违法对财产采取查封、扣押、冻结等行政强制措施的;违反国家规定征收财物、摊派费用的;造成财产损害的其他违法行为的,受害人有取得赔偿的权利。

公民、法人和其他组织认为行政机关及其工作人员违法实施行政处罚侵犯了其合法权益,造成损害,要求获得行政赔偿的途径有以下四个:

第一,行政机关认为其工作人员违法侵犯了公民、法人和其他组织的财产权,侵犯了公民的人身权,主动依据国家赔偿法给予赔偿,公民、法人和其他组织对赔偿无异议。

第二,通过行政复议解决赔偿问题。即当事人在申请复议的同时,可以一并提出赔偿请求。复议机关复议，确认该行政机关侵犯公民、法人和其他组织的合法权益，在作出复议决定的同时，对造成损失的，可以责令该行政机关按国家赔偿法予以赔偿，该行政机关应当执行复议决定，负责赔偿。

第三，通过行政诉讼一并解决。公民、法人和其他组织认为行政机关侵犯其财产权，或者侵犯公民的人身权，可以直接提起行政诉讼，也可以经过行政复议，在法定期限内再提起行政诉讼，并提出赔偿请求，人民法院在审理案件时，一并解决赔偿问题。

第四，通过行政赔偿诉讼解决。对于已经行政机关确认为违法行使行政职权的行为，或者经行政诉讼已由人民法院确认为违法行政行为，并且造成人身权或财产权的损害的，赔偿请求人可以先向赔偿义务机关提出赔偿请求，并递交赔偿申请书，赔偿义务机关自收到申请之日起 2 个月内不予赔偿或者请求人对赔偿数额有争议的，赔偿请求人可以自期间届满之日起 3 个月内向人民法院提起行政赔偿诉讼。

二、行政赔偿程序

公民、法人和其他组织提起行政赔偿，必须符合以下条件：

第一，原告是符合行政赔偿规定的赔偿请求人。依照《国家赔偿法》第 6 条的规定，受害的公民、法人和其他组织有权要求赔偿。受害的公民死亡，其继承人和其他有扶养关系的亲属有权要求赔偿。受害的法人或者其他组织终止，承受其权利的法人或者其他组织有权要求赔偿。

第二，有明确的被告、具体的赔偿要求和事实依据。所谓的明确的被告就是说在原告起诉时，必须指明被告是谁、被告的基本情况等。具体的赔偿要求是向人民法院提出的赔偿数额。事实依据是原告提出诉讼要求所根据的事实，即行政机关及其工作人员违法行使职权给其造成损害已经认定的事实。

第三，属于人民法院管辖范围和受诉人民法院管辖。原告向人民法提出诉讼请求，必须归人民法院管辖，而且应当属于该人民法院管辖，只有这样法院才能接受诉讼。行政赔偿诉讼的当事人有权委托代理人，提出回避申请，进行辩论，请求调解，提起上诉，申请执行等权利。当事人进行诉讼，都可以委托诉讼代理人，行政赔偿诉讼也不例外。委托代理人是受当事人委托，以委托人名义并为其利益进行诉讼活动的人,委托代理人可以是当事人的近亲属、律师、社会团体和当事人所在单位推荐的人,以及经人民法院许可的其他人员。委托代理人行使当事人的诉讼权利,权限的大小取决于当事人的授权。

三、赔偿方式和计算标准

国家机关及其工作人员违法行使职权造成公民、法人和其他组织合法权益损害后,受害方和国家之间就形成了一种权利和义务关系。受害的公民、法人和其他组织有权要求国家对其受到的损害予以赔偿,国家有责任履行赔偿的义务,按照一定的方式给受害方以赔偿。我国赔偿法规定的赔偿方式主要有三种:

第一,支付赔偿金,即在认定实际损害程度之后,经过计算以相应的金钱给付受害的公民、法人和其他组织。由于多数损失都可以用金钱折抵,所以支付赔偿金是赔偿的主要方式。

第二,返还财产,即国家机关及其工作人员违法行使职权占有他人财产,该财产未灭失的,应将非法所占的财产返还给所有者。

第三,恢复原状,即国家机关及其工作人员违法行使职权侵害他人财产,并使财产受到损害时,如有恢复可能的,应进行修复,以恢复财产的原状。

国家赔偿法还规定了侵犯公民人身自由的、侵犯公民生命健康权的以及侵犯公民、法人和其他组织的财产权造成损害的,具体赔偿金的给付标准。

附　录

中华人民共和国行政处罚法

（1996 年 3 月 17 日第八届全国人民代表大会第四次会议通过
根据 2009 年 8 月 27 日第十一届全国人民代表大会
常务委员会第十次会议《关于修改部分法律的决定》第一次修正
根据 2017 年 9 月 1 日第十二届全国人民代表大会常务委员会
第二十九次会议《关于修改〈中华人民共和国法官法〉等八部
法律的决定》第二次修正　2021 年 1 月 22 日第十三届
全国人民代表大会常务委员会第二十五次会议修订）

目　录

第一章　总　　则

第一条　为了规范行政处罚的设定和实施，保障和监督行政机关有效实施行政管理，维护公共利益和社会秩序，保护公民、法人或者其他组织的合法权益，根据宪法，制定本法。

第二条　行政处罚是指行政机关依法对违反行政管理秩序的公民、法人或者其他组织，以减损权益或者增加义务的方式予以惩戒的行为。

第三条　行政处罚的设定和实施，适用本法。

第四条　公民、法人或者其他组织违反行政管理秩序的行为，应当给予行政处罚的，依照本法由法律、法规、规章规定，并由行政机关依照本法规定的程序实施。

第五条　行政处罚遵循公正、公开的原则。

设定和实施行政处罚必须以事实为依据，与违法行为的事实、性质、情节以及社会危害程度相当。

对违法行为给予行政处罚的规定必须公布；未经公布的，不得作为行政处罚的依据。

第六条　实施行政处罚，纠正违法行为，应当坚持处罚与教育相结合，教育公民、法人或者其他组织自觉守法。

第七条　公民、法人或者其他组织对行政机关所给予的行政处罚，享有陈述权、申辩权；对行政处罚不服的，有权依法申请行政复议或者提起行政诉讼。

公民、法人或者其他组织因行政机关违法给予行政处罚受到损害的，有权依法提出赔偿要求。

第八条　公民、法人或者其他组织因违法行为受到行政处罚，其违法行为对他人造成损害的，应当依法承担民事责任。

违法行为构成犯罪，应当依法追究刑事责任的，不得以行政处罚代替刑事处罚。

第二章 行政处罚的种类和设定

第九条 行政处罚的种类:

(一)警告、通报批评;

(二)罚款、没收违法所得、没收非法财物;

(三)暂扣许可证件、降低资质等级、吊销许可证件;

(四)限制开展生产经营活动、责令停产停业、责令关闭、限制从业;

(五)行政拘留;

(六)法律、行政法规规定的其他行政处罚。

第十条 法律可以设定各种行政处罚。

限制人身自由的行政处罚,只能由法律设定。

第十一条 行政法规可以设定除限制人身自由以外的行政处罚。

法律对违法行为已经作出行政处罚规定,行政法规需要作出具体规定的,必须在法律规定的给予行政处罚的行为、种类和幅度的范围内规定。

法律对违法行为未作出行政处罚规定,行政法规为实施法律,可以补充设定行政处罚。拟补充设定行政处罚的,应当通过听证会、论证会等形式广泛听取意见,并向制定机关作出书面说明。行政法规报送备案时,应当说明补充设定行政处罚的情况。

第十二条 地方性法规可以设定除限制人身自由、吊销营业执照以外的行政处罚。

法律、行政法规对违法行为已经作出行政处罚规定,地方性法规需要作出具体规定的,必须在法律、行政法规规定的给予行政处罚的行为、种类和幅度的范围内规定。

法律、行政法规对违法行为未作出行政处罚规定,地方性法规为实施法律、行政法规,可以补充设定行政处罚。拟补充设定行政处罚的,应当通过听证会、论证会等形式广泛听取意见,并向制定机关作出书面说明。地方性法规报送备案时,应当说明补充设定行政处罚的情况。

第十三条 国务院部门规章可以在法律、行政法规规定的给予行政处罚的行为、种类和幅度的范围内作出具体规定。

尚未制定法律、行政法规的，国务院部门规章对违反行政管理秩序的行为，可以设定警告、通报批评或者一定数额罚款的行政处罚。罚款的限额由国务院规定。

第十四条 地方政府规章可以在法律、法规规定的给予行政处罚的行为、种类和幅度的范围内作出具体规定。

尚未制定法律、法规的，地方政府规章对违反行政管理秩序的行为，可以设定警告、通报批评或者一定数额罚款的行政处罚。罚款的限额由省、自治区、直辖市人民代表大会常务委员会规定。

第十五条 国务院部门和省、自治区、直辖市人民政府及其有关部门应当定期组织评估行政处罚的实施情况和必要性，对不适当的行政处罚事项及种类、罚款数额等，应当提出修改或者废止的建议。

第十六条 除法律、法规、规章外，其他规范性文件不得设定行政处罚。

第三章 行政处罚的实施机关

第十七条 行政处罚由具有行政处罚权的行政机关在法定职权范围内实施。

第十八条 国家在城市管理、市场监管、生态环境、文化市场、交通运输、应急管理、农业等领域推行建立综合行政执法制度，相对集中行政处罚权。

国务院或者省、自治区、直辖市人民政府可以决定一个行政机关行使有关行政机关的行政处罚权。

限制人身自由的行政处罚权只能由公安机关和法律规定的其他机关行使。

第十九条 法律、法规授权的具有管理公共事务职能的组织可以在法定授权范围内实施行政处罚。

第二十条 行政机关依照法律、法规、规章的规定，可以在其法定权限内书面委托符合本法第二十一条规定条件的组织实施行政处罚。行政机关不得委托其他组织或者个人实施行政处罚。

委托书应当载明委托的具体事项、权限、期限等内容。委托行政机关和受委托组织应当将委托书向社会公布。

委托行政机关对受委托组织实施行政处罚的行为应当负责监督，并对该行为的后果承担法律责任。

受委托组织在委托范围内,以委托行政机关名义实施行政处罚;不得再委托其他组织或者个人实施行政处罚。

第二十一条　受委托组织必须符合以下条件:

(一)依法成立并具有管理公共事务职能;

(二)有熟悉有关法律、法规、规章和业务并取得行政执法资格的工作人员;

(三)需要进行技术检查或者技术鉴定的,应当有条件组织进行相应的技术检查或者技术鉴定。

第四章　行政处罚的管辖和适用

第二十二条　行政处罚由违法行为发生地的行政机关管辖。法律、行政法规、部门规章另有规定的,从其规定。

第二十三条　行政处罚由县级以上地方人民政府具有行政处罚权的行政机关管辖。法律、行政法规另有规定的,从其规定。

第二十四条　省、自治区、直辖市根据当地实际情况,可以决定将基层管理迫切需要的县级人民政府部门的行政处罚权交由能够有效承接的乡镇人民政府、街道办事处行使,并定期组织评估。决定应当公布。

承接行政处罚权的乡镇人民政府、街道办事处应当加强执法能力建设,按照规定范围、依照法定程序实施行政处罚。

有关地方人民政府及其部门应当加强组织协调、业务指导、执法监督,建立健全行政处罚协调配合机制,完善评议、考核制度。

第二十五条　两个以上行政机关都有管辖权的,由最先立案的行政机关管辖。

对管辖发生争议的,应当协商解决,协商不成的,报请共同的上一级行政机关指定管辖;也可以直接由共同的上一级行政机关指定管辖。

第二十六条　行政机关因实施行政处罚的需要,可以向有关机关提出协助请求。协助事项属于被请求机关职权范围内的,应当依法予以协助。

第二十七条　违法行为涉嫌犯罪的,行政机关应当及时将案件移送司法机关,依法追究刑事责任。对依法不需要追究刑事责任或者免予刑事处罚,但应当给予行政处罚的,司法机关应当及时将案件移送有关行政机关。

行政处罚实施机关与司法机关之间应当加强协调配合,建立健全案件移送制度,加强证据材料移交、接收衔接,完善案件处理信息通报机制。

第二十八条 行政机关实施行政处罚时,应当责令当事人改正或者限期改正违法行为。

当事人有违法所得,除依法应当退赔的外,应当予以没收。违法所得是指实施违法行为所取得的款项。法律、行政法规、部门规章对违法所得的计算另有规定的,从其规定。

第二十九条 对当事人的同一个违法行为,不得给予两次以上罚款的行政处罚。同一个违法行为违反多个法律规范应当给予罚款处罚的,按照罚款数额高的规定处罚。

第三十条 不满十四周岁的未成年人有违法行为的,不予行政处罚,责令监护人加以管教;已满十四周岁不满十八周岁的未成年人有违法行为的,应当从轻或者减轻行政处罚。

第三十一条 精神病人、智力残疾人在不能辨认或者不能控制自己行为时有违法行为的,不予行政处罚,但应当责令其监护人严加看管和治疗。间歇性精神病人在精神正常时有违法行为的,应当给予行政处罚。尚未完全丧失辨认或者控制自己行为能力的精神病人、智力残疾人有违法行为的,可以从轻或者减轻行政处罚。

第三十二条 当事人有下列情形之一,应当从轻或者减轻行政处罚:

(一)主动消除或者减轻违法行为危害后果的;

(二)受他人胁迫或者诱骗实施违法行为的;

(三)主动供述行政机关尚未掌握的违法行为的;

(四)配合行政机关查处违法行为有立功表现的;

(五)法律、法规、规章规定其他应当从轻或者减轻行政处罚的。

第三十三条 违法行为轻微并及时改正,没有造成危害后果的,不予行政处罚。初次违法且危害后果轻微并及时改正的,可以不予行政处罚。

当事人有证据足以证明没有主观过错的,不予行政处罚。法律、行政法规另有规定的,从其规定。

对当事人的违法行为依法不予行政处罚的，行政机关应当对当事人进行教育。

第三十四条　行政机关可以依法制定行政处罚裁量基准，规范行使行政处罚裁量权。行政处罚裁量基准应当向社会公布。

第三十五条　违法行为构成犯罪，人民法院判处拘役或者有期徒刑时，行政机关已经给予当事人行政拘留的，应当依法折抵相应刑期。

违法行为构成犯罪，人民法院判处罚金时，行政机关已经给予当事人罚款的，应当折抵相应罚金；行政机关尚未给予当事人罚款的，不再给予罚款。

第三十六条　违法行为在二年内未被发现的，不再给予行政处罚；涉及公民生命健康安全、金融安全且有危害后果的，上述期限延长至五年。法律另有规定的除外。

前款规定的期限，从违法行为发生之日起计算；违法行为有连续或者继续状态的，从行为终了之日起计算。

第三十七条　实施行政处罚，适用违法行为发生时的法律、法规、规章的规定。但是，作出行政处罚决定时，法律、法规、规章已被修改或者废止，且新的规定处罚较轻或者不认为是违法的，适用新的规定。

第三十八条　行政处罚没有依据或者实施主体不具有行政主体资格的，行政处罚无效。

违反法定程序构成重大且明显违法的，行政处罚无效。

第五章　行政处罚的决定

第一节　一般规定

第三十九条　行政处罚的实施机关、立案依据、实施程序和救济渠道等信息应当公示。

第四十条　公民、法人或者其他组织违反行政管理秩序的行为，依法应当给予行政处罚的，行政机关必须查明事实；违法事实不清、证据不足的，不得给予行政处罚。

第四十一条　行政机关依照法律、行政法规规定利用电子技术监控设备收集、固定违法事实的，应当经过法制和技术审核，确保电子技术监控设备符合标准、设置合理、标志明显，设置地点应当向社会公布。

电子技术监控设备记录违法事实应当真实、清晰、完整、准确。行政机关应当审核记录内容是否符合要求；未经审核或者经审核不符合要求的，不得作为行政处罚的证据。

行政机关应当及时告知当事人违法事实，并采取信息化手段或者其他措施，为当事人查询、陈述和申辩提供便利。不得限制或者变相限制当事人享有的陈述权、申辩权。

第四十二条 行政处罚应当由具有行政执法资格的执法人员实施。执法人员不得少于两人，法律另有规定的除外。

执法人员应当文明执法，尊重和保护当事人合法权益。

第四十三条 执法人员与案件有直接利害关系或者有其他关系可能影响公正执法的，应当回避。

当事人认为执法人员与案件有直接利害关系或者有其他关系可能影响公正执法的，有权申请回避。

当事人提出回避申请的，行政机关应当依法审查，由行政机关负责人决定。决定作出之前，不停止调查。

第四十四条 行政机关在作出行政处罚决定之前，应当告知当事人拟作出的行政处罚内容及事实、理由、依据，并告知当事人依法享有的陈述、申辩、要求听证等权利。

第四十五条 当事人有权进行陈述和申辩。行政机关必须充分听取当事人的意见，对当事人提出的事实、理由和证据，应当进行复核；当事人提出的事实、理由或者证据成立的，行政机关应当采纳。

行政机关不得因当事人陈述、申辩而给予更重的处罚。

第四十六条 证据包括：

(一)书证；

(二)物证；

(三)视听资料；

(四)电子数据；

(五)证人证言；

（六）当事人的陈述；

（七）鉴定意见；

（八）勘验笔录、现场笔录。

证据必须经查证属实，方可作为认定案件事实的根据。

以非法手段取得的证据，不得作为认定案件事实的根据。

第四十七条　行政机关应当依法以文字、音像等形式，对行政处罚的启动、调查取证、审核、决定、送达、执行等进行全过程记录，归档保存。

第四十八条　具有一定社会影响的行政处罚决定应当依法公开。

公开的行政处罚决定被依法变更、撤销、确认违法或者确认无效的，行政机关应当在三日内撤回行政处罚决定信息并公开说明理由。

第四十九条　发生重大传染病疫情等突发事件，为了控制、减轻和消除突发事件引起的社会危害，行政机关对违反突发事件应对措施的行为，依法快速、从重处罚。

第五十条　行政机关及其工作人员对实施行政处罚过程中知悉的国家秘密、商业秘密或者个人隐私，应当依法予以保密。

第二节　简易程序

第五十一条　违法事实确凿并有法定依据，对公民处以二百元以下、对法人或者其他组织处以三千元以下罚款或者警告的行政处罚的，可以当场作出行政处罚决定。法律另有规定的，从其规定。

第五十二条　执法人员当场作出行政处罚决定的，应当向当事人出示执法证件，填写预定格式、编有号码的行政处罚决定书，并当场交付当事人。当事人拒绝签收的，应当在行政处罚决定书上注明。

前款规定的行政处罚决定书应当载明当事人的违法行为，行政处罚的种类和依据、罚款数额、时间、地点，申请行政复议、提起行政诉讼的途径和期限以及行政机关名称，并由执法人员签名或者盖章。

执法人员当场作出的行政处罚决定，应当报所属行政机关备案。

第五十三条　对当场作出的行政处罚决定，当事人应当依照本法第六十七条至第六十九条的规定履行。

第三节　普通程序

第五十四条　除本法第五十一条规定的可以当场作出的行政处罚外，行政机关发现公民、法人或者其他组织有依法应当给予行政处罚的行为的，必须全面、客观、公正地调查，收集有关证据；必要时，依照法律、法规的规定，可以进行检查。

符合立案标准的，行政机关应当及时立案。

第五十五条 执法人员在调查或者进行检查时，应当主动向当事人或者有关人员出示执法证件。当事人或者有关人员有权要求执法人员出示执法证件。执法人员不出示执法证件的，当事人或者有关人员有权拒绝接受调查或者检查。

当事人或者有关人员应当如实回答询问，并协助调查或者检查，不得拒绝或者阻挠。询问或者检查应当制作笔录。

第五十六条 行政机关在收集证据时，可以采取抽样取证的方法；在证据可能灭失或者以后难以取得的情况下，经行政机关负责人批准，可以先行登记保存，并应当在七日内及时作出处理决定，在此期间，当事人或者有关人员不得销毁或者转移证据。

第五十七条 调查终结，行政机关负责人应当对调查结果进行审查，根据不同情况，分别作出如下决定：

（一）确有应受行政处罚的违法行为的，根据情节轻重及具体情况，作出行政处罚决定；

（二）违法行为轻微，依法可以不予行政处罚的，不予行政处罚；

（三）违法事实不能成立的，不予行政处罚；

（四）违法行为涉嫌犯罪的，移送司法机关。

对情节复杂或者重大违法行为给予行政处罚，行政机关负责人应当集体讨论决定。

第五十八条 有下列情形之一，在行政机关负责人作出行政处罚的决定之前，应当由从事行政处罚决定法制审核的人员进行法制审核；未经法制审核或者审核未通过的，不得作出决定：

（一）涉及重大公共利益的；

（二）直接关系当事人或者第三人重大权益，经过听证程序的；

（三）案件情况疑难复杂、涉及多个法律关系的；

（四）法律、法规规定应当进行法制审核的其他情形。

行政机关中初次从事行政处罚决定法制审核的人员，应当通过国家统一法律职业资格考试取得法律职业资格。

第五十九条　行政机关依照本法第五十七条的规定给予行政处罚，应当制作行政处罚决定书。行政处罚决定书应当载明下列事项：

（一）当事人的姓名或者名称、地址；

（二）违反法律、法规、规章的事实和证据；

（三）行政处罚的种类和依据；

（四）行政处罚的履行方式和期限；

（五）申请行政复议、提起行政诉讼的途径和期限；

（六）作出行政处罚决定的行政机关名称和作出决定的日期。

行政处罚决定书必须盖有作出行政处罚决定的行政机关的印章。

第六十条　行政机关应当自行政处罚案件立案之日起九十日内作出行政处罚决定。法律、法规、规章另有规定的，从其规定。

第六十一条　行政处罚决定书应当在宣告后当场交付当事人；当事人不在场的，行政机关应当在七日内依照《中华人民共和国民事诉讼法》的有关规定，将行政处罚决定书送达当事人。

当事人同意并签订确认书的，行政机关可以采用传真、电子邮件等方式，将行政处罚决定书等送达当事人。

第六十二条　行政机关及其执法人员在作出行政处罚决定之前，未依照本法第四十四条、第四十五条的规定向当事人告知拟作出的行政处罚内容及事实、理由、依据，或者拒绝听取当事人的陈述、申辩，不得作出行政处罚决定；当事人明确放弃陈述或者申辩权利的除外。

第四节　听证程序

第六十三条　行政机关拟作出下列行政处罚决定，应当告知当事人有要求听证的权利，当事人要求听证的，行政机关应当组织听证：

（一）较大数额罚款；

（二）没收较大数额违法所得、没收较大价值非法财物；

（三）降低资质等级、吊销许可证件；

(四)责令停产停业、责令关闭、限制从业;

(五)其他较重的行政处罚;

(六)法律、法规、规章规定的其他情形。

当事人不承担行政机关组织听证的费用。

第六十四条 听证应当依照以下程序组织:

(一)当事人要求听证的,应当在行政机关告知后五日内提出;

(二)行政机关应当在举行听证的七日前,通知当事人及有关人员听证的时间、地点;

(三)除涉及国家秘密、商业秘密或者个人隐私依法予以保密外,听证公开举行;

(四)听证由行政机关指定的非本案调查人员主持;当事人认为主持人与本案有直接利害关系的,有权申请回避;

(五)当事人可以亲自参加听证,也可以委托一至二人代理;

(六)当事人及其代理人无正当理由拒不出席听证或者未经许可中途退出听证的,视为放弃听证权利,行政机关终止听证;

(七)举行听证时,调查人员提出当事人违法的事实、证据和行政处罚建议,当事人进行申辩和质证;

(八)听证应当制作笔录。笔录应当交当事人或者其代理人核对无误后签字或者盖章。当事人或者其代理人拒绝签字或者盖章的,由听证主持人在笔录中注明。

第六十五条 听证结束后,行政机关应当根据听证笔录,依照本法第五十七条的规定,作出决定。

第六章 行政处罚的执行

第六十六条 行政处罚决定依法作出后,当事人应当在行政处罚决定书载明的期限内,予以履行。

当事人确有经济困难,需要延期或者分期缴纳罚款的,经当事人申请和行政机关批准,可以暂缓或者分期缴纳。

第六十七条 作出罚款决定的行政机关应当与收缴罚款的机构分离。

除依照本法第六十八条、第六十九条的规定当场收缴的罚款外,作出行政处罚决定的行政机关及其执法人员不得自行收缴罚款。

当事人应当自收到行政处罚决定书之日起十五日内,到指定的银行或者通过电子支付系统缴纳罚款。银行应当收受罚款,并将罚款直接上缴国库。

第六十八条 依照本法第五十一条的规定当场作出行政处罚决定,有下列情形之一,执法人员可以当场收缴罚款:

(一)依法给予一百元以下罚款的;

(二)不当场收缴事后难以执行的。

第六十九条 在边远、水上、交通不便地区,行政机关及其执法人员依照本法第五十一条、第五十七条的规定作出罚款决定后,当事人到指定的银行或者通过电子支付系统缴纳罚款确有困难,经当事人提出,行政机关及其执法人员可以当场收缴罚款。

第七十条 行政机关及其执法人员当场收缴罚款的,必须向当事人出具国务院财政部门或者省、自治区、直辖市人民政府财政部门统一制发的专用票据;不出具财政部门统一制发的专用票据的,当事人有权拒绝缴纳罚款。

第七十一条 执法人员当场收缴的罚款,应当自收缴罚款之日起二日内,交至行政机关;在水上当场收缴的罚款,应当自抵岸之日起二日内交至行政机关;行政机关应当在二日内将罚款缴付指定的银行。

第七十二条 当事人逾期不履行行政处罚决定的,作出行政处罚决定的行政机关可以采取下列措施:

(一)到期不缴纳罚款的,每日按罚款数额的百分之三加处罚款,加处罚款的数额不得超出罚款的数额;

(二)根据法律规定,将查封、扣押的财物拍卖、依法处理或者将冻结的存款、汇款划拨抵缴罚款;

(三)根据法律规定,采取其他行政强制执行方式;

(四)依照《中华人民共和国行政强制法》的规定申请人民法院强制执行。

行政机关批准延期、分期缴纳罚款的,申请人民法院强制执行的期限,自暂缓或者分期缴纳罚款期限结束之日起计算。

第七十三条 当事人对行政处罚决定不服,申请行政复议或者提起行政诉讼的,行政处罚不停止执行,法律另有规定的除外。

当事人对限制人身自由的行政处罚决定不服,申请行政复议或者提起行政诉讼的,可以向作出决定的机关提出暂缓执行申请。符合法律规定情形的,应当暂缓执行。

当事人申请行政复议或者提起行政诉讼的,加处罚款的数额在行政复议或者行政诉讼期间不予计算。

第七十四条 除依法应当予以销毁的物品外,依法没收的非法财物必须按照国家规定公开拍卖或者按照国家有关规定处理。

罚款、没收的违法所得或者没收非法财物拍卖的款项,必须全部上缴国库,任何行政机关或者个人不得以任何形式截留、私分或者变相私分。

罚款、没收的违法所得或者没收非法财物拍卖的款项,不得同作出行政处罚决定的行政机关及其工作人员的考核、考评直接或者变相挂钩。除依法应当退还、退赔的外,财政部门不得以任何形式向作出行政处罚决定的行政机关返还罚款、没收的违法所得或者没收非法财物拍卖的款项。

第七十五条 行政机关应当建立健全对行政处罚的监督制度。县级以上人民政府应当定期组织开展行政执法评议、考核,加强对行政处罚的监督检查,规范和保障行政处罚的实施。

行政机关实施行政处罚应当接受社会监督。公民、法人或者其他组织对行政机关实施行政处罚的行为,有权申诉或者检举;行政机关应当认真审查,发现有错误的,应当主动改正。

第七章 法律责任

第七十六条 行政机关实施行政处罚,有下列情形之一,由上级行政机关或者有关机关责令改正,对直接负责的主管人员和其他直接责任人员依法给予处分:

(一)没有法定的行政处罚依据的;

(二)擅自改变行政处罚种类、幅度的;

(三)违反法定的行政处罚程序的;

(四)违反本法第二十条关于委托处罚的规定的;

(五)执法人员未取得执法证件的。

行政机关对符合立案标准的案件不及时立案的,依照前款规定予以处理。

第七十七条 行政机关对当事人进行处罚不使用罚款、没收财物单据或者使用非法定部门制发的罚款、没收财物单据的,当事人有权拒绝,并有权予以检举,由上级行政机关或者有关机关对使用的非法单据予以收缴销毁,对直接负责的主管人员和其他直接责任人员依法给予处分。

第七十八条 行政机关违反本法第六十七条的规定自行收缴罚款的,财政部门违反本法第七十四条的规定向行政机关返还罚款、没收的违法所得或者拍卖款项的,由上级行政机关或者有关机关责令改正,对直接负责的主管人员和其他直接责任人员依法给予处分。

第七十九条 行政机关截留、私分或者变相私分罚款、没收的违法所得或者财物的,由财政部门或者有关机关予以追缴,对直接负责的主管人员和其他直接责任人员依法给予处分;情节严重构成犯罪的,依法追究刑事责任。

执法人员利用职务上的便利,索取或者收受他人财物、将收缴罚款据为己有,构成犯罪的,依法追究刑事责任;情节轻微不构成犯罪的,依法给予处分。

第八十条 行政机关使用或者损毁查封、扣押的财物,对当事人造成损失的,应当依法予以赔偿,对直接负责的主管人员和其他直接责任人员依法给予处分。

第八十一条 行政机关违法实施检查措施或者执行措施,给公民人身或者财产造成损害、给法人或者其他组织造成损失的,应当依法予以赔偿,对直接负责的主管人员和其他直接责任人员依法给予处分;情节严重构成犯罪的,依法追究刑事责任。

第八十二条 行政机关对应当依法移交司法机关追究刑事责任的案件不移交,以行政处罚代替刑事处罚,由上级行政机关或者有关机关责令改正,对直接负责的主管人员和其他直接责任人员依法给予处分;情节严重构成犯罪的,依法追究刑事责任。

第八十三条 行政机关对应当予以制止和处罚的违法行为不予制止、处罚,致使公民、法人或者其他组织的合法权益、公共利益和社会秩序遭受损害的,对直接负责的主管人员和其他直接责任人员依法给予处分;情节严重构成犯罪的,依法追究刑事责任。

第八章　附　　则

第八十四条　外国人、无国籍人、外国组织在中华人民共和国领域内有违法行为,应当给予行政处罚的,适用本法,法律另有规定的除外。

第八十五条　本法中“二日”“三日”“五日”“七日”的规定是指工作日,不含法定节假日。

第八十六条　本法自2021年7月15日起施行。

中华人民共和国行政复议法

(1999年4月29日第九届全国人民代表大会常务委员会第九次会议通过 1999年4月29日中华人民共和国主席令第十六号公布 自1999年10月1日起施行 根据2009年8月27日第十一届全国人民代表大会常务委员会第十次会议《关于修改部分法律的决定》第一次修正 根据2017年9月1日第十二届全国人民代表大会常务委员会第二十九次会议《关于修改〈中华人民共和国法官法〉等八部法律的决定》第二次修正)

目 录

第一章 总 则

第一条 为了防止和纠正违法的或者不当的具体行政行为,保护公民、法人和其他组织的合法权益,保障和监督行政机关依法行使职权,根据宪法,制定本法。

第二条 公民、法人或者其他组织认为具体行政行为侵犯其合法权益,向行政机关提出行政复议申请,行政机关受理行政复议申请、作出行政复议决定,适用本法。

第三条 依照本法履行行政复议职责的行政机关是行政复议机关。行政

复议机关负责法制工作的机构具体办理行政复议事项,履行下列职责:

(一)受理行政复议申请;

(二)向有关组织和人员调查取证,查阅文件和资料;

(三)审查申请行政复议的具体行政行为是否合法与适当,拟订行政复议决定;

(四)处理或者转送对本法第七条所列有关规定的审查申请;

(五)对行政机关违反本法规定的行为依照规定的权限和程序提出处理建议;

(六)办理因不服行政复议决定提起行政诉讼的应诉事项;

(七)法律、法规规定的其他职责。

行政机关中初次从事行政复议的人员,应当通过国家统一法律职业资格考试取得法律职业资格。

第四条 行政复议机关履行行政复议职责,应当遵循合法、公正、公开、及时、便民的原则,坚持有错必纠,保障法律、法规的正确实施。

第五条 公民、法人或者其他组织对行政复议决定不服的,可以依照行政诉讼法的规定向人民法院提起行政诉讼,但是法律规定行政复议决定为最终裁决的除外。

第二章 行政复议范围

第六条 有下列情形之一的,公民、法人或者其他组织可以依照本法申请行政复议:

(一)对行政机关作出的警告、罚款、没收违法所得、没收非法财物、责令停产停业、暂扣或者吊销许可证、暂扣或者吊销执照、行政拘留等行政处罚决定不服的;

(二)对行政机关作出的限制人身自由或者查封、扣押、冻结财产等行政强制措施决定不服的;

(三)对行政机关作出的有关许可证、执照、资质证、资格证等证书变更、中止、撤销的决定不服的;

(四)对行政机关作出的关于确认土地、矿藏、水流、森林、山岭、草原、荒地、滩涂、海域等自然资源的所有权或者使用权的决定不服的；

（五）认为行政机关侵犯合法的经营自主权的；

（六）认为行政机关变更或者废止农业承包合同，侵犯其合法权益的；

（七）认为行政机关违法集资、征收财物、摊派费用或者违法要求履行其他义务的；

（八）认为符合法定条件，申请行政机关颁发许可证、执照、资质证、资格证等证书，或者申请行政机关审批、登记有关事项，行政机关没有依法办理的；

（九）申请行政机关履行保护人身权利、财产权利、受教育权利的法定职责，行政机关没有依法履行的；

（十）申请行政机关依法发放抚恤金、社会保险金或者最低生活保障费，行政机关没有依法发放的；

（十一）认为行政机关的其他具体行政行为侵犯其合法权益的。

第七条 公民、法人或者其他组织认为行政机关的具体行政行为所依据的下列规定不合法，在对具体行政行为申请行政复议时，可以一并向行政复议机关提出对该规定的审查申请：

（一）国务院部门的规定；

（二）县级以上地方各级人民政府及其工作部门的规定；

（三）乡、镇人民政府的规定。

前款所列规定不含国务院部、委员会规章和地方人民政府规章。规章的审查依照法律、行政法规办理。

第八条 不服行政机关作出的行政处分或者其他人事处理决定的，依照有关法律、行政法规的规定提出申诉。

不服行政机关对民事纠纷作出的调解或者其他处理，依法申请仲裁或者向人民法院提起诉讼。

第三章 行政复议申请

第九条 公民、法人或者其他组织认为具体行政行为侵犯其合法权益的，可以自知道该具体行政行为之日起六十日内提出行政复议申请；但是法律规定的申请期限超过六十日的除外。

因不可抗力或者其他正当理由耽误法定申请期限的,申请期限自障碍消除之日起继续计算。

第十条 依照本法申请行政复议的公民、法人或者其他组织是申请人。

有权申请行政复议的公民死亡的,其近亲属可以申请行政复议。有权申请行政复议的公民为无民事行为能力人或者限制民事行为能力人的,其法定代理人可以代为申请行政复议。有权申请行政复议的法人或者其他组织终止的,承受其权利的法人或者其他组织可以申请行政复议。

同申请行政复议的具体行政行为有利害关系的其他公民、法人或者其他组织,可以作为第三人参加行政复议。

公民、法人或者其他组织对行政机关的具体行政行为不服申请行政复议的,作出具体行政行为的行政机关是被申请人。

申请人、第三人可以委托代理人代为参加行政复议。

第十一条 申请人申请行政复议,可以书面申请,也可以口头申请;口头申请的,行政复议机关应当当场记录申请人的基本情况、行政复议请求、申请行政复议的主要事实、理由和时间。

第十二条 对县级以上地方各级人民政府工作部门的具体行政行为不服的,由申请人选择,可以向该部门的本级人民政府申请行政复议,也可以向上一级主管部门申请行政复议。

对海关、金融、国税、外汇管理等实行垂直领导的行政机关和国家安全机关的具体行政行为不服的,向上一级主管部门申请行政复议。

第十三条 对地方各级人民政府的具体行政行为不服的,向上一级地方人民政府申请行政复议。

对省、自治区人民政府依法设立的派出机关所属的县级地方人民政府的具体行政行为不服的,向该派出机关申请行政复议。

第十四条 对国务院部门或者省、自治区、直辖市人民政府的具体行政行为不服的,向作出该具体行政行为的国务院部门或者省、自治区、直辖市人民政府申请行政复议。对行政复议决定不服的,可以向人民法院提起行政诉讼;也可以向国务院申请裁决,国务院依照本法的规定作出最终裁决。

第十五条 对本法第十二条、第十三条、第十四条规定以外的其他行政机关、组织的具体行政行为不服的，按照下列规定申请行政复议：

（一）对县级以上地方人民政府依法设立的派出机关的具体行政行为不服的，向设立该派出机关的人民政府申请行政复议；

（二）对政府工作部门依法设立的派出机构依照法律、法规或者规章规定，以自己的名义作出的具体行政行为不服的，向设立该派出机构的部门或者该部门的本级地方人民政府申请行政复议；

（三）对法律、法规授权的组织的具体行政行为不服的，分别向直接管理该组织的地方人民政府、地方人民政府工作部门或者国务院部门申请行政复议；

（四）对两个或者两个以上行政机关以共同的名义作出的具体行政行为不服的，向其共同上一级行政机关申请行政复议；

（五）对被撤销的行政机关在撤销前所作出的具体行政行为不服的，向继续行使其职权的行政机关的上一级行政机关申请行政复议。

有前款所列情形之一的，申请人也可以向具体行政行为发生地的县级地方人民政府提出行政复议申请，由接受申请的县级地方人民政府依照本法第十八条的规定办理。

第十六条 公民、法人或者其他组织申请行政复议，行政复议机关已经依法受理的，或者法律、法规规定应当先向行政复议机关申请行政复议、对行政复议决定不服再向人民法院提起行政诉讼的，在法定行政复议期限内不得向人民法院提起行政诉讼。

公民、法人或者其他组织向人民法院提起行政诉讼，人民法院已经依法受理的，不得申请行政复议。

第四章 行政复议受理

第十七条 行政复议机关收到行政复议申请后，应当在五日内进行审查，对不符合本法规定的行政复议申请，决定不予受理，并书面告知申请人；对符合本法规定，但是不属于本机关受理的行政复议申请，应当告知申请人向有关行政复议机关提出。

除前款规定外，行政复议申请自行政复议机关负责法制工作的机构收到之日起即为受理。

第十八条 依照本法第十五条第二款的规定接受行政复议申请的县级地方人民政府，对依照本法第十五条第一款的规定属于其他行政复议机关受理的行政复议申请，应当自接到该行政复议申请之日起七日内，转送有关行政复议机关，并告知申请人。接受转送的行政复议机关应当依照本法第十七条的规定办理。

第十九条 法律、法规规定应当先向行政复议机关申请行政复议、对行政复议决定不服再向人民法院提起行政诉讼的，行政复议机关决定不予受理或者受理后超过行政复议期限不作答复的，公民、法人或者其他组织可以自收到不予受理决定书之日起或者行政复议期满之日起十五日内，依法向人民法院提起行政诉讼。

第二十条 公民、法人或者其他组织依法提出行政复议申请，行政复议机关无正当理由不予受理的，上级行政机关应当责令其受理；必要时，上级行政机关也可以直接受理。

第二十一条 行政复议期间具体行政行为不停止执行；但是，有下列情形之一的，可以停止执行：

（一）被申请人认为需要停止执行的；

（二）行政复议机关认为需要停止执行的；

（三）申请人申请停止执行，行政复议机关认为其要求合理，决定停止执行的；

（四）法律规定停止执行的。

第五章 行政复议决定

第二十二条 行政复议原则上采取书面审查的办法，但是申请人提出要求或者行政复议机关负责法制工作的机构认为有必要时，可以向有关组织和人员调查情况，听取申请人、被申请人和第三人的意见。

第二十三条 行政复议机关负责法制工作的机构应当自行政复议申请受理之日起七日内，将行政复议申请书副本或者行政复议申请笔录复印件发送被申请人。被申请人应当自收到申请书副本或者申请笔录复印件之日起十日内，提出书面答复，并提交当初作出具体行政行为的证据、依据和其他有关材料。

申请人、第三人可以查阅被申请人提出的书面答复、作出具体行政行为的证据、依据和其他有关材料,除涉及国家秘密、商业秘密或者个人隐私外,行政复议机关不得拒绝。

第二十四条 在行政复议过程中,被申请人不得自行向申请人和其他有关组织或者个人收集证据。

第二十五条 行政复议决定作出前,申请人要求撤回行政复议申请的,经说明理由,可以撤回;撤回行政复议申请的,行政复议终止。

第二十六条 申请人在申请行政复议时,一并提出对本法第七条所列有关规定的审查申请的,行政复议机关对该规定有权处理的,应当在三十日内依法处理;无权处理的,应当在七日内按照法定程序转送有权处理的行政机关依法处理,有权处理的行政机关应当在六十日内依法处理。处理期间,中止对具体行政行为的审查。

第二十七条 行政复议机关在对被申请人作出的具体行政行为进行审查时,认为其依据不合法,本机关有权处理的,应当在三十日内依法处理;无权处理的,应当在七日内按照法定程序转送有权处理的国家机关依法处理。处理期间,中止对具体行政行为的审查。

第二十八条 行政复议机关负责法制工作的机构应当对被申请人作出的具体行政行为进行审查,提出意见,经行政复议机关的负责人同意或者集体讨论通过后,按照下列规定作出行政复议决定:

(一)具体行政行为认定事实清楚,证据确凿,适用依据正确,程序合法,内容适当的,决定维持;

(二)被申请人不履行法定职责的,决定其在一定期限内履行;

(三)具体行政行为有下列情形之一的,决定撤销、变更或者确认该具体行政行为违法;决定撤销或者确认该具体行政行为违法的,可以责令被申请人在一定期限内重新作出具体行政行为:

1. 主要事实不清、证据不足的;

2. 适用依据错误的;

3. 违反法定程序的;

4. 超越或者滥用职权的;

5. 具体行政行为明显不当的。

(四)被申请人不按照本法第二十三条的规定提出书面答复、提交当初作出具体行政行为的证据、依据和其他有关材料的,视为该具体行政行为没有证据、依据,决定撤销该具体行政行为。

行政复议机关责令被申请人重新作出具体行政行为的,被申请人不得以同一的事实和理由作出与原具体行政行为相同或者基本相同的具体行政行为。

第二十九条 申请人在申请行政复议时可以一并提出行政赔偿请求,行政复议机关对符合国家赔偿法的有关规定应当给予赔偿的,在决定撤销、变更具体行政行为或者确认具体行政行为违法时,应当同时决定被申请人依法给予赔偿。

申请人在申请行政复议时没有提出行政赔偿请求的,行政复议机关在依法决定撤销或者变更罚款,撤销违法集资、没收财物、征收财物、摊派费用以及对财产的查封、扣押、冻结等具体行政行为时,应当同时责令被申请人返还财产,解除对财产的查封、扣押、冻结措施,或者赔偿相应的价款。

第三十条 公民、法人或者其他组织认为行政机关的具体行政行为侵犯其已经依法取得的土地、矿藏、水流、森林、山岭、草原、荒地、滩涂、海域等自然资源的所有权或者使用权的,应当先申请行政复议;对行政复议决定不服的,可以依法向人民法院提起行政诉讼。

根据国务院或者省、自治区、直辖市人民政府对行政区划的勘定、调整或者征收土地的决定,省、自治区、直辖市人民政府确认土地、矿藏、水流、森林、山岭、草原、荒地、滩涂、海域等自然资源的所有权或者使用权的行政复议决定为最终裁决。

第三十一条 行政复议机关应当自受理申请之日起六十日内作出行政复议决定;但是法律规定的行政复议期限少于六十日的除外。情况复杂,不能在规定期限内作出行政复议决定的,经行政复议机关的负责人批准,可以适当延长,并告知申请人和被申请人;但是延长期限最多不超过三十日。

行政复议机关作出行政复议决定,应当制作行政复议决定书,并加盖印章。

行政复议决定书一经送达,即发生法律效力。

第三十二条 被申请人应当履行行政复议决定。

被申请人不履行或者无正当理由拖延履行行政复议决定的,行政复议机关或者有关上级行政机关应当责令其限期履行。

第三十三条 申请人逾期不起诉又不履行行政复议决定的,或者不履行最终裁决的行政复议决定的,按照下列规定分别处理:

(一)维持具体行政行为的行政复议决定,由作出具体行政行为的行政机关依法强制执行,或者申请人民法院强制执行;

(二)变更具体行政行为的行政复议决定,由行政复议机关依法强制执行,或者申请人民法院强制执行。

第六章 法律责任

第三十四条 行政复议机关违反本法规定,无正当理由不予受理依法提出的行政复议申请或者不按照规定转送行政复议申请的,或者在法定期限内不作出行政复议决定的,对直接负责的主管人员和其他直接责任人员依法给予警告、记过、记大过的行政处分;经责令受理仍不受理或者不按照规定转送行政复议申请,造成严重后果的,依法给予降级、撤职、开除的行政处分。

第三十五条 行政复议机关工作人员在行政复议活动中,徇私舞弊或者有其他渎职、失职行为的,依法给予警告、记过、记大过的行政处分;情节严重的,依法给予降级、撤职、开除的行政处分;构成犯罪的,依法追究刑事责任。

第三十六条 被申请人违反本法规定,不提出书面答复或者不提交作出具体行政行为的证据、依据和其他有关材料,或者阻挠、变相阻挠公民、法人或者其他组织依法申请行政复议的,对直接负责的主管人员和其他直接责任人员依法给予警告、记过、记大过的行政处分;进行报复陷害的,依法给予降级、撤职、开除的行政处分;构成犯罪的,依法追究刑事责任。

第三十七条 被申请人不履行或者无正当理由拖延履行行政复议决定的,对直接负责的主管人员和其他直接责任人员依法给予警告、记过、记大过的行政处分;经责令履行仍拒不履行的,依法给予降级、撤职、开除的行政处分。

第三十八条 行政复议机关负责法制工作的机构发现有无正当理由不予受理行政复议申请、不按照规定期限作出行政复议决定、徇私舞弊、对申请人打击报复或者不履行行政复议决定等情形的,应当向有关行政机关提出建议,有关行政机关应当依照本法和有关法律、行政法规的规定作出处理。

第七章 附 则

第三十九条 行政复议机关受理行政复议申请,不得向申请人收取任何费用。行政复议活动所需经费,应当列入本机关的行政经费,由本级财政予以保障。

第四十条 行政复议期间的计算和行政复议文书的送达,依照民事诉讼法关于期间、送达的规定执行。

本法关于行政复议期间有关"五日"、"七日"的规定是指工作日,不含节假日。

第四十一条 外国人、无国籍人、外国组织在中华人民共和国境内申请行政复议,适用本法。

第四十二条 本法施行前公布的法律有关行政复议的规定与本法的规定不一致的,以本法的规定为准。

第四十三条 本法自 1999 年 10 月 1 日起施行。1990 年 12 月 24 日国务院发布、1994 年 10 月 9 日国务院修订发布的《行政复议条例》同时废止。

中华人民共和国行政诉讼法

(1989 年 4 月 4 日第七届全国人民代表大会第二次会议通过
根据 2014 年 11 月 1 日第十二届全国人民代表大会常务委员会第十一次会议《关于修改〈中华人民共和国行政诉讼法〉的决定》第一次修正
根据 2017 年 6 月 27 日第十二届全国人民代表大会常务委员会第二十八次会议《关于修改〈中华人民共和国民事诉讼法〉和〈中华人民共和国行政诉讼法〉的决定》第二次修正)

目　录

第一章　总　　则

第一条　为保证人民法院公正、及时审理行政案件,解决行政争议,保护公民、法人和其他组织的合法权益,监督行政机关依法行使职权,根据宪法,制定本法。

第二条 公民、法人或者其他组织认为行政机关和行政机关工作人员的行政行为侵犯其合法权益,有权依照本法向人民法院提起诉讼。

前款所称行政行为,包括法律、法规、规章授权的组织作出的行政行为。

第三条 人民法院应当保障公民、法人和其他组织的起诉权利,对应当受理的行政案件依法受理。

行政机关及其工作人员不得干预、阻碍人民法院受理行政案件。

被诉行政机关负责人应当出庭应诉。不能出庭的,应当委托行政机关相应的工作人员出庭。

第四条 人民法院依法对行政案件独立行使审判权,不受行政机关、社会团体和个人的干涉。

人民法院设行政审判庭,审理行政案件。

第五条 人民法院审理行政案件,以事实为根据,以法律为准绳。

第六条 人民法院审理行政案件,对行政行为是否合法进行审查。

第七条 人民法院审理行政案件,依法实行合议、回避、公开审判和两审终审制度。

第八条 当事人在行政诉讼中的法律地位平等。

第九条 各民族公民都有用本民族语言、文字进行行政诉讼的权利。

在少数民族聚居或者多民族共同居住的地区,人民法院应当用当地民族通用的语言、文字进行审理和发布法律文书。

人民法院应当对不通晓当地民族通用的语言、文字的诉讼参与人提供翻译。

第十条 当事人在行政诉讼中有权进行辩论。

第十一条 人民检察院有权对行政诉讼实行法律监督。

第二章 受案范围

第十二条 人民法院受理公民、法人或者其他组织提起的下列诉讼:

(一)对行政拘留、暂扣或者吊销许可证和执照、责令停产停业、没收违法所得、没收非法财物、罚款、警告等行政处罚不服的；

（二）对限制人身自由或者对财产的查封、扣押、冻结等行政强制措施和行政强制执行不服的；

（三）申请行政许可，行政机关拒绝或者在法定期限内不予答复，或者对行政机关作出的有关行政许可的其他决定不服的；

（四）对行政机关作出的关于确认土地、矿藏、水流、森林、山岭、草原、荒地、滩涂、海域等自然资源的所有权或者使用权的决定不服的；

（五）对征收、征用决定及其补偿决定不服的；

（六）申请行政机关履行保护人身权、财产权等合法权益的法定职责，行政机关拒绝履行或者不予答复的；

（七）认为行政机关侵犯其经营自主权或者农村土地承包经营权、农村土地经营权的；

（八）认为行政机关滥用行政权力排除或者限制竞争的；

（九）认为行政机关违法集资、摊派费用或者违法要求履行其他义务的；

（十）认为行政机关没有依法支付抚恤金、最低生活保障待遇或者社会保险待遇的；

（十一）认为行政机关不依法履行、未按照约定履行或者违法变更、解除政府特许经营协议、土地房屋征收补偿协议等协议的；

（十二）认为行政机关侵犯其他人身权、财产权等合法权益的。

除前款规定外，人民法院受理法律、法规规定可以提起诉讼的其他行政案件。

第十三条　人民法院不受理公民、法人或者其他组织对下列事项提起的诉讼：

（一）国防、外交等国家行为；

（二）行政法规、规章或者行政机关制定、发布的具有普遍约束力的决定、命令；

（三）行政机关对行政机关工作人员的奖惩、任免等决定；

（四）法律规定由行政机关最终裁决的行政行为。

第三章　管　　辖

第十四条　基层人民法院管辖第一审行政案件。

第十五条　中级人民法院管辖下列第一审行政案件：

(一)对国务院部门或者县级以上地方人民政府所作的行政行为提起诉讼的案件；

(二)海关处理的案件；

(三)本辖区内重大、复杂的案件；

(四)其他法律规定由中级人民法院管辖的案件。

第十六条　高级人民法院管辖本辖区内重大、复杂的第一审行政案件。

第十七条　最高人民法院管辖全国范围内重大、复杂的第一审行政案件。

第十八条　行政案件由最初作出行政行为的行政机关所在地人民法院管辖。经复议的案件，也可以由复议机关所在地人民法院管辖。

经最高人民法院批准，高级人民法院可以根据审判工作的实际情况，确定若干人民法院跨行政区域管辖行政案件。

第十九条　对限制人身自由的行政强制措施不服提起的诉讼，由被告所在地或者原告所在地人民法院管辖。

第二十条　因不动产提起的行政诉讼，由不动产所在地人民法院管辖。

第二十一条　两个以上人民法院都有管辖权的案件，原告可以选择其中一个人民法院提起诉讼。原告向两个以上有管辖权的人民法院提起诉讼的，由最先立案的人民法院管辖。

第二十二条　人民法院发现受理的案件不属于本院管辖的，应当移送有管辖权的人民法院，受移送的人民法院应当受理。受移送的人民法院认为受移送的案件按照规定不属于本院管辖的，应当报请上级人民法院指定管辖，不得再自行移送。

第二十三条　有管辖权的人民法院由于特殊原因不能行使管辖权的，由上级人民法院指定管辖。

人民法院对管辖权发生争议，由争议双方协商解决。协商不成的，报它们的共同上级人民法院指定管辖。

第二十四条　上级人民法院有权审理下级人民法院管辖的第一审行政案件。

下级人民法院对其管辖的第一审行政案件，认为需要由上级人民法院审理或者指定管辖的，可以报请上级人民法院决定。

第四章　诉讼参加人

第二十五条　行政行为的相对人以及其他与行政行为有利害关系的公民、法人或者其他组织，有权提起诉讼。

有权提起诉讼的公民死亡，其近亲属可以提起诉讼。

有权提起诉讼的法人或者其他组织终止，承受其权利的法人或者其他组织可以提起诉讼。

人民检察院在履行职责中发现生态环境和资源保护、食品药品安全、国有财产保护、国有土地使用权出让等领域负有监督管理职责的行政机关违法行使职权或者不作为，致使国家利益或者社会公共利益受到侵害的，应当向行政机关提出检察建议，督促其依法履行职责。行政机关不依法履行职责的，人民检察院依法向人民法院提起诉讼。

第二十六条　公民、法人或者其他组织直接向人民法院提起诉讼的，作出行政行为的行政机关是被告。

经复议的案件，复议机关决定维持原行政行为的，作出原行政行为的行政机关和复议机关是共同被告；复议机关改变原行政行为的，复议机关是被告。

复议机关在法定期限内未作出复议决定，公民、法人或者其他组织起诉原行政行为的，作出原行政行为的行政机关是被告；起诉复议机关不作为的，复议机关是被告。

两个以上行政机关作出同一行政行为的，共同作出行政行为的行政机关是共同被告。

行政机关委托的组织所作的行政行为，委托的行政机关是被告。

行政机关被撤销或者职权变更的，继续行使其职权的行政机关是被告。

第二十七条　当事人一方或者双方为二人以上，因同一行政行为发生的行政案件，或者因同类行政行为发生的行政案件、人民法院认为可以合并审理并经当事人同意的，为共同诉讼。

第二十八条 当事人一方人数众多的共同诉讼，可以由当事人推选代表人进行诉讼。代表人的诉讼行为对其所代表的当事人发生效力，但代表人变更、放弃诉讼请求或者承认对方当事人的诉讼请求，应当经被代表的当事人同意。

第二十九条 公民、法人或者其他组织同被诉行政行为有利害关系但没有提起诉讼，或者同案件处理结果有利害关系的，可以作为第三人申请参加诉讼，或者由人民法院通知参加诉讼。

人民法院判决第三人承担义务或者减损第三人权益的，第三人有权依法提起上诉。

第三十条 没有诉讼行为能力的公民，由其法定代理人代为诉讼。法定代理人互相推诿代理责任的，由人民法院指定其中一人代为诉讼。

第三十一条 当事人、法定代理人，可以委托一至二人作为诉讼代理人。

下列人员可以被委托为诉讼代理人：

（一）律师、基层法律服务工作者；

（二）当事人的近亲属或者工作人员；

（三）当事人所在社区、单位以及有关社会团体推荐的公民。

第三十二条 代理诉讼的律师，有权按照规定查阅、复制本案有关材料，有权向有关组织和公民调查，收集与本案有关的证据。对涉及国家秘密、商业秘密和个人隐私的材料，应当依照法律规定保密。

当事人和其他诉讼代理人有权按照规定查阅、复制本案庭审材料，但涉及国家秘密、商业秘密和个人隐私的内容除外。

第五章　证　　据

第三十三条 证据包括：

（一）书证；

（二）物证；

（三）视听资料；

（四）电子数据；

（五）证人证言；

(六)当事人的陈述;

(七)鉴定意见;

(八)勘验笔录、现场笔录。

以上证据经法庭审查属实,才能作为认定案件事实的根据。

第三十四条 被告对作出的行政行为负有举证责任,应当提供作出该行政行为的证据和所依据的规范性文件。

被告不提供或者无正当理由逾期提供证据,视为没有相应证据。但是,被诉行政行为涉及第三人合法权益,第三人提供证据的除外。

第三十五条 在诉讼过程中,被告及其诉讼代理人不得自行向原告、第三人和证人收集证据。

第三十六条 被告在作出行政行为时已经收集了证据,但因不可抗力等正当事由不能提供的,经人民法院准许,可以延期提供。

原告或者第三人提出了其在行政处理程序中没有提出的理由或者证据的,经人民法院准许,被告可以补充证据。

第三十七条 原告可以提供证明行政行为违法的证据。原告提供的证据不成立的,不免除被告的举证责任。

第三十八条 在起诉被告不履行法定职责的案件中,原告应当提供其向被告提出申请的证据。但有下列情形之一的除外:

(一)被告应当依职权主动履行法定职责的;

(二)原告因正当理由不能提供证据的。

在行政赔偿、补偿的案件中,原告应当对行政行为造成的损害提供证据。因被告的原因导致原告无法举证的,由被告承担举证责任。

第三十九条 人民法院有权要求当事人提供或者补充证据。

第四十条 人民法院有权向有关行政机关以及其他组织、公民调取证据。但是,不得为证明行政行为的合法性调取被告作出行政行为时未收集的证据。

第四十一条 与本案有关的下列证据,原告或者第三人不能自行收集的,可以申请人民法院调取:

(一)由国家机关保存而须由人民法院调取的证据;

(二)涉及国家秘密、商业秘密和个人隐私的证据;

(三)确因客观原因不能自行收集的其他证据。

第四十二条 在证据可能灭失或者以后难以取得的情况下,诉讼参加人可以向人民法院申请保全证据,人民法院也可以主动采取保全措施。

第四十三条 证据应当在法庭上出示,并由当事人互相质证。对涉及国家秘密、商业秘密和个人隐私的证据,不得在公开开庭时出示。

人民法院应当按照法定程序,全面、客观地审查核实证据。对未采纳的证据应当在裁判文书中说明理由。

以非法手段取得的证据,不得作为认定案件事实的根据。

第六章 起诉和受理

第四十四条 对属于人民法院受案范围的行政案件,公民、法人或者其他组织可以先向行政机关申请复议,对复议决定不服的,再向人民法院提起诉讼;也可以直接向人民法院提起诉讼。

法律、法规规定应当先向行政机关申请复议,对复议决定不服再向人民法院提起诉讼的,依照法律、法规的规定。

第四十五条 公民、法人或者其他组织不服复议决定的,可以在收到复议决定书之日起十五日内向人民法院提起诉讼。复议机关逾期不作决定的,申请人可以在复议期满之日起十五日内向人民法院提起诉讼。法律另有规定的除外。

第四十六条 公民、法人或者其他组织直接向人民法院提起诉讼的,应当自知道或者应当知道作出行政行为之日起六个月内提出。法律另有规定的除外。

因不动产提起诉讼的案件自行政行为作出之日起超过二十年,其他案件自行政行为作出之日起超过五年提起诉讼的,人民法院不予受理。

第四十七条 公民、法人或者其他组织申请行政机关履行保护其人身权、财产权等合法权益的法定职责,行政机关在接到申请之日起两个月内不履行的,公民、法人或者其他组织可以向人民法院提起诉讼。法律、法规对行政机关履行职责的期限另有规定的,从其规定。

公民、法人或者其他组织在紧急情况下请求行政机关履行保护其人身权、财产权等合法权益的法定职责,行政机关不履行的,提起诉讼不受前款规定期限的限制。

第四十八条 公民、法人或者其他组织因不可抗力或者其他不属于其自身的原因耽误起诉期限的,被耽误的时间不计算在起诉期限内。

公民、法人或者其他组织因前款规定以外的其他特殊情况耽误起诉期限的,在障碍消除后十日内,可以申请延长期限,是否准许由人民法院决定。

第四十九条 提起诉讼应当符合下列条件:

(一)原告是符合本法第二十五条规定的公民、法人或者其他组织;

(二)有明确的被告;

(三)有具体的诉讼请求和事实根据;

(四)属于人民法院受案范围和受诉人民法院管辖。

第五十条 起诉应当向人民法院递交起诉状,并按照被告人数提出副本。

书写起诉状确有困难的,可以口头起诉,由人民法院记入笔录,出具注明日期的书面凭证,并告知对方当事人。

第五十一条 人民法院在接到起诉状时对符合本法规定的起诉条件的,应当登记立案。

对当场不能判定是否符合本法规定的起诉条件的,应当接收起诉状,出具注明收到日期的书面凭证,并在七日内决定是否立案。不符合起诉条件的,作出不予立案的裁定。裁定书应当载明不予立案的理由。原告对裁定不服的,可以提起上诉。

起诉状内容欠缺或者有其他错误的,应当给予指导和释明,并一次性告知当事人需要补正的内容。不得未经指导和释明即以起诉不符合条件为由不接收起诉状。

对于不接收起诉状、接收起诉状后不出具书面凭证,以及不一次性告知当事人需要补正的起诉状内容的,当事人可以向上级人民法院投诉,上级人民法院应当责令改正,并对直接负责的主管人员和其他直接责任人员依法给予处分。

第五十二条 人民法院既不立案,又不作出不予立案裁定的,当事人可以向上一级人民法院起诉。上一级人民法院认为符合起诉条件的,应当立案、审理，也可以指定其他下级人民法院立案、审理。

第五十三条　公民、法人或者其他组织认为行政行为所依据的国务院部门和地方人民政府及其部门制定的规范性文件不合法，在对行政行为提起诉讼时，可以一并请求对该规范性文件进行审查。

前款规定的规范性文件不含规章。

第七章　审理和判决

第一节　一般规定

第五十四条　人民法院公开审理行政案件，但涉及国家秘密、个人隐私和法律另有规定的除外。

涉及商业秘密的案件，当事人申请不公开审理的，可以不公开审理。

第五十五条　当事人认为审判人员与本案有利害关系或者有其他关系可能影响公正审判，有权申请审判人员回避。

审判人员认为自己与本案有利害关系或者有其他关系，应当申请回避。

前两款规定，适用于书记员、翻译人员、鉴定人、勘验人。

院长担任审判长时的回避，由审判委员会决定；审判人员的回避，由院长决定；其他人员的回避，由审判长决定。当事人对决定不服的，可以申请复议一次。

第五十六条　诉讼期间，不停止行政行为的执行。但有下列情形之一的，裁定停止执行：

（一）被告认为需要停止执行的；

（二）原告或者利害关系人申请停止执行，人民法院认为该行政行为的执行会造成难以弥补的损失，并且停止执行不损害国家利益、社会公共利益的；

（三）人民法院认为该行政行为的执行会给国家利益、社会公共利益造成重大损害的；

（四）法律、法规规定停止执行的。

当事人对停止执行或者不停止执行的裁定不服的，可以申请复议一次。

第五十七条　人民法院对起诉行政机关没有依法支付抚恤金、最低生活保障金和工伤、医疗社会保险金的案件，权利义务关系明确、不先予执行将严重影响原告生活的，可以根据原告的申请，裁定先予执行。

当事人对先予执行裁定不服的，可以申请复议一次。复议期间不停止裁定的执行。

第五十八条　经人民法院传票传唤，原告无正当理由拒不到庭，或者未经法庭许可中途退庭的，可以按照撤诉处理；被告无正当理由拒不到庭，或者未经法庭许可中途退庭的，可以缺席判决。

第五十九条　诉讼参与人或者其他人有下列行为之一的，人民法院可以根据情节轻重，予以训诫、责令具结悔过或者处一万元以下的罚款、十五日以下的拘留；构成犯罪的，依法追究刑事责任：

（一）有义务协助调查、执行的人，对人民法院的协助调查决定、协助执行通知书，无故推拖、拒绝或者妨碍调查、执行的；

（二）伪造、隐藏、毁灭证据或者提供虚假证明材料，妨碍人民法院审理案件的；

（三）指使、贿买、胁迫他人作伪证或者威胁、阻止证人作证的；

（四）隐藏、转移、变卖、毁损已被查封、扣押、冻结的财产的；

（五）以欺骗、胁迫等非法手段使原告撤诉的；

（六）以暴力、威胁或者其他方法阻碍人民法院工作人员执行职务，或者以哄闹、冲击法庭等方法扰乱人民法院工作秩序的；

（七）对人民法院审判人员或者其他工作人员、诉讼参与人、协助调查和执行的人员恐吓、侮辱、诽谤、诬陷、殴打、围攻或者打击报复的。

人民法院对有前款规定的行为之一的单位，可以对其主要负责人或者直接责任人员依照前款规定予以罚款、拘留；构成犯罪的，依法追究刑事责任。

罚款、拘留须经人民法院院长批准。当事人不服的，可以向上一级人民法院申请复议一次。复议期间不停止执行。

第六十条　人民法院审理行政案件，不适用调解。但是，行政赔偿、补偿以及行政机关行使法律、法规规定的自由裁量权的案件可以调解。

调解应当遵循自愿、合法原则，不得损害国家利益、社会公共利益和他人合法权益。

第六十一条　在涉及行政许可、登记、征收、征用和行政机关对民事争议所作的裁决的行政诉讼中,当事人申请一并解决相关民事争议的,人民法院可以一并审理。

在行政诉讼中,人民法院认为行政案件的审理需以民事诉讼的裁判为依据的,可以裁定中止行政诉讼。

第六十二条 人民法院对行政案件宣告判决或者裁定前,原告申请撤诉的,或者被告改变其所作的行政行为,原告同意并申请撤诉的,是否准许,由人民法院裁定。

第六十三条 人民法院审理行政案件,以法律和行政法规、地方性法规为依据。地方性法规适用于本行政区域内发生的行政案件。

人民法院审理民族自治地方的行政案件,并以该民族自治地方的自治条例和单行条例为依据。

人民法院审理行政案件,参照规章。

第六十四条 人民法院在审理行政案件中,经审查认为本法第五十三条规定的规范性文件不合法的,不作为认定行政行为合法的依据,并向制定机关提出处理建议。

第六十五条 人民法院应当公开发生法律效力的判决书、裁定书,供公众查阅,但涉及国家秘密、商业秘密和个人隐私的内容除外。

第六十六条 人民法院在审理行政案件中,认为行政机关的主管人员、直接责任人员违法违纪的,应当将有关材料移送监察机关、该行政机关或者其上一级行政机关;认为有犯罪行为的,应当将有关材料移送公安、检察机关。

人民法院对被告经传票传唤无正当理由拒不到庭,或者未经法庭许可中途退庭的,可以将被告拒不到庭或者中途退庭的情况予以公告,并可以向监察机关或者被告的上一级行政机关提出依法给予其主要负责人或者直接责任人员处分的司法建议。

第二节 第一审普通程序

第六十七条 人民法院应当在立案之日起五日内,将起诉状副本发送被告。被告应当在收到起诉状副本之日起十五日内向人民法院提交作出行政行为的证据和所依据的规范性文件,并提出答辩状。人民法院应当在收到答辩状之日起五日内,将答辩状副本发送原告。

被告不提出答辩状的,不影响人民法院审理。

第六十八条 人民法院审理行政案件,由审判员组成合议庭,或者由审判员、陪审员组成合议庭。合议庭的成员,应当是三人以上的单数。

第六十九条 行政行为证据确凿,适用法律、法规正确,符合法定程序的,或者原告申请被告履行法定职责或者给付义务理由不成立的,人民法院判决驳回原告的诉讼请求。

第七十条 行政行为有下列情形之一的,人民法院判决撤销或者部分撤销,并可以判决被告重新作出行政行为:

(一)主要证据不足的;

(二)适用法律、法规错误的;

(三)违反法定程序的;

(四)超越职权的;

(五)滥用职权的;

(六)明显不当的。

第七十一条 人民法院判决被告重新作出行政行为的,被告不得以同一的事实和理由作出与原行政行为基本相同的行政行为。

第七十二条 人民法院经过审理,查明被告不履行法定职责的,判决被告在一定期限内履行。

第七十三条 人民法院经过审理,查明被告依法负有给付义务的,判决被告履行给付义务。

第七十四条 行政行为有下列情形之一的,人民法院判决确认违法,但不撤销行政行为:

(一)行政行为依法应当撤销,但撤销会给国家利益、社会公共利益造成重大损害的;

(二)行政行为程序轻微违法,但对原告权利不产生实际影响的。

行政行为有下列情形之一,不需要撤销或者判决履行的,人民法院判决确认违法:

(一)行政行为违法,但不具有可撤销内容的;

(二)被告改变原违法行政行为,原告仍要求确认原行政行为违法的;

（三）被告不履行或者拖延履行法定职责，判决履行没有意义的。

第七十五条 行政行为有实施主体不具有行政主体资格或者没有依据等重大且明显违法情形，原告申请确认行政行为无效的，人民法院判决确认无效。

第七十六条 人民法院判决确认违法或者无效的，可以同时判决责令被告采取补救措施；给原告造成损失的，依法判决被告承担赔偿责任。

第七十七条 行政处罚明显不当，或者其他行政行为涉及对款额的确定、认定确有错误的，人民法院可以判决变更。

人民法院判决变更，不得加重原告的义务或者减损原告的权益。但利害关系人同为原告，且诉讼请求相反的除外。

第七十八条 被告不依法履行、未按照约定履行或者违法变更、解除本法第十二条第一款第十一项规定的协议的，人民法院判决被告承担继续履行、采取补救措施或者赔偿损失等责任。

被告变更、解除本法第十二条第一款第十一项规定的协议合法，但未依法给予补偿的，人民法院判决给予补偿。

第七十九条 复议机关与作出原行政行为的行政机关为共同被告的案件，人民法院应当对复议决定和原行政行为一并作出裁判。

第八十条 人民法院对公开审理和不公开审理的案件，一律公开宣告判决。

当庭宣判的，应当在十日内发送判决书；定期宣判的，宣判后立即发给判决书。

宣告判决时，必须告知当事人上诉权利、上诉期限和上诉的人民法院。

第八十一条 人民法院应当在立案之日起六个月内作出第一审判决。有特殊情况需要延长的，由高级人民法院批准，高级人民法院审理第一审案件需要延长的，由最高人民法院批准。

第三节 简易程序

第八十二条 人民法院审理下列第一审行政案件，认为事实清楚、权利义务关系明确、争议不大的，可以适用简易程序：

（一）被诉行政行为是依法当场作出的；

（二）案件涉及款额二千元以下的；

（三）属于政府信息公开案件的。

除前款规定以外的第一审行政案件，当事人各方同意适用简易程序的，可以适用简易程序。

发回重审、按照审判监督程序再审的案件不适用简易程序。

第八十三条　适用简易程序审理的行政案件，由审判员一人独任审理，并应当在立案之日起四十五日内审结。

第八十四条　人民法院在审理过程中，发现案件不宜适用简易程序的，裁定转为普通程序。

第四节　第二审程序

第八十五条　当事人不服人民法院第一审判决的，有权在判决书送达之日起十五日内向上一级人民法院提起上诉。当事人不服人民法院第一审裁定的，有权在裁定书送达之日起十日内向上一级人民法院提起上诉。逾期不提起上诉的，人民法院的第一审判决或者裁定发生法律效力。

第八十六条　人民法院对上诉案件，应当组成合议庭，开庭审理。经过阅卷、调查和询问当事人，对没有提出新的事实、证据或者理由，合议庭认为不需要开庭审理的，也可以不开庭审理。

第八十七条　人民法院审理上诉案件，应当对原审人民法院的判决、裁定和被诉行政行为进行全面审查。

第八十八条　人民法院审理上诉案件，应当在收到上诉状之日起三个月内作出终审判决。有特殊情况需要延长的，由高级人民法院批准，高级人民法院审理上诉案件需要延长的，由最高人民法院批准。

第八十九条　人民法院审理上诉案件，按照下列情形，分别处理：

（一）原判决、裁定认定事实清楚，适用法律、法规正确的，判决或者裁定驳回上诉，维持原判决、裁定；

（二）原判决、裁定认定事实错误或者适用法律、法规错误的，依法改判、撤销或者变更；

（三）原判决认定基本事实不清、证据不足的，发回原审人民法院重审，或者查清事实后改判；

（四）原判决遗漏当事人或者违法缺席判决等严重违反法定程序的，裁定撤销原判决，发回原审人民法院重审。

原审人民法院对发回重审的案件作出判决后，当事人提起上诉的，第二审人民法院不得再次发回重审。

人民法院审理上诉案件，需要改变原审判决的，应当同时对被诉行政行为作出判决。

第五节　审判监督程序

第九十条　当事人对已经发生法律效力的判决、裁定，认为确有错误的，可以向上一级人民法院申请再审，但判决、裁定不停止执行。

第九十一条　当事人的申请符合下列情形之一的，人民法院应当再审：

（一）不予立案或者驳回起诉确有错误的；

（二）有新的证据，足以推翻原判决、裁定的；

（三）原判决、裁定认定事实的主要证据不足、未经质证或者系伪造的；

（四）原判决、裁定适用法律、法规确有错误的；

（五）违反法律规定的诉讼程序，可能影响公正审判的；

（六）原判决、裁定遗漏诉讼请求的；

（七）据以作出原判决、裁定的法律文书被撤销或者变更的；

（八）审判人员在审理该案件时有贪污受贿、徇私舞弊、枉法裁判行为的。

第九十二条　各级人民法院院长对本院已经发生法律效力的判决、裁定，发现有本法第九十一条规定情形之一，或者发现调解违反自愿原则或者调解书内容违法，认为需要再审的，应当提交审判委员会讨论决定。

最高人民法院对地方各级人民法院已经发生法律效力的判决、裁定，上级人民法院对下级人民法院已经发生法律效力的判决、裁定，发现有本法第九十一条规定情形之一，或者发现调解违反自愿原则或者调解书内容违法的，有权提审或者指令下级人民法院再审。

第九十三条　最高人民检察院对各级人民法院已经发生法律效力的判决、裁定，上级人民检察院对下级人民法院已经发生法律效力的判决、裁定，发现有本法第九十一条规定情形之一，或者发现调解书损害国家利益、社会公共利益的，应当提出抗诉。

地方各级人民检察院对同级人民法院已经发生法律效力的判决、裁定，发现有本法第九十一条规定情形之一，或者发现调解书损害国家利益、社会公共利益的，可以向同级人民法院提出检察建议，并报上级人民检察院备案；也可以提请上级人民检察院向同级人民法院提出抗诉。

各级人民检察院对审判监督程序以外的其他审判程序中审判人员的违法行为，有权向同级人民法院提出检察建议。

第八章　执　　行

第九十四条　当事人必须履行人民法院发生法律效力的判决、裁定、调解书。

第九十五条　公民、法人或者其他组织拒绝履行判决、裁定、调解书的，行政机关或者第三人可以向第一审人民法院申请强制执行，或者由行政机关依法强制执行。

第九十六条　行政机关拒绝履行判决、裁定、调解书的，第一审人民法院可以采取下列措施：

（一）对应当归还的罚款或者应当给付的款额，通知银行从该行政机关的账户内划拨；

（二）在规定期限内不履行的，从期满之日起，对该行政机关负责人按日处五十元至一百元的罚款；

（三）将行政机关拒绝履行的情况予以公告；

（四）向监察机关或者该行政机关的上一级行政机关提出司法建议。接受司法建议的机关，根据有关规定进行处理，并将处理情况告知人民法院；

（五）拒不履行判决、裁定、调解书，社会影响恶劣的，可以对该行政机关直接负责的主管人员和其他直接责任人员予以拘留；情节严重，构成犯罪的，依法追究刑事责任。

第九十七条　公民、法人或者其他组织对行政行为在法定期限内不提起诉讼又不履行的，行政机关可以申请人民法院强制执行，或者依法强制执行。

第九章　涉外行政诉讼

第九十八条　外国人、无国籍人、外国组织在中华人民共和国进行行政诉讼，适用本法。法律另有规定的除外。

第九十九条 外国人、无国籍人、外国组织在中华人民共和国进行行政诉讼，同中华人民共和国公民、组织有同等的诉讼权利和义务。

外国法院对中华人民共和国公民、组织的行政诉讼权利加以限制的，人民法院对该国公民、组织的行政诉讼权利，实行对等原则。

第一百条 外国人、无国籍人、外国组织在中华人民共和国进行行政诉讼，委托律师代理诉讼的，应当委托中华人民共和国律师机构的律师。

第十章 附 则

第一百零一条 人民法院审理行政案件，关于期间、送达、财产保全、开庭审理、调解、中止诉讼、终结诉讼、简易程序、执行等，以及人民检察院对行政案件受理、审理、裁判、执行的监督，本法没有规定的，适用《中华人民共和国民事诉讼法》的相关规定。

第一百零二条 人民法院审理行政案件，应当收取诉讼费用。诉讼费用由败诉方承担，双方都有责任的由双方分担。收取诉讼费用的具体办法另行规定。

第一百零三条 本法自1990年10月1日起施行。

中华人民共和国国家赔偿法

（1994年5月12日第八届全国人民代表大会常务委员会第七次会议通过　根据2010年4月29日第十一届全国人民代表大会常务委员会第十四次会议《关于修改〈中华人民共和国国家赔偿法〉的决定》第一次修正　根据2012年10月26日第十一届全国人民代表大会常务委员会第二十九次会议《关于修改〈中华人民共和国国家赔偿法〉的决定》第二次修正　主席令第68号）

目　　录

第一章　总　　则

第一条　为保障公民、法人和其他组织享有依法取得国家赔偿的权利，促进国家机关依法行使职权，根据宪法，制定本法。

第二条　国家机关和国家机关工作人员行使职权，有本法规定的侵犯公民、法人和其他组织合法权益的情形，造成损害的，受害人有依照本法取得国家赔偿的权利。

本法规定的赔偿义务机关,应当依照本法及时履行赔偿义务。

第二章 行政赔偿

第一节 赔偿范围

第三条 行政机关及其工作人员在行使行政职权时有下列侵犯人身权情形之一的,受害人有取得赔偿的权利:

(一)违法拘留或者违法采取限制公民人身自由的行政强制措施的;

(二)非法拘禁或者以其他方法非法剥夺公民人身自由的;

(三)以殴打、虐待等行为或者唆使、放纵他人以殴打、虐待等行为造成公民身体伤害或者死亡的;

(四)违法使用武器、警械造成公民身体伤害或者死亡的;

(五)造成公民身体伤害或者死亡的其他违法行为。

第四条 行政机关及其工作人员在行使行政职权时有下列侵犯财产权情形之一的,受害人有取得赔偿的权利:

(一)违法实施罚款、吊销许可证和执照、责令停产停业、没收财物等行政处罚的;

(二)违法对财产采取查封、扣押、冻结等行政强制措施的;

(三)违法征收、征用财产的;

(四)造成财产损害的其他违法行为。

第五条 属于下列情形之一的,国家不承担赔偿责任:

(一)行政机关工作人员与行使职权无关的个人行为;

(二)因公民、法人和其他组织自己的行为致使损害发生的;

(三)法律规定的其他情形。

第二节 赔偿请求人和赔偿义务机关

第六条 受害的公民、法人和其他组织有权要求赔偿。

受害的公民死亡,其继承人和其他有扶养关系的亲属有权要求赔偿。

受害的法人或者其他组织终止的,其权利承受人有权要求赔偿。

第七条 行政机关及其工作人员行使行政职权侵犯公民、法人和其他组织的合法权益造成损害的，该行政机关为赔偿义务机关。

两个以上行政机关共同行使行政职权时侵犯公民、法人和其他组织的合法权益造成损害的，共同行使行政职权的行政机关为共同赔偿义务机关。

法律、法规授权的组织在行使授予的行政权力时侵犯公民、法人和其他组织的合法权益造成损害的，被授权的组织为赔偿义务机关。

受行政机关委托的组织或者个人在行使受委托的行政权力时侵犯公民、法人和其他组织的合法权益造成损害的，委托的行政机关为赔偿义务机关。

赔偿义务机关被撤销的，继续行使其职权的行政机关为赔偿义务机关；没有继续行使其职权的行政机关的，撤销该赔偿义务机关的行政机关为赔偿义务机关。

第八条　经复议机关复议的，最初造成侵权行为的行政机关为赔偿义务机关，但复议机关的复议决定加重损害的，复议机关对加重的部分履行赔偿义务。

第三节　赔偿程序

第九条　赔偿义务机关有本法第三条、第四条规定情形之一的，应当给予赔偿。

赔偿请求人要求赔偿，应当先向赔偿义务机关提出，也可以在申请行政复议或者提起行政诉讼时一并提出。

第十条　赔偿请求人可以向共同赔偿义务机关中的任何一个赔偿义务机关要求赔偿，该赔偿义务机关应当先予赔偿。

第十一条　赔偿请求人根据受到的不同损害，可以同时提出数项赔偿要求。

第十二条　要求赔偿应当递交申请书，申请书应当载明下列事项：

（一）受害人的姓名、性别、年龄、工作单位和住所，法人或者其他组织的名称、住所和法定代表人或者主要负责人的姓名、职务；

（二）具体的要求、事实根据和理由；

（三）申请的年、月、日。

赔偿请求人书写申请书确有困难的，可以委托他人代书；也可以口头申请，由赔偿义务机关记入笔录。

赔偿请求人不是受害人本人的，应当说明与受害人的关系，并提供相应证明。

赔偿请求人当面递交申请书的,赔偿义务机关应当当场出具加盖本行政机关专用印章并注明收讫日期的书面凭证。申请材料不齐全的,赔偿义务机关应当当场或者在五日内一次性告知赔偿请求人需要补正的全部内容。

第十三条 赔偿义务机关应当自收到申请之日起两个月内,作出是否赔偿的决定。赔偿义务机关作出赔偿决定,应当充分听取赔偿请求人的意见,并可以与赔偿请求人就赔偿方式、赔偿项目和赔偿数额依照本法第四章的规定进行协商。

赔偿义务机关决定赔偿的,应当制作赔偿决定书,并自作出决定之日起十日内送达赔偿请求人。

赔偿义务机关决定不予赔偿的,应当自作出决定之日起十日内书面通知赔偿请求人,并说明不予赔偿的理由。

第十四条 赔偿义务机关在规定期限内未作出是否赔偿的决定,赔偿请求人可以自期限届满之日起三个月内,向人民法院提起诉讼。

赔偿请求人对赔偿的方式、项目、数额有异议的,或者赔偿义务机关作出不予赔偿决定的,赔偿请求人可以自赔偿义务机关作出赔偿或者不予赔偿决定之日起三个月内,向人民法院提起诉讼。

第十五条 人民法院审理行政赔偿案件,赔偿请求人和赔偿义务机关对自己提出的主张,应当提供证据。

赔偿义务机关采取行政拘留或者限制人身自由的强制措施期间,被限制人身自由的人死亡或者丧失行为能力的,赔偿义务机关的行为与被限制人身自由的人的死亡或者丧失行为能力是否存在因果关系,赔偿义务机关应当提供证据。

第十六条 赔偿义务机关赔偿损失后,应当责令有故意或者重大过失的工作人员或者受委托的组织或者个人承担部分或者全部赔偿费用。

对有故意或者重大过失的责任人员,有关机关应当依法给予处分;构成犯罪的,应当依法追究刑事责任。

第三章　刑事赔偿

第一节　赔偿范围

第十七条　行使侦查、检察、审判职权的机关以及看守所、监狱管理机关及其工作人员在行使职权时有下列侵犯人身权情形之一的，受害人有取得赔偿的权利：

(一)违反刑事诉讼法的规定对公民采取拘留措施的，或者依照刑事诉讼法规定的条件和程序对公民采取拘留措施，但是拘留时间超过刑事诉讼法规定的时限，其后决定撤销案件、不起诉或者判决宣告无罪终止追究刑事责任的；

(二)对公民采取逮捕措施后，决定撤销案件、不起诉或者判决宣告无罪终止追究刑事责任的；

(三)依照审判监督程序再审改判无罪，原判刑罚已经执行的；

(四)刑讯逼供或者以殴打、虐待等行为或者唆使、放纵他人以殴打、虐待等行为造成公民身体伤害或者死亡的；

(五)违法使用武器、警械造成公民身体伤害或者死亡的。

第十八条　行使侦查、检察、审判职权的机关以及看守所、监狱管理机关及其工作人员在行使职权时有下列侵犯财产权情形之一的，受害人有取得赔偿的权利：

(一)违法对财产采取查封、扣押、冻结、追缴等措施的；

(二)依照审判监督程序再审改判无罪，原判罚金、没收财产已经执行的。

第十九条　属于下列情形之一的，国家不承担赔偿责任：

(一)因公民自己故意作虚伪供述，或者伪造其他有罪证据被羁押或者被判处刑罚的；

(二)依照刑法第十七条、第十八条规定不负刑事责任的人被羁押的；

(三)依照刑事诉讼法第十五条、第一百七十三条第二款、第二百七十三条第二款、第二百七十九条规定不追究刑事责任的人被羁押的；

(四)行使侦查、检察、审判职权的机关以及看守所、监狱管理机关的工作人员与行使职权无关的个人行为；

(五)因公民自伤、自残等故意行为致使损害发生的；

（六）法律规定的其他情形。

第二节 赔偿请求人和赔偿义务机关

第二十条 赔偿请求人的确定依照本法第六条的规定。

第二十一条 行使侦查、检察、审判职权的机关以及看守所、监狱管理机关及其工作人员在行使职权时侵犯公民、法人和其他组织的合法权益造成损害的，该机关为赔偿义务机关。

对公民采取拘留措施，依照本法的规定应当给予国家赔偿的，作出拘留决定的机关为赔偿义务机关。

对公民采取逮捕措施后决定撤销案件、不起诉或者判决宣告无罪的，作出逮捕决定的机关为赔偿义务机关。

再审改判无罪的，作出原生效判决的人民法院为赔偿义务机关。二审改判无罪，以及二审发回重审后作无罪处理的，作出一审有罪判决的人民法院为赔偿义务机关。

第三节 赔偿程序

第二十二条 赔偿义务机关有本法第十七条、第十八条规定情形之一的，应当给予赔偿。

赔偿请求人要求赔偿，应当先向赔偿义务机关提出。

赔偿请求人提出赔偿请求，适用本法第十一条、第十二条的规定。

第二十三条 赔偿义务机关应当自收到申请之日起两个月内，作出是否赔偿的决定。赔偿义务机关作出赔偿决定，应当充分听取赔偿请求人的意见，并可以与赔偿请求人就赔偿方式、赔偿项目和赔偿数额依照本法第四章的规定进行协商。

赔偿义务机关决定赔偿的，应当制作赔偿决定书，并自作出决定之日起十日内送达赔偿请求人。

赔偿义务机关决定不予赔偿的，应当自作出决定之日起十日内书面通知赔偿请求人，并说明不予赔偿的理由。

第二十四条 赔偿义务机关在规定期限内未作出是否赔偿的决定，赔偿请求人可以自期限届满之日起三十日内向赔偿义务机关的上一级机关申请复议。

赔偿请求人对赔偿的方式、项目、数额有异议的，或者赔偿义务机关作出不予赔偿决定的,赔偿请求人可以自赔偿义务机关作出赔偿或者不予赔偿决定之日起三十日内,向赔偿义务机关的上一级机关申请复议。

赔偿义务机关是人民法院的,赔偿请求人可以依照本条规定向其上一级人民法院赔偿委员会申请作出赔偿决定。

第二十五条 复议机关应当自收到申请之日起两个月内作出决定。

赔偿请求人不服复议决定的,可以在收到复议决定之日起三十日内向复议机关所在地的同级人民法院赔偿委员会申请作出赔偿决定;复议机关逾期不作决定的,赔偿请求人可以自期限届满之日起三十日内向复议机关所在地的同级人民法院赔偿委员会申请作出赔偿决定。

第二十六条 人民法院赔偿委员会处理赔偿请求,赔偿请求人和赔偿义务机关对自己提出的主张,应当提供证据。

被羁押人在羁押期间死亡或者丧失行为能力的,赔偿义务机关的行为与被羁押人的死亡或者丧失行为能力是否存在因果关系,赔偿义务机关应当提供证据。

第二十七条 人民法院赔偿委员会处理赔偿请求,采取书面审查的办法。必要时,可以向有关单位和人员调查情况、收集证据。赔偿请求人与赔偿义务机关对损害事实及因果关系有争议的,赔偿委员会可以听取赔偿请求人和赔偿义务机关的陈述和申辩,并可以进行质证。

第二十八条 人民法院赔偿委员会应当自收到赔偿申请之日起三个月内作出决定;属于疑难、复杂、重大案件的,经本院院长批准,可以延长三个月。

第二十九条 中级以上的人民法院设立赔偿委员会,由人民法院三名以上审判员组成,组成人员的人数应当为单数。

赔偿委员会作赔偿决定,实行少数服从多数的原则。

赔偿委员会作出的赔偿决定,是发生法律效力的决定,必须执行。

第三十条 赔偿请求人或者赔偿义务机关对赔偿委员会作出的决定,认为确有错误的,可以向上一级人民法院赔偿委员会提出申诉。

赔偿委员会作出的赔偿决定生效后,如发现赔偿决定违反本法规定的,经本院院长决定或者上级人民法院指令,赔偿委员会应当在两个月内重新审查并依法作出决定,上一级人民法院赔偿委员会也可以直接审查并作出决定。

最高人民检察院对各级人民法院赔偿委员会作出的决定，上级人民检察院对下级人民法院赔偿委员会作出的决定，发现违反本法规定的，应当向同级人民法院赔偿委员会提出意见，同级人民法院赔偿委员会应当在两个月内重新审查并依法作出决定。

第三十一条　赔偿义务机关赔偿后，应当向有下列情形之一的工作人员追偿部分或者全部赔偿费用：

（一）有本法第十七条第四项、第五项规定情形的；

（二）在处理案件中有贪污受贿，徇私舞弊，枉法裁判行为的。

对有前款规定情形的责任人员，有关机关应当依法给予处分；构成犯罪的，应当依法追究刑事责任。

第四章　赔偿方式和计算标准

第三十二条　国家赔偿以支付赔偿金为主要方式。

能够返还财产或者恢复原状的，予以返还财产或者恢复原状。

第三十三条　侵犯公民人身自由的，每日赔偿金按照国家上年度职工日平均工资计算。

第三十四条　侵犯公民生命健康权的，赔偿金按照下列规定计算：

（一）造成身体伤害的，应当支付医疗费、护理费，以及赔偿因误工减少的收入。减少的收入每日的赔偿金按照国家上年度职工日平均工资计算，最高额为国家上年度职工年平均工资的五倍；

（二）造成部分或者全部丧失劳动能力的，应当支付医疗费、护理费、残疾生活辅助具费、康复费等因残疾而增加的必要支出和继续治疗所必需的费用，以及残疾赔偿金。残疾赔偿金根据丧失劳动能力的程度，按照国家规定的伤残等级确定，最高不超过国家上年度职工年平均工资的二十倍。造成全部丧失劳动能力的，对其扶养的无劳动能力的人，还应当支付生活费；

（三）造成死亡的，应当支付死亡赔偿金、丧葬费，总额为国家上年度职工年平均工资的二十倍。对死者生前扶养的无劳动能力的人，还应当支付生活费。

前款第二项、第三项规定的生活费的发放标准，参照当地最低生活保障标准执行。被扶养的人是未成年人的，生活费给付至十八周岁止；其他无劳动能力的人,生活费给付至死亡时止。

第三十五条　有本法第三条或者第十七条规定情形之一,致人精神损害的,应当在侵权行为影响的范围内,为受害人消除影响,恢复名誉,赔礼道歉;造成严重后果的,应当支付相应的精神损害抚慰金。

第三十六条　侵犯公民、法人和其他组织的财产权造成损害的,按照下列规定处理:

(一)处罚款、罚金、追缴、没收财产或者违法征收、征用财产的,返还财产;

(二)查封、扣押、冻结财产的,解除对财产的查封、扣押、冻结,造成财产损坏或者灭失的,依照本条第三项、第四项的规定赔偿;

(三)应当返还的财产损坏的,能够恢复原状的恢复原状,不能恢复原状的,按照损害程度给付相应的赔偿金;

(四)应当返还的财产灭失的,给付相应的赔偿金;

(五)财产已经拍卖或者变卖的,给付拍卖或者变卖所得的价款;变卖的价款明显低于财产价值的,应当支付相应的赔偿金;

(六)吊销许可证和执照、责令停产停业的,赔偿停产停业期间必要的经常性费用开支;

(七)返还执行的罚款或者罚金、追缴或者没收的金钱,解除冻结的存款或者汇款的,应当支付银行同期存款利息;

(八)对财产权造成其他损害的,按照直接损失给予赔偿。

第三十七条　赔偿费用列入各级财政预算。

赔偿请求人凭生效的判决书、复议决定书、赔偿决定书或者调解书,向赔偿义务机关申请支付赔偿金。

赔偿义务机关应当自收到支付赔偿金申请之日起七日内,依照预算管理权限向有关的财政部门提出支付申请。财政部门应当自收到支付申请之日起十五日内支付赔偿金。

赔偿费用预算与支付管理的具体办法由国务院规定。

第五章　其他规定

第三十八条　人民法院在民事诉讼、行政诉讼过程中,违法采取对妨害诉讼的强制措施、保全措施或者对判决、裁定及其他生效法律文书执行错误,造成损害的,赔偿请求人要求赔偿的程序,适用本法刑事赔偿程序的规定。

第三十九条 赔偿请求人请求国家赔偿的时效为两年,自其知道或者应当知道国家机关及其工作人员行使职权时的行为侵犯其人身权、财产权之日起计算,但被羁押等限制人身自由期间不计算在内。在申请行政复议或者提起行政诉讼时一并提出赔偿请求的,适用行政复议法、行政诉讼法有关时效的规定。

赔偿请求人在赔偿请求时效的最后六个月内,因不可抗力或者其他障碍不能行使请求权的,时效中止。从中止时效的原因消除之日起,赔偿请求时效期间继续计算。

第四十条 外国人、外国企业和组织在中华人民共和国领域内要求中华人民共和国国家赔偿的,适用本法。

外国人、外国企业和组织的所属国对中华人民共和国公民、法人和其他组织要求该国国家赔偿的权利不予保护或者限制的,中华人民共和国与该外国人、外国企业和组织的所属国实行对等原则。

第六章 附 则

第四十一条 赔偿请求人要求国家赔偿的,赔偿义务机关、复议机关和人民法院不得向赔偿请求人收取任何费用。

对赔偿请求人取得的赔偿金不予征税。

第四十二条 本法自 1995 年 1 月 1 日起施行。

后　记

作为行政法学的布道者，行政法治的践行者，我们一直关注《行政处罚法》的前世今生，更希望为行政处罚理论与实践做点贡献。新《行政处罚法》于2021年1月22日颁布后，我们决定撰写一本集理论研究与法条阐释及实务证成为一体的行政处罚著作。经过作者的共同努力，如今，这部以法律条文为基本研究对象的行政处罚法著作终于完成，至于质量如何或品味如何，请大家品评，甚至批评。

本书邀请行政法理论与实务界资深人士共同参与编写。参与编写的单位有：辽宁大学、辽宁方祥律师事务所、辽宁英伟律师事务所、辽宁卓政律师事务所、天津大学、大连海洋大学、日照银行、上海汉盛律师事务所沈阳分所、北京金诚同达律师事务所沈阳分所、鞍山市中级人民法院、沈阳铁路运输法院、辽宁公安司法管理干部学院。

本书主编张弘，辽宁大学行政法研究中心主任，辽宁省人民政府法律顾问，辽宁省法学会宪法行政法研究会常务副会长，现在的工作任务主要有三项：一是教学，二是科研，三是服务社会。

本书第一副主编赵英伟，辽宁英伟律师事务所主任，沈阳辽中区人大代表，辽中区人民政府法律顾问。

本书第二副主编李敬先，辽宁卓正律师事务所副主任，辽宁省法学会宪法行政法学会理事，擅长行政案件、税务案件。

撰稿人简介与写作分工：

张弘撰写第一章总则，全书主编，并担任全书审稿、统稿工作。

马玉蓉、于德庆撰写第二章行政处罚的种类和设定。

赵英伟、李敬先撰写第三章行政处罚的实施机关,并负责部分书稿的设定与法条校正。

尹一君、甄宇松、刘晓巍撰写第四章行政处罚的管辖与适用。

邹景霖、霍佳美、夏雨欣撰写第五章行政处罚的决定。

齐海文、马雪妍、尚铮铮撰写第六章行政处罚的执行。

吉朝然、滕晓璐撰写第七章法律责任。

刁晨航、刘雪飞、李文生撰写第八章行政处罚复议、诉讼与赔偿。

本书是我们科研的又一成果,也是奉献给关爱我们的朋友们的一份礼物,希望大家多提宝贵意见。

主编:张弘

公元 2021 年 2 月 20 日